天皇と国民の絆

占領下の苦難を越えて

勝岡寛次

明成社

はしがき

大東亜戦争敗北後、六年半に及んだ連合国軍による日本占領は、我国にとつては有史以来初めて、外国の軍隊による国土の占領を許し、国家主権を剥奪《はくだつ》・制限された未曾有《みぞう》の危機の時代であり、苦難の時代であつた。

筆者は先に『抹殺された大東亜戦争』（明成社・平成十七年）を上梓《じょうし》し、この時代に占領軍によつて行はれた検閲が、大東亜戦争に対する戦後の日本人の歴史認識に、どのやうな認識上の歪《ゆが》みをもたらしたのか、といふ問題意識に基づいた実証的な研究を行つたが、本書はそれに続く研究の第二弾として、敗戦後、特に占領下に焦点を当てて、天皇と国民の関係性がどのやうに変化したのかといふ点について、実証的解明を志したものである。

前著もさうであつたが、本書の最大の特徴は、占領軍検閲雑誌（プランゲ文庫）のマイクロフィルム（明星大学戦後教育史研究センター所蔵）を縦横《じゅうおう》に駆使《くし》し、占領軍によつて検閲されたために、陽《ひ》の目を見ることがないまま、歴史の闇に葬られてしまつた多くの史料に再び光を当てながら、「天皇と国民の絆」が如何《いか》にして守られ来《きた》つたのかを、当時の第一次史料に即して究明しようとした点にある。

占領下の昭和天皇に関しては、宮内庁が編纂し、現在刊行中の『昭和天皇実録』（第九～第十一が占領下を扱つてゐる）を始め、既に夥《おびただ》しい数の歴史史料や研究書が刊行されてゐる。筆者も三年前、明成社よりブックレット『昭和天皇の祈りと大東亜戦争――『昭和天皇実録』を読み解く』を上梓したところであるが、本書は検閲史料に基いて占領下における皇室と国民の関係を一貫して究明した点において、類書とは一線を画した精緻《せいち》かつ斬新《ざんしん》な分析をなし得た、と自負してゐる。

（本書は占領軍の検閲史料を多用したため、史料紹介に際しては、事前検閲と事後検閲の区別に応じた、若干の決まりごとを設けてゐる。これについては【凡例《はんれい》】を参照されたい。）

*

三十年に及んだ平成の御代《みよ》も、もうすぐ終らうとしてゐる。

江戸時代後期の光格天皇以来、二百年ぶりに行はれる、譲位による御代替《がわ》りが、間近に迫つてゐる（本書では「譲位」の語を専《もっぱ》ら使用し、「退位」は用いない。その理由については、第十章に明記してゐる）。

今上《きんじょう》は、光格天皇の譲位について「多くの人に知ってもらいたい」と述べてをられる由《よし》だが（平成二十九年四月十三日付朝日新聞）、光格天皇の御事績《じせき》については、これまで殆《ほと》ど一般には知られてこなかつた。そこで、本書（第十章）では光格天皇の御事績についても改めて光を当てた上で、光格天皇の譲位の背景についても、新たな考察を加へてゐる。

また、今回の譲位の発端となつた今上天皇の「おことば」（平成二十八年八月八日）については、保守派の識者からも様々に疑義《ぎぎ》が表明される等、その解釈は今日でも一定しない。陛下は何故、異例とも言へる譲位のご希望を、「おことば」といふ形で訴へられたのか。その背景には何があつたのか。この辺《あた》りの事情について踏み込んだ解明を試み、筆者なりの結論を提示したのが、本書の最終章である。

天皇と国民の絆　——占領下の苦難を越えて

目次

【凡例】

本書を読むに際して注意していただきたいことを、以下、箇条書きで示す。

・占領軍の検閲には、事前検閲と事後検閲の二種類があつた。事前検閲は、印刷物の発行以前に校正刷を占領軍に提出して、その発行許可を受けなければならず、当初は全ての印刷物に適用された。事前検閲の場合は、禁止の度合に応じて「削除」(delete、指示された部分のみを削除し、検閲の痕跡《こんせき》を残さないやう、その前後の文章をつなげる)、「全文掲載禁止」(suppress、削除より重い措置《そち》で、文章全体の掲載を禁ずる)等の措置が取られた。

・その後、占領軍にとつて危険性のない印刷物と見なされた段階で、検閲は事前検閲から事後検閲へと、徐々に移行した。最後まで事前検閲の対象とされた印刷物は、ごく少数に止まつた。

事後検閲は、印刷物の発行後に占領軍に提出され、占領軍がこれを認めない場合は「不許可」(disapprove)の指示が出された。この場合は、既に市場に出回っている印刷物を全て回収する必要が生じたため、そこからくる多大の経済的損失を回避せんとして、編集者側は編集段階から必要以上に自粛《じしゆく》する傾向が強まり、占領軍による検閲基準の「内面化」(編集者の自己規制による検閲基準の取り込み)といふ新たな問題を生んだ。

・本書では事前検閲による削除箇所については、該当箇所を墨塗りで示し、事後検閲で不許可にされた箇所は点線で示して、両者を区別できるやうにした。

・引用史料に関しては、原文表記に忠実であることを心掛けたが、正漢字（旧漢字）は常用漢字で代用した場合が多い。引用文中においては、二種類の省略記号を使ひ分けてゐる。「（中略）」は一つのセンテンス以上の比較的長い省略であることを示し、「…」はセンテンス内の一部を省略した、比較的短い部分の省略であることを意味してゐる。また、引用文中の〔 〕は、引用者の注記であることを示してゐる。

・本文表記は、常用漢字・正仮名遣ひ（歴史的仮名遣）を本則とした。但し、ルビについては発音通りとした場合が多い。敬称は原則として省略した。

・年号表記については、基本的に元号（西暦）としたが、西暦は省略した場合も多い。逆に西欧人（の行為）を主語とした文章では、西暦（元号）と順序を逆転させてゐる。

第一章 終戦の大詔と国体護持をめぐって

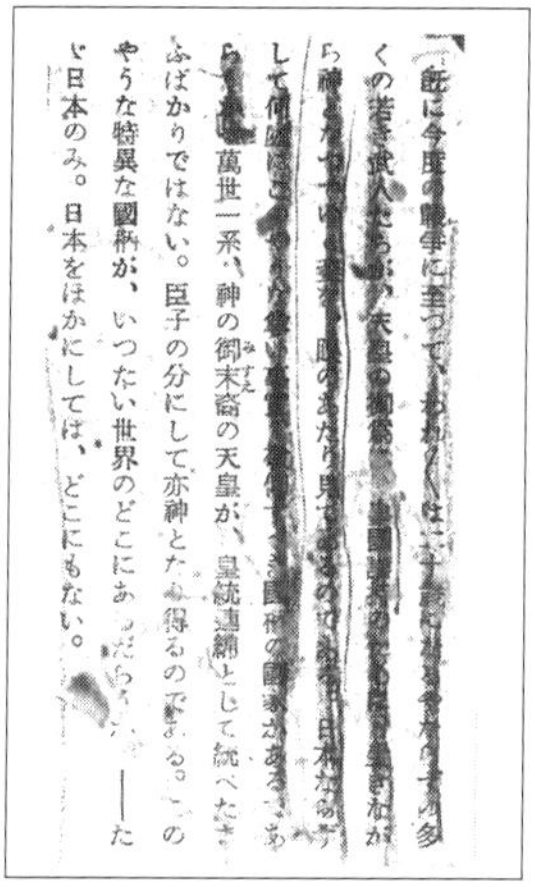
[redacted]萬世一系、神の御末裔《みすえ》の天皇が、皇統連綿として統べたまふばかりではない。臣子の分にして亦神となり得るのである。このやうな特異な國柄が、いつたい世界のどこにあるだらう。――たゞ日本のみ。日本をほかにしては、どこにもない。

国体に関する検閲の痕跡を残した、最初期の非常に珍しい事例。本文21～22頁を参照。

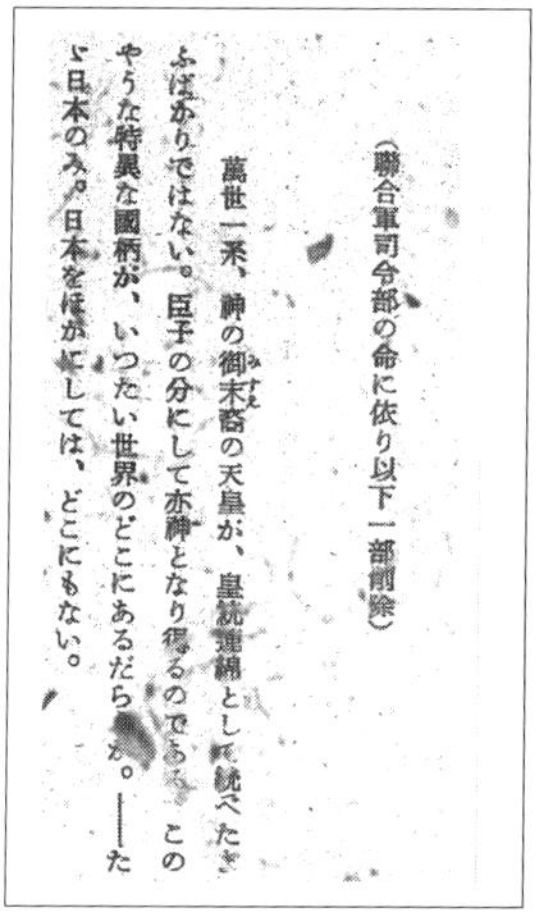
（聯合軍司令部の命に依り以下一部削除）

萬世一系、神の御末裔の天皇が、皇統連綿として統べたまふばかりではない。臣子の分にして亦神となり得るのである。このやうな特異な國柄が、いつたい世界のどこにあるだらう。――たゞ日本のみ。日本をほかにしては、どこにもない。

平成十七年十一月のことだが、首相の私的諮問機関たる「皇室典範に関する有識者会議」が、日本の歴史上かつて一度も存在しなかつた「女系」天皇を「容認」する答申を出したことで、皇室典範改正問題が俄《にわ》かに政治日程に浮上し、国を二分する大論争となつた。

それにしても、今にして思ふことは、日本国の根幹に関はるこのやうな大事が、肝心の皇室会議には一度も諮《はか》られることなく、また皇族のお一人である寬仁親王《ともひと》殿下からは幾度《いくど》となく重大な疑義表明がなされたにも拘《かかわ》らず、皇族のご意見を無視したまま（殿下のご発言に対する、有識者会議座長の「どうってことはない」といふ暴言が今更のやうに苦々しく想起される）、僅《わず》か数名の「有識者」による議論だけで、典範改正の一歩手前まで行つてしまつたといふ、事の異常さである。

あはや、といふところで秋篠宮妃殿下御懐妊のニュースが流れた（平成十八年二月八日）ことは、目に見えざるところから差し込んだ一筋の〝天啓〟のやうにも多くの国民には思はれ、議論は一先《ひとま》づ先延ばしされた格好になつたが、それにしても、この事件は我々戦後の国民が久しく忘れてゐたことを、端的に想《おも》ひ起させてくれた。

即ち、我々が生を享《う》けたこの日本といふ国は、そもそもどのやうな国柄であるのか、「万世一系」とは具体的に何を意味するのか、「女系」天皇では何故いけないのか、といつた諸々《もろもろ》の問ひである。「女性」天皇と「女系」天皇の区別もつかなくなつてしまつた今の日本人は、日本人としてのアイデンティティの根本にある、重大な何かを失念してしまつたのではないか。であればこそ、不意をつかれてあんなことになつてしまつたのではないか、といふ思ひを禁じ得ない。現在の皇室典範が制定されたのは、憲法と同じく占領下のことであるが、憲法とは異なり、その制定経緯すら、殆《ほとん》どの国民は承知してゐない。このことに関する国民の油断が、ああいつた醜態《しゅうたい》を惹起《じゃっき》した、とも言へるのではないか。占領下のご皇室をめぐる様々な問題を、根源から問ひ直す必要があると筆者が考へたのは、如上《じょじょう》の理由に因《よ》る。

本書はかかる問題意識から、終戦の詔書に始まる占領下の苦難の歴史の中で、天皇と国民の絆《きずな》はどのやうに変容し、或いは変容しなかつたのかを、占領軍検閲雑誌（プランゲ文庫）の第一次史料に基づいて明らかにすることを企図《きと》したものである。

1　終戦の大詔と国体護持をめぐつて

昭和二十年八月十四日に渙発《かんぱつ》された終戦の詔書は、次のやうな言葉で締《し》め括《くく》られてゐる（傍線引用者）。

朕ハ茲《ここ》ニ国体ヲ護持シ得テ忠良《ちゅうりょう》ナル爾《なんじ》臣民ノ赤誠ニ信倚《しんい》シ常ニ爾臣民ト共ニ在リ　若《も》シ夫《そ》レ情ノ激スル所濫《みだり》ニ事端《じたん》ヲ滋《しげ》クシ或《あるい》ハ同胞排擠《はいせい》互ニ時局ヲ乱シ為ニ大道ヲ誤リ信義ヲ世界ニ失フカ如《ごと》キハ朕最モ之ヲ戒《いまし》ム　宜《よろ》シク挙国一家子孫相伝ヘ確《かた》ク神州ノ不滅ヲ信シ任重クシテ道遠キヲ念《おも》ヒ総力ヲ将来ノ建設ニ傾ケ道義ヲ篤《あつ》クシ志操《しそう》ヲ鞏《かた》クシ誓テ国体ノ精華《せいか》ヲ発揚シ世界ノ進運ニ後《おく》レサラムコトヲ期スヘシ　爾臣民其《そ》レ克《よ》ク朕カ意ヲ体セヨ

大東亜戦争の終戦交渉の中で、日本政府は「国体護持」といふことを、絶対に譲れない最後の一線と考へてゐた。「国体（國體）」とは、天皇を中心とする日本独自の国柄を指して謂《い》ふ言葉であるが、当時の日本人にとつて、それは日本国家としてのアイデンティティ（自己同一性）を保証する最終的な拠《よ》り所であり、「国体」を何としても護持することは、未曾有の敗戦を迎へてもなほ、日本が辛《かろ》うじて日本であり得るためのレーゾンデートル（存在理由）に他ならなかつた。

だからこそ、日本は第一回目の御前会議（昭和二十年八月九日）でポツダム宣言受諾を決定した後《のち》もこの点の確認を求めて、尚も連合国側に次のやうな申入れをしたのであつた。「（ポツダム宣言の）条件中には天皇の国家統治の大権を変更するの要求を包含《ほうがん》し居《お》らざることの了解の下に帝国政府は右宣言を受諾す」

これに対する連合国側回答（所謂《いわゆる》「バーンズ回答」）は、「降伏の時より天皇及び日本国政府の国家統治の権限は降伏条項の為其《そ》の必要と認むる措置《そち》を執《と》る連合国最高司令官の制限の下に置かるるものとす（中略）最終的の日本国の政府の形態は『ポツダム』宣言に遵《したが》ひ日本国国民の自由に表明する意思により決定せらるべきものとす」といふものだつた。

これでは「国体護持」は保証されないとして、第二回目の御前会議（八月十四日）は再び紛糾《ふんきゅう》したが、「要は我が国民全体の信念と覚悟の問題であると思うから、この際先方の申入れを受諾してよろしいと考える」（下村海南『終戦秘史』）といふ昭和天皇のご聖断により、日本は最終的にポツダム宣言受諾を決定した。

右詔書中に「国体ヲ護持シ得テ」といふ言葉をわざわざ挿入したのは、国民の不安を少しでも軽減するための当局の苦肉《くにく》の策かとも思へるが、実際には大東亜戦争の敗戦により、国体は〝累卵《るいらん》の危機〟に逢着《ほうちゃく》してゐたと言つてよい。連合国の間には、天皇をヒトラーやムッソリーニに準《なぞら》へ、〝天皇を死刑にせよ〟とか〝天皇制を廃止せよ〟といつた強硬意見も噴出《ふんしゅつ》する中、一歩間違へば天皇は「戦犯」として国際軍事裁判の法廷に引きずり出される恐れさへ、なしとはしなかつたからである。

だが、「国体護持」といふ言葉は、敗戦直後こそ方々で聞かれた（例へば昭和二十年九月十五日に文部省が発表した「新日本建設の教育方針」の中では、「今後の教育は益々国体の護持に努むる」ことが明瞭に謳《うた》はれてゐた）ものの、占領政策の開始とともに、まるで潮でも引いたやうに、これを口にする者がゐなくなつてしまつた。

昭和二十一年十一月三日に公布された日本国憲法や、翌昭和二十二年三月三十一日に公布された（旧）教育基本法の中には、もはや「国体」といふ言葉はどこにも見出せない。戦後世代にとつては、「国体」といふ言葉は「死語」にも等しい響きを伴つてゐるが、「国体」といふ言葉、並びにその言葉が意味してゐた日本人の精神の在《あ》り様《よう》に、一体何が起つたのだらうか。これは筆者が占領史研究に着手した大学生の頃から、久しく抱いてゐた疑問の一つであつた。この疑問を解明することも、本書を執筆する大きな目的の一つである。

2 「国体」の語をめぐる占領軍検閲

「国体」といふ言葉は、実は「大東亜戦争」や「八紘一宇」の言葉と並んで、占領軍によつて抹殺されかかつた言葉の一つであつた。昭和二十年十二月十五日に出された所謂「神道指令」の草案には、当初次のやうにあつたことが明らかになつてゐる。

公文書ニ於テ〝大東亜戦争〟〝八紘一宇〟〝国体〟ナル用語乃至《ないし》ソノ他ノ用語ニシテ日本語トシテソノ意味ノ連想ガ、国家神道、軍国主義、過激ナル国家主義ト切リ離シ得ザルモノハ之《これ》ヲ使用スルコトヲ禁止スル。而《しか》シテカカル用語ノ即刻停止ヲ命ズル。

これを指令発出寸前のところで阻止したのは、当時司令部の顧問的立場にあつた東大助教授（宗教学）の岸本英夫であり、岸本は「国体」の用語の使用が禁止されれば、「明治以来の日本の精神教育の聖典」だつた教育勅語は即刻廃止されることになり、「日本の初等、中等教育界に、深刻な混乱がおこることは必至」と見て、総司令部と掛け合ひ、これを指令から外《はず》させることに成功した、と回想してゐる（「嵐の中の神社神道」、岸本英夫集第五巻『戦後の宗教と社会』所収）。

しかし、「国体」といふ言葉は神道指令によつては禁止されなかつたにも拘らず、実際にはその後、マスコミが使用する語彙《ごい》の中からは急速に消えていつた。その最も大きな原因は、日本人の目には見えないところで行はれてゐた占領軍検閲にあつた。

占領軍による検閲が開始されたのは、一九四五年（昭和二〇）九月のことである。筆者の手許《てもと》に、このことに関はる、その最初期と思《おぼ》しき事例がある。「最初期」と判断するのは、昭和二十年九月号といふこの雑誌の刊行年月もさることながら（但し、表紙ゲラには「四六年一月十五日ゲラチェック済―不許可」（1-15-46 checked against galley - not approved）といふ、手書きによる英文の記載があり、実際にこの雑誌が刊行されたのは昭和二十一年初頭以降と判断される）、占領下の刊行物には非常に珍しい〝検閲の痕跡《こんせき》〟を残してゐるからである。以下、その前後の部分と併せて紹介しておきたい。

…本居宣長の、「百八十の國のおや國もとつ國すめら御國《みくに》はたふとき國かも」と、歌つたのは餘《あま》りにも有名で、周知の通りである。それをたゞ單に一國民の主觀として、また理想としてのみ片附けることは出來ない。

（聯合軍司令部の命に依り以下一部削除）

萬世一系、神の御末裔《みすえ》の天皇が、皇統連綿として統《す》べたまふばかりではない。臣子の分にして亦《また》神となり得るのである。このやうな特異な國柄が、いつたい世界のどこにあるだらうか。――たゞ日本のみ。日本をほかにしては、どこにもない。

（中村武羅夫「我が國體と國土」、『短歌研究』第二巻第五号、昭和二十年九月）

さて、問題は括弧の中の「聯合軍司令部の命に依り以下一部削除」である。実際に発行された雑誌には、この部分は前後に四行余りの空白が出来てをり、何かの文章が削り取られたことは一目瞭然となつてゐる。プランゲ文庫に残されてゐる校正ゲラを見ると、この部分には黒々と塗り潰《つぶ》した跡があり（本章の扉頁に、校正ゲラと実際に発行された雑誌を対比した写真を提示しておいたので、参照されたい）、判読すれば次のやうに読める（検閲によつて削除された部分は、網かけで示す。以下同様）。

既に今度の戰爭に至つて、われ〳〵は二十歳になるやならずの多くの若き武人たちが、天皇の御爲《おんため》に、皇國護持のために、生きながら神となつてゆく姿を、眼《ま》のあたり見てゐるのである。日本ならずして何處《どこ》にこのやうな尊い事實、敬仰すべき國柄の國家があるであらうか。

このやうに、「国体」といふ言葉自体は使用禁止を免れた（右事例でも「我が國體と國土」といふタイトル自体は削除されてゐない）としても、「国体護持」（「皇國護持」）の中核を成してゐた日本人特有の国家観・死生観は、占領開始直後の時点から周到に排除され、日本人の目には触れさせない仕組みが出来つつあつたことを、右の事例は示してゐる。

しかも、検閲の痕跡を残した右のやうな事例は、昭和二十年の最初期にしか見られない、例外中の例外であつた。ポツダム宣言で「言論の自由」を標榜《ひょうぼう》してゐた占領軍は、これと真向《まっこう》から矛盾する「検閲」といふ行為に自らが加担してゐた証拠を隠滅《いんめつ》するため、翌昭和二十一年以降は、上記のやうに「連合軍司令部の命」に言及したり、削除箇所を空白として残すやうなことは、一切許さなかつた。

昭和二十一年五月以前に既に確定してゐた、占領軍の「事前検閲規定」の第九項に以下のやうにあることは、その証左と言つてよいだらう。

訂正は常に必ず製版の組直しを以つてなすべく絶対に削除箇所をインキにて抹消し、余白として残し、或はその他の方法を以つてなすべからず　（影山正治『占領下の民族派』所収）

占領下の「言論の自由」とは、かうした徹底した検閲制度の上に築かれた、との詰《つま》りは〝砂上の楼閣《ろうかく》〟でしかなかつたのである。

もう一つ、「国体」に関はる最初期の検閲事例を見ておかう。これも右事例同様、表紙には「四六年一月九日、一記事、不許可」(1-9-46 1 ARTICLE DISAPPROVED) といふ英文の記載が見えるが、右事例とは異なり、事後検閲だつたため、実際の雑誌は「不許可」とされた部分もそのままの形で刊行されてゐる。（占領軍の検閲には、雑誌の発行以前に校正刷りを占領軍に提出しなければならない「事前検閲」と、雑誌の発行後に提出して占領軍の検閲を受ける「事後検閲」の二種類があり、事前検閲と区別するため、事後検閲で「不許可」にされた部分は点線で示す。十二頁の【凡例《はんれい》】を参照。）

法は流轉《るてん》を免れない。現に憲法も亦《また》大改革を余儀《よぎ》なくされた。これに比して、國體そのものの持つ歴史的な重要さは遥《はる》かに法を越えて在る。國體に對する日本民族の信念は單なる民族感情ではない。それは知性に於《お》いても十分に是認《ぜにん》さるべき本質を備へてゐるものと思ふ。それは個々の人間としての天皇を観《み》るのではなく、肇國《ちょうこく》以來の歴史を貫く皇位そのものを神格として仰ぎ見ようとするものである。そして其所《そこ》に日本民族の悠久なる理想的平和境《ママ》建設の據《よ》りどころを求めようとするものなのである。そしてかゝる理想的平和境建設の過程を通じて全人類の共鳴と同感とを呼び起さうとする。それが即ち「八紘《はっこう》を宇《いえ》と爲す」の眞精神なのである。

（時評「憲法改革と國體」、『國民評論』第十七巻第七号、昭和二十年十二月）

右破線部が「不許可」とされた理由は、「国家的宣伝」（national propaganda）であつた。事後検閲の場合、このやうな形で一旦は刊行された後に、占領軍から「不許可」の烙印《らくいん》を押されることになる。だが、その効果のほどは事前検閲に勝るとも劣らず、「発行者は驚いて今後絶対削除（不許可）がないやうに必要以上に気を配つて絶対心配ないやうな文章のみを載せると云ふ結果になつた」（影山、前掲書）から、「國體に對する日本民族の信念」を披瀝《ひれき》した右のやうな文章は、二度と再びその雑誌では陽《ひ》の目を見ないことが普通だつた。〝検閲に引つかからないやうに〟といふ一種の「自己規制」が働いて、多くの編集者は〝羹《あつもの》に懲《こ》りて膾《なます》を吹く〟やうに、「国体」を積極的に語ることを、その後は躊躇《ためら》ふやうになつたからである。

「国体」といふ言葉が、表向きは許容され乍《なが》ら、実際には占領下の日本で急速に〝タブー〟として敬遠されていつたその背景には、かかる〝からくり〟が潜《ひそ》んでゐたのである。

第二章　天皇と国民の絆

勤労奉仕の人々にお言葉を述べられる昭和天皇と香淳皇后（昭和 50 年／朝日新聞社）

1　昭和天皇の「捨身」の御製

第一章では、終戦の詔書に見える「国体護持」といふ言葉について検討したが、昭和天皇ご自身の停戦時のご感慨は、次の御製三首にほぼ尽きてゐるやうに思はれる。

爆撃にたふれゆく民の上をおもひいくさとめけり身はいかならむとも

身はいかになるともいくさとどめけりただたふれゆく民をおもひて

国がらをただ守らんといばら道すすみゆくともいくさとめけり

ここにも「国がらをただ守らんと」といふお言葉が見えるが、「身はいかならむとも」「身はいかになるとも」といふお言葉に直接対応する文言《もんごん》は、詔書の中には見当らない。

一首目と二首目は、意味は全く同じである。通常であれば推敲《すいこう》の上、どちらか一つに収斂《しゆうれん》されて然《しか》るべきお歌かとも思はれる。事実、昭和天皇ご自身も歌の形を決めかねてをられたやうで、特に二首目の歌に関しては、最晩年に至るまで推敲に推敲を重ねてをられた御様子を、歌人の岡野弘彦氏が回想してゐる（『昭和』第一一一号）。

従つて右のお歌は、草稿段階のものが世上《せじよう》に流布《るふ》されたもののやうで、昭和天皇御製集『みやまきりしま』（昭和二十六年）や『あけぼの集』（昭和四十九年）には、三首とも採録されてゐない。昭和天皇崩御後に、宮内庁侍従職が編者となつて刊行された『おほうなばら』（平成二年）でも、一首目だけは採録されてゐるが、二首目と三首目は採録されてゐない（但し、木下道雄侍従次長の『側近日誌』によれば、既に昭和二十年十二月十五日の時点で、右「御製を宣伝的にならぬ方法にて世上に漏らすこと、御許《おゆるし》を得たり」とあり、昭和四十三年刊行の『宮中見聞録』で、木下は初めてこれらの御製を江湖《こうこ》に紹介した)。

いづれにせよ、以上の事実経過から言へることは、これらのお歌に対する先帝陛下の思ひ入れには、並々ならぬものがあつたといふことである。右三首は、昭和天皇の詠《よ》まれた最も重いお歌として、永遠に語り継がれていくことだらう。「身はいかならむとも」「身はいかになるとも」といふご感慨の中に、昭和天皇の御覚悟のほども偲《しの》ばれて、身も心も引き締《しま》るやうな絶唱となつた。

当時の国民は、天皇にこの御歌あるを無論知らなかつたわけだが、そのお覚悟のあることは察知してゐた。といふのは、昭和二十年八月十五日付の新聞各紙を見ると、右御製の元になつた、前日の御前会議における天皇のご発言を、異口同音《いくどうおん》に報じてゐるからである。（傍線引用者）

「たとへ朕の一身は如何《いか》にならうともこれ以上民草の戦火に斃《たお》れるを見るに忍びない」（読売報知）

「朕の一身は如何にあらうともこれ以上国が焦土《しょうど》と化し国民が戦火に斃れるのを見るに忍びない」（朝日新聞）

「朕の一身は如何にあらうとこれ以上国民が戦火に斃れることは忍び難い」（毎日新聞）

〝天皇は自らの御身《おんみ》を犠牲にして、国民を救つて下さつたのだ〟…敗戦といふ衝撃に茫然《ぼうぜん》自失しながらも、或いは慟哭《どうこく》しつつも、静かな感動にうち震《ふる》へた国民は、実は少なくなかつたのである。

弁士として有名だつた徳川夢声《むせい》は、この日の日記にかう書き記してゐる。

斯《か》くの如《ごと》き君主が、斯くの如き国民がまたと世界にあろうか、と私は思った。この佳《よ》き国は永遠に亡びない！　直感的に私はそう感じた。（中略）日本破るるの時、この天子を戴いていたことは、なんたる幸福であったろうか

（徳川夢声『夢声戦争日記』）

また或る者は、この日の感動を一篇の散文に表現した。

そのお方は、その日までの日本国民の何人もが敢へてよくせざる、素服《そふく》、面縛《めんばく》して草莽《そうもう》の中なる帝王の道をとほり、まつすぐに、敵将マッカーサーの、且《かつ》、その人が代表する世界五十三か国の軍門に、降《くだ》り跪《ひざまず》き、御軀《おからだ》を以つて罪ある国民の、一人一人に代り給はんことを希《ねが》ひ給うたのでした。（中略）

アメリカに原子爆弾あり、ソ連に参戦の現実主義あり、さうして、日本には唯一つ、古《いにしえ》への釈迦が過ぎ通つた行乞《ぎょうこつ》、捨身《しゃしん》の王道のみがありました。たつた、それだけが、他には何も、何も、何も。（中略）

八月十五日、わが太陽系はその二十世紀の歴史の上に、その不朽の御名《おんな》と共に、かかる聖者を発見いたしました。

（野溝七生子「阿兄何涙潜々」、『藝苑』第三巻第二号、昭和二十一年二月）

原爆を投下して、何十万もの民間人を不法に殺戮《さつりく》したトルーマン。火事場泥棒の如くに参戦し、日本から領土を簒奪《さんだつ》しただけでなく、何十万もの将兵を拉致・抑留せずんば已《や》まなかつたスターリン。さういふ連合国の指導者に比して、日本の天皇の何と気高く、立派であられたことか。

その昔、聖徳太子から推古天皇に贈られたと伝へられる「捨身飼虎《しゃしんしこ》」図（法隆寺の玉虫厨子《たまむしのずし》台座絵）

の教へのままに、身を捨てて国民を救はうとされたその崇高な行為を、右の作者は「捨身の王道」と形容したが、それだけでは未だ足りないと思つたか、「太陽系」が二十世紀の歴史の上に「聖者」を発見したとまで、極言したのであつた。さうせずんば已まないほどの感激の中《うち》に、全文は綴《つづ》られてゐる。

だが、見られる通り、この文章は占領軍の事前検閲により、全文掲載禁止処分に付せられた。理由は宣伝（propaganda）とある。天皇の崇高な行為も、かうして検閲によりかき消され、一連の御製を木下が天下に公表する昭和四十三年まで、多くの国民の了知《りょうち》するところとはならなかつたのである。

2　昭和天皇・マッカーサー第一回会見をめぐつて

とはいへ、この「身はいかならむとも」と詠《うた》はれた昭和天皇の御決意は、今に至るも敗戦史・占領史の常識となる迄《まで》には至つてゐない。国民の心を、深い迷妄《めいもう》の闇が覆《おお》つてゐる。

といふのは他でもない、昭和二十年九月二十七日、停戦からほどなくして行はれた昭和天皇とマッカーサーの第一回会見で、天皇が「自分の身はどうなつてもいいから、国民を救つてほしい」と言はれた、いや言はれてゐないと、議論は紛糾して未《いま》だに決着を見てゐないからだ。

この時、お二人の会談に立ち会つたのは、通訳の奥村勝蔵（外務省参事官）ただ一人であり、お二人の〝男同士の固い約束〟で会談の内容は厳秘とされ、奥村も固く口を閉ざして語らなかつたから、両者の間でどのやうなことが話し合はれたのか、長い間誰にも判らなかつた。

しかし、昭和三十年になつて重光葵《まもる》外相が渡米して、陛下のメッセージをマッカーサーに伝へた際、マッカーサーは初めて重い口を開いて、具体的な会談の中身を重光に明かすに至つたのである。重光によれば、この時マッカーサーは次のやうに語つたのであつた。


陛下は、まず戦争責任の問題を自ら持ち出され、次のようにおっしゃいました。これには実にびっくりさせられました。

すなわち〝私は、日本の戦争遂行に伴ういかなることにも、また事件にも全責任をとります。また私は、日本の名においてなされた、すべての軍事指揮官、軍人および政治家の行為に対しても直接に責任を負います。自分自身の運命について貴下の判断が如何様《いかよう》のものであろうとも、それは自分には問題でない。私は全責任を負います〟

これが陛下のお言葉でした。私は、これを聞いて、興奮の余り、陛下にキスしようとした位です。もし国の罪をあがのうことが出来れば進んで絞首台に上ることを申出るという、この日本の元首に対する占領軍の司令官としての私の尊敬の念は、その後ますます高まるばかりでした。

（読売新聞、昭和三十年九月十四日付）


重光は以上のやうにマッカーサーの言葉を紹介したあと、興奮冷めやらぬといふ面持ちで、かう付記してゐる。

天皇陛下は少くとも親《みずか》らをかばおうとはせられず、戦争に対する国家国民の行動については如何なることも全責任を取る事を敵将に明言されたのである。その大御心《おおみこころ》は真に天日《てんじつ》の如く世界を照らしておるというべきである。（中略）私の、この言葉は旧式の感傷の言葉ではなく歴史上の事実に対する感激の言葉である。この歴史的事実は、陛下御自身はもちろん宮中からも今日まで少しももらされたことはなかつた。（中略）私は何という、すばらしいことであるかと思った。われわれは、なお日本民族の伝統を保っている。今日も、君民一体、一君万民と古い言葉があるが、日本民族のうるわしい姿を、マッカーサー元帥の口から聞き得たという感激をもって…辞去したのであった。（同前）

昭和天皇のお言葉については、これと同じ趣旨のことが、『マッカーサー回想記』（邦訳は昭和三十九年刊）にも見えてゐる。こちらの方が人口に膾炙《かいしゃ》してゐようが、重要な証言なので、敢へて内容の重複を厭《いと》はずに引用しておく。

私は天皇が、戦争犯罪者として起訴されないよう、自分の立場を訴えはじめるのではないか、という不安を感じた。（中略）

しかし、この私の不安は根拠のないものだった。天皇の口から出たのは、次のような言葉だった。「私は、国民が戦争遂行にあたって政治、軍事両面で行なったすべての決定と行動に対する全責任を負う者として、私自身をあなたの代表する諸国の裁決にゆだねるためおたずねした」

私は大きい感動にゆさぶられた。死をもともなうほどの責任、それも私の知り尽くしている諸事実に照らして、明らかに天皇に帰すべきではない責任を引受けようとする、この勇気に満ちた態度は、私の骨のズイまでもゆり動かした。（『マッカーサー回想記』下巻）

だが、マッカーサーの右証言は、今日に至るも多くの歴史家によつて、依然《いぜん》として疑問視されてゐる。外務省は平成十四年十月十七日、これまで〝門外不出〟とされてきたこの会見の「公式記録」なるものの公表に踏み切つたが、そこにはマッカーサーの回想記にあるやうな〝すべての責任は自分にある〟といつた旨《むね》の昭和天皇のお言葉は、全く記載されてゐなかつたからである。

その後、平成二十八年に刊行された『昭和天皇実録』を見ても、「御通訳奉仕の奥村により作成された記録」には、右のやり取りは記載されてゐない（『昭和天皇実録』第九）。

それでは、マッカーサーの話は「作り話」といふことになるのだらうか。断じてさに非《あら》ず。理由を以下に列挙する。

第一に、冒頭に掲げた昭和天皇の御製を、もう一度想《おも》ひ起していただきたい。「身はいかならむとも」「身はいかになるとも」とのお覚悟で停戦を決断された昭和天皇が、敵将たるマッカーサーに向つて〝全責任は自分にある〟と仰るのは、至極《しごく》当然のことではないか。さう言はれなかつたとすれば、むしろその方が首尾一貫を欠くことになる。

第二に、これは決定的なことだが、侍従長藤田尚徳《ひさのり》の証言がある。藤田は直接会見には立ち会はなかつたが、このとき陛下に随行《ずいこう》した一人で、昭和天皇と奥村通訳を除けば、「奥村手記」（公表された「公式記録」とはおそらく別のもの）を見た唯一の日本人である。その彼は、かう語つてゐる。

後日になって外務省でまとめた御会見の模様が私のもとに届けられ、それを陛下の御覧に供した。通常の文書は、御覧になれば、私のもとへお下げになるのだが、この時の文書だけは陛下は自ら御手元に留《とど》められたようで、私のもとへは返ってこなかった。宮内省の用箋《ようせん》に五枚ほどあったと思うが、陛下は次の意味のことをマ元帥に伝えられている。

「敗戦に至った戦争の、いろいろの責任が追及されているが、責任はすべて私にある。文武百官は、私の任命する所だから、彼等には責任はない。

私の一身は、どうなろうと構わない。私はあなたにお委《まか》せする。この上は、どうか国民が生活に困らぬよう、連合国の援助をお願いしたい」

（藤田尚徳『侍従長の回想』）

第三に、陛下のお言葉に感動したあまり、それまで居丈高《いたけだか》だつたマッカーサーの態度が、会見後に一変したといふ日米双方の証言がある。まづ宮内省行幸主務官としてこのとき随行してゐた筧《かけい》素彦《もとひこ》は、次のやうに証言してゐる。

私共は本当に驚き、眼《め》を疑う思いであつた。先刻までは傲然《ごうぜん》とふん反《ぞ》りかえっているように見えた元師が、まるで侍従長のような、鞠躬如《きっきゅうじょ》として、とでも申したいように敬虔《けいけん》な態度で、陛下のやや斜《なな》めうしろと覚《おぼ》しき位置であらわれたのである。（中略）御到着の時には、玄関にお出迎えしなかった元帥は、今度は玄関の扉の外にまで出て来て、長身を屈《かが》め、いんぎんな態度で握手するや否《いな》や、はっと我に返ったように急いで扉の中に消えた。これは事前打ち合わせにはなかったことであった。

（筧素彦『今上陛下と母宮貞明皇后』）

寛は、「あの陛下の御言葉を抜きにしては、当初傲然とふん反りかえっていたマッカーサー元帥が、僅《わず》か三十数分のあと、あれ程柔和に、敬虔な態度になったことの説明がつかないのである」と述べてゐるが、その通りであらう。

マッカーサーの変りやうを、側で見てゐて驚いたのは、日本人随行者だけではない。その場に居合わせた、側近で通訳のフォービアン・バワーズも、そのことを明瞭に記憶してゐた（以下は、読売新聞に寄せた「バワーズ手記」）。

元帥ははた目にみてもわかるほど感動していた。私は、彼が怒り以外の感情を外に出したのを見たことがなかった。その彼が、今ほとんど劇的ともいえる様子で感動していた。（中略）天皇陛下が「戦争犯罪人たちの身代わりになる」と申し出られたことに驚いたと元帥は後に私に語った。「戦争は私の名前で行われた。私には責任がある」と陛下は説明されたというのだ。

（読売新聞、昭和六十二年十月二十六日付夕刊）

やはりさうだつたのか。陛下はマッカーサーに対して、〝自分の命は差し出すから、どうか国民を救つていただきたい〟と、申し出てをられたのである。これは「戦争責任」を認める、認めないの問題ではない。さういふ政治的次元を遙《はる》かに超越したところで、陛下は「捨身の王道」を実行されたのである。これにマッカーサーが感動した。マッカーサーならずとも、感動しない者はゐないだらう。

マッカーサーと天皇が並んで納まつた、有名な写真がある。この第一回会見の際に撮《と》られたものである。昭和天皇はモーニング姿で直立不動、一方のマッカーサーはラフな軍服姿で両腕を腰に当ててをり、筧の証言通り、「傲然とふん反りかえっている」やうに見える。勝者と敗者のコントラストを、いやが上にも強調したこの写真ほど、敗戦日本の現実を強く国民に印象づけたものはない。

その意味では、天皇・マッカーサーの第一回会見こそは、天皇の上に君臨《くんりん》する、新たな支配者の出現を誇示《こじ》する事件となる筈《はず》だつた。少なくとも内務省の制止を振り切つて、この写真を全国紙に掲載させた司令部の意図はそこにあつた。だが、写真を見た一人の日本人は、かう詠んでゐたのである。意表を突かれた占領軍は、慌《あわ》てて事後検閲で、この歌を不許可にしてしまつたが…。

むつまじくマッカーサーと並み立たす一天万乗《いってんばんじょう》の君ををろがむ　兒島芳子

（『瀬音』第三十二巻第二号、昭和二十一年二月）

天皇は国民の知らぬところで、国民のために命を投げ出されてゐた。だが国民の側でも人知れず、「一天万乗の君」を拝んでゐたのである。戦争には敗れても、天皇と国民は、かかる絆《きずな》で固く結ばれてゐたのであつた。

〝天皇と国民の絆〟について、もう少し敷衍《ふえん》しておきたい。

昭和二十年も暮れようとする頃、手に手に草刈鎌《くさかりがま》を携《たずさ》へ、皇居にやって来た一群の青年達がゐた。当時は未曾有《みぞう》の食糧難で、他を顧《かえり》みる暇《いとま》などなかつただらうに、皇居が荒れ放題だといふことを伝へ聞いた彼らは、皇居の清掃奉仕を思ひ立ち、宮城県から遥々《はるばる》上京してきたのであつた。

昭和天皇は、そのことをお聞きになられ、直ちに彼らを御引見《いんけん》になつた。以下は、当時侍従次長だった木下道雄が、親しく見聞した事実を回顧したものである。

…十二月八日の朝、陛下から私に、今日から仕事が始まるなら、その前に一同に会いたい、とのお言葉があった。（中略）こんなことが皇居の内で行われることは未だ嘗《かつ》て前例のないことだ…。

代表者が御前《ごぜん》に出てご挨拶を申上げたのに対し、陛下は、遠いところから来てくれて、まことにありがとう。郷里の農作の具合は、どんなか、地下足袋《ぢかたび》は満足に手に入るか、肥料の配給はどうか、何が一番不自由かなど、御質問は次から次へと、なかなか尽きない。

かれこれ、十分間ほどお話しがあり、何とぞ国家再建のために、たゆまず精を出して努力して貰いたい。とのお言葉を最後に、一同とお別れになり、また、もとの路《みち》をお帰りになるべく、二、三十歩おあるきになったそのとき、突如、列中から、湧《わ》き起こったのが、君が代の合唱であった。

当時、占領軍の取締りがやかましく、殆んど禁句のように思われて誰も口にすることを遠慮していた、その君が代が誰に相談するでもなく、おのずから皆の胸の中《うち》から、ほとばしりでたのであった。…この君が代の歌ごえに、陛下はおん歩みを止めさせられ、じっと、これをきき入っておいでになる。一同は…このお姿を拝して、ご歩行をお止めしては相済まぬ、早く唄い終らねば、とあせればあせるほど、その歌声は、とだえがちとなり、はては嗚咽《おえつ》の声に代ってしまった。（中略）

この青年たちとの御対談に、陛下は何かよほどお感じになったことがあるらしく、…第二回目からは、両陛下お揃いで、奉仕の人々にお会いになることになり、それが爾来《じらい》引きつず《ママ》いて今日に及んでいるのである。
（中略）今日すでにその奉仕の実員は、数十万に達するであろう。官辺《かんぺん》より何らの指示勧奨もあるのではない。ただ国民至情の赴《おもむ》くところしかあらしめるのである。（木下道雄『宮中見聞録』）

以下の御製二首は、この時のことを詠はれたものである。

　皇居内の勤労奉仕（昭和二十年）

戦《たたかひ》にやぶれしあとのいまもなほ民のよりきてここに草とる

をちこちの民のまゐきてうれしくぞ宮居のうちにけふもまたあふ

歌意は平明で何の注釈も要《い》らないが、何の代価や報酬を求めるでもない、彼らの無私な姿が陛下の心を打つた。〝我が身はどうならうとも、国民を救ひたい〟とて戦争を止められた陛下の無私な心に、純朴な国民もまた無私な心で応《こた》へんしたのである。陛下のお歌が、「うれしくぞ」「けふもまたあふ」という弾《はず》んだ調べになつたのは、不思議ではない。

天皇と国民が、かかる〝心の絆〟で結ばれてゐた事実こそは、正しく日本再建の縁《よすが》となる筈のものであつた。

3　神道指令と元旦詔書に籠められた占領軍の狙ひ

だが誰知らん、この強靱《きょうじん》な〝絆〟を断《た》ち切るべく、占領軍は既に着々と、準備を重ねつつあつたとは。

彼らは「国家神道」こそ、日本人を「軍国主義」「超国家主義」に駆り立てた、諸悪の根源であると考へてゐた。能《あた》ふべくんば神道そのものの、〝息の根〟を止めたいといふのが彼らの本音だつたが、いかな彼らでもそれは出来ない相談だつた。といふのは、ポツダム宣言の第十項には、「言論、宗教及ビ思想ノ自由並《ならび》ニ基本的人権ノ尊重ハ確立セラルベシ」とある。神道とて、一つの宗教であることには変りなく、それを全面的に禁止すれば、〝信教の自由〟を標榜《ひょうぼう》する彼等自身の自己否定にもつながりかねない。

そこで、次善の策として彼らが思ひついたのが、個人の信仰としての神道は許す代りに、「国家神道」は許さない、といふものだつた。一九四五年十月六日、国務省極東部長ヴィンセントの発言は、その嚆矢《こうし》を為すものであつた。

神道はそれが日本国民各自の宗教である限りにおいて干渉すべきではないが、日本政府によつて指導され、強制された神道ならば廃止されるであらう。

ＣＩＥ（民間情報教育局）のケイガー少佐とヤング中尉も、日付は不明だが「宗教（神道）と天皇」と題するメモの中で、次のやうに述べてゐる。

宗教としての神道を廃止することはできない。我々の政策では、我々自身で天皇を退位させることはしない。問題は両者の間の絆（link）を断つことである。指令によって我々はこの形式的な絆を断つことはできる。我々はこれをしなければならないが、それだけでは十分ではない。真の絆—国民の心の中にある絆（the link in the peoples minds）—は、…天皇自身によってのみ断たれ得る。要点は以下の観念を破砕《はさい》することである。

（a）日本国民は神（god）の子孫であり、そのゆゑに他の人類に超越している。

（b）天皇は超越神（super-god）の子孫であり、そのゆゑに日本の統治者であるだけでなく、全世界の統治者でもある。

ケイガー及びヤングはここで、神道と天皇の間の「絆」を断つべく、一方では「指令」を出すべきだが、「それだけでは十分ではない」として、天皇の詔書によつて「国民の心の中にある絆」を断つことを提言してゐた。

前者が同年十二月十五日に発出されることになる神道指令となり、後者が昭和二十一年元旦詔書（所謂《いわゆる》「人間宣言」）に結実していつたことは言ふまでもない。このやうに、神道指令と元旦詔書は元来ワンセットとして構想されたものであり、彼らは神道指令によつて国家（天皇）と神道の〝制度的な絆〟を断ち切り、その上で元旦詔書により、天皇と国民の〝精神的な絆〟をも断たうとしたのである。

元旦詔書については、一部に日本人がイニシアチブを取つたとの説も流布《るふ》してゐるが、事実はさに非ず。何故なら、外務大臣吉田茂はマッカーサーに宛てた元日詔書の送付文（昭和二十年十二月三十一日付）に、「親愛なる閣下　…詔書の日本語訳を同封いたします」と書いてゐるからである（『吉田茂＝マッカーサー往復書簡集』）。詔書が日本側の起草にかかるものなら、わざわざ「日本語訳」などと書く筈もない。これは吉田独特のブラック・ユーモアで、詔書が〝メイド・イン・USA〟であることを皮肉つたのである。

さて、〝天皇と国民の精神的な絆〟を否定する件《くだ》りは、CIE初代教育宗教課長のヘンダーソンが書いたと言はれる英文草案では、次のやうになつてゐた。

> 天皇と国民とは非常に強く結ばれている。しかしかかる結合は、神話、伝説のみによるものでなく、また日本人は神の子孫であり、他の国民よりすぐれ他を支配する運命を有するという誤れる観念に基くものではない。幾千年の献身と熱愛により錬出された信頼の絆であり愛情の絆である。（中略）
>
> 陛下は、ご自分の人格のいかなる神格化あるいは神話化をも、全面的にご否定あらせられる。
>
> （『資料日本占領1　天皇制』）

右草案の論理構造は、前掲ケイガー及びヤング・メモの（a）（b）と変らない。即ち、まづ日本国民が「神の子孫であり、他の国民よりすぐれ他を支配する運命を有する」といふ思想（a）を「誤れる観念」として否定し、ついで天皇の「神格化」「神話化」（b）を否定することにより、「神話、伝説」に基づいた両者の絆を断たんとするものであつた。

実際の詔書では、右の件りは以下のやうになつてゐる。

…朕ト汝等《なんじら》国民トノ間ノ紐帯《ちゅうたい》ハ、終始相互ノ信頼ト敬愛トニ依《よ》リテ結バレ、単ナル神話ト伝説トニ依リテ生ゼルモノニ非ズ。天皇ヲ以テ現御神《あきつみかみ》トシ、且《かつ》日本国民ヲ以テ他ノ民族ニ優越セル民族ニシテ、延《ひい》テ世界ヲ支配スベキ運命ヲ有ストノ架空ナル観念ニ基クモノニ非ズ

ここでは、天皇を「現御神」とし(b)、日本国民が「他ノ民族ニ優越セル民族ニシテ、延テ世界ヲ支配スベキ運命ヲ有ス」といふ思想(a)を、一括して「架空ナル観念」として否定してゐた。さうすることで、「神話ト伝説」に基いた、天皇と国民の「紐帯」を断たうとしたのである。

因《ちな》みに、「現御神」とは「現身《うつしみ》を持つた神」の義であり、「明神《あきつかみ》」「現神《あきつかみ》」「明津神《あきつかみ》」「現人神《あらひとがみ》」など様々に表現されるが、いづれにしても〝人にして神〟、〝神にして人〟たる天皇を指す用語として、『日本書紀』『万葉集』を始め、古来幾多の詔勅や宣命《せんみょう》に多用されて来た、日本人の伝統的天皇観を示すものであつた（大原康男『現御神考試論』）。

4　元旦詔書に対する国民の反応

昭和二十一年元旦の新聞は、この詔書を一斉にトップで報じたが、朝日新聞は三段抜きで「天皇、現御神にあらず」との大見出しをつけ、讀賣報知は四段抜きで「天皇と国民の紐帯　神話と伝説に非ず」と報じた。

「人間宣言」と報じた新聞は当時なかつたが、詔書が「現御神」を否定したことは、国民の間に様々な反応を惹《ひ》き起した。プランゲ文庫には、この詔書に触発されて書かれた文章が多数残されてゐるが、その多くは占領軍の検閲により、不許可もしくは削除処分を余儀なくされてゐる。

天皇自らが「現御神」を「架空なる観念」と断定されたことは、多くの国民に激しい精神的動揺を与へずにはおかなかつた。以下の事例は、その端的な証左である。この歌は「天皇制神聖観念の擁護」(Defense of Divinity Idea of Emperor System)との理由により、不許可にされた。

すめらぎの神にあらずと宣《のたま》ひし大御言葉《おほみことば》に涙しぬわれ

若井田忠義(『新月』第三号、昭和二十一年四月)

元旦詔書に対する、当時の国民の一般的反応がどのやうなものであつたかといふことについては、以下の事例を見るとよく解る。

今さら、日本が神国でない、国民は神の子孫でない、と仰せられたからとて、当然のこととして、別に驚きも致しません。

しかし、天皇が神でない、といふ問題については、別な印象を受けてゐるやうです。誰があんなことを言ひだしたのか知らないが、何となく白々しい、ピンと来ないといふのが、正直な告白です。何だか態《わざ》とらしい、本気なのかどうか、肚《はら》の底が知れない、といふのが、率直な反響です。天子さまに、あんなことまで、お言はせ申して、お気の毒なと、嘆いてゐる人民が多い、といふ現状です。

(京口元吉述「天皇と人民」、『講演』第六四二号、昭和二十一年五月)

右分析は、早稲田大学文学部教授京口元吉による講演の一部だが、「誰があんなことを言ひだしたのか知らないが」「天子さまに、あんなことまで、お言はせ申して…」といふ箇所が面白い。どうやら神格否定は天皇の御本意ではないらしいと、多くの国民が薄々感づいてゐることを、言外に匂《にお》はせてゐるからである。尤《もっと》も、「天子さまに…」以下は、「天皇神格化」(Divinity of the Emperor)といふ理由で削除され、活字が陽《ひ》の目を見ることもなかつたが。

それでも天皇は「現神《あきつかみ》」だとし、詔書に真向《まっこう》から反論する向きさへないではなかつたが、かうした思想的抵抗に対しては、占領軍は容赦《ようしゃ》なく、片っ端から葬《ほうむ》り去つてゐる。

…年頭の御詔書に於《おい》て現神でないと仰《おお》せられたけれども、それは天皇がさう仰せられるのは御自由であります。併《しか》し國民の信念は現神と思つてをります。（中略）大体神といふ概念は日本人独特の概念内容が入つてゐる。ヨーロッパの文化が入つて來た時にキリスト教のゴッドといふ言葉がその侭《まま》神と譯《やく》されたから非常な混乱《こんらん》を生じたと私は考へる（中略）西洋で神といふ場合にはそれは所謂全知全能の神…最早《もは》や人間性を超越したさういふ絶対的神が神であると考へられている。（中略）天照大神以下の神々といふものは決して全知全能の神ぢやない、或は人を憎まれるといふこともあり、自分の思ふやうにならないことを悲しまれることもあり、或は戀《れん》愛《あい》をなさる、失戀もなさる、嫉妬《しっと》もなさる、悪戯《いたずら》もなさるといふやうな人間的な神であります。（中略）然《しか》らば日本の神々がどうして人間的でありながら而《しか》も神であるかといふと、…靖国の神はその死の瞬間に於て私を捨てゝ全体の爲に殉じた、だから神になるんだ。つまり無私である。私がないといふことが日本の神の本質であるといふふうに私には思はれるのです。ところが天皇は天照大神の肉体的な御後裔《こうえい》であらせられ、精神的にも天照大神の精神を体して統治を行はせられる…現神であらせられるといふことはさういふことであります。

（大西芳夫「天皇制に就いて」、『日本輿論』第二巻第三号、昭和二十一年三月）

この記事は、誠にその通りであると、著者などは思はずにはをられないが、「国家主義的」（nationalistic）との理由で網かけの部分が削除され、ズタズタにされた。

次も同様だが、「宗教的宣伝」（relisious propaganda）といふ理由で、不許可を免れなかつた事例である。

少しでも尋常と異なつた靈的な性質を有するものを神と呼んでゐる日本民族の間には、近世に於いて生きてゐる人を祭つた生祠《せいし》の現象も少くない。此《こ》のやうな神觀を背景とした日本に在《あ》つて、極めて尊い天皇を現御神《あきつみかみ》と申したのに何の不思議があらう。現御神には又明神といふ文字も宛てられ、皇祖天照大神の直系の御子孫としての天皇（即ち萬世一系の天皇）といふ意味と、最も神聖なる天皇といふ意味と、明らかに安らかに治め給ふ天皇といふ意味とがある。斯《こ》ういふ意味を本として、日本の天皇を日本的に表現した古代人の心持はよく分る。西洋のゴッドの神觀で神話や神道を解釋《かいしゃく》し批判しては、神社崇敬に對する正しい指導も態度も、到底望み得られないだらう。

（河野省三「神社神道と教學の問題」、『肇國』第八巻第五号、昭和二十一年五月）

この詔書に多くの日本人が、「何となく白々しい」「何だか態とらしい」といふ感情を抱いたのは、当然だつた。天皇を「現御神」と見る思想は、「架空ナル観念」どころか、この国の長い歴史の中で培《つちか》はれた、庶民の中にも息づいてゐた国民感情に他ならなかつたからである。

最後に、詔書発出《ほっしゅつ》直後に詠まれ、事後検閲によつて不許可になつた和歌を一首、紹介しておかう。

新春賦

み丶づから神にあらずとのり給へば、いよ〳〵かみと仰《あふ》が丶《ママ》るかも　中根貞彦

（『國民食』第四十巻第四四六号、昭和二十一年一月）

御自ら「神にあらず」と仰せられると、益々「神」のやうな気がして、仰がれてならぬと言ふのだから、〝天皇と国民の絆〟を断ち切らんとした占領軍もこれでは形無《かたな》しだが、「現御神」を否定したこの詔書が、多くの国民の天皇観に深刻な混乱を齎《もたら》し、天皇と国民の〝精神的な絆〟にヒビを入れたことは、やはり否定し難いのである。

5　元旦詔書と五箇条の御誓文

昭和二十一年元旦詔書（所謂「人間宣言」）については、最も大切なことをまだ論じてゐない。それは昭和天皇御自身の、この詔書に対するお考へのほどである。

当時、天皇の側近として詔書の修辞にも直接関与した侍従たちは、国民の「不当の神格化」が、「陛下自らのお言葉によって破られ」たことを歓迎してゐるばかりか、「人間宣言」は「陛下の真意」

であつたとさへ言つてゐる。

「人間宣言」は、陛下の平素のお心構えを詔書にしたようなものであった。神でなく人間である。むしろ国民の側にあった不当の神格化が、こうして陛下自らのお言葉によって破られ、一層、陛下と国民の親近感をましたように思う。

この「人間宣言」は、（中略）私や侍従次長木下道雄氏らが、あれこれと文案を修正して出来上ったものであった。…詔書としては相当風変りな型になっているが、文章はともかく、これは陛下の真意をお示しになった点では歴史的なものである。（中略）

陛下は、決してこの神格化を喜んでおられなかった。（藤田尚徳『侍従長の回想』）

天皇は「神でなく人間である」と藤田は言ふが、天皇が人間であるなどは、最初から判りきつた話で、「神」でなければ「人間」、「人間」でなければ「神」といふふうに、「神」と「人間」を対立的にしか捉《とら》へ得ぬ、その「神観」こそが問題ではないか。

戦時中、天皇を「人間」ならざる「神」（ゴッド）扱ひする傾向が一部に生じ、その意味で天皇が「神格化を喜んでおられなかった」ことは確かだが、だからと言つて天皇を「神でなく人間である」と言ひ切つてしまつていいのだらうか。〝天皇は人間だが、同時に神でもある〟、これが「現御神」「現人神」の本来の謂《い》ひであり、侍従長ともあらう者が、西洋流のゴッドの観念に囚《とら》はれて、天皇の本質を誤解してゐるのは由々《ゆゆ》しいことだと思ふ。

元旦詔書より少し前のことになるが、或る歌道専門誌に次のような一文が見える。

現津御神《あきつみかみ》に御現人《おんあらひと》の御面《おめん》あらせられるは歴史に照らしても明らかである。しかし皆一切補弼《ほひつ》の任全《まった》からぬことを恐懼《きょうく》すべきである。補弼全くして、現津御神に在《おわ》しますも亦《また》、歴史に徴《ちょう》して明らかである。

一君万民、君民一如《いちにょ》は必ず一である。大君は神に在しますこと他言《たごん》要せず。人間の裡《うち》なる神性を確信しない犬猫は別であるが。

（三浦義一「日本に言ふ」、『ひむがし』第五巻第五号、昭和二十年十二月）

「補弼」とは、天子の国政を補佐することを謂ふ。補弼の任にある者が、犬猫ではあるまいに、「人間の裡なる神性を確信」せずして天皇を「神」と仰げないやうでは、この国の存立は根底から危殆《きたい》に瀕《ひん》するであらう。

この点では、侍従次長だつた木下も同罪である。「天皇を現御神とする事を架空なる事に改めようと思つた」彼は、「陛下も此《こ》の点は御賛成である」と記《しる》してをり（『側近日誌』昭和二十年十二月二十九日）、後年の回顧録でも次のやうにそれを繰り返してゐる。

元来、現御神、或は現神、又は明神なる文字は、奈良朝頃の天皇の宣命（詔）に多く見られるもので、（中略）現御神、或は現神、或は明神の下に必ず「と」の一字を加えて詠むことになっている。

これは「として」の意味であって、神の御心を心として、天《あめ》の下しろしめす天皇、という至って慎しみ深い天皇の自称であった。（中略）

ところが、近代に至って言葉の乱れが生じ、…現御神と天皇とを混同して考へるやうになり、その結果、御病気の天皇に医師の接近をさえぎるというような事態が起ったのである。

陛下が、きびしく注意なさるのは、この言葉の乱れ以後の天皇観即ち天皇は現御神なり、とする見解について反対の御意見を示されたのである。（木下道雄『宮中見聞録』）

「現御神」は「神の御心を心として」といふ意味でしかなく、「現御神と天皇とを混同」するのは「言葉の乱れ」であり、間違ひだと木下は指摘するのだが、大原康男氏は天皇を端的に「現御神」「明神」とする宣命のあることを指摘して、これに反論してをられる（『現御神考試論』）。

又、「御病気の天皇に医師の接近をさえぎる」云々《うんぬん》といふのは、巷間《こうかん》伝へられる次のやうな話を指すものと思はれる。

［昭和二十年十二月］二十四日の夕方には首相のお召しがあって、陛下から「御病気の後水《ごみず》尾《のお》天皇が側近に医者を要請されたところ、医者の如き者が玉体にふれることは、汚《けが》らわしいとの理由でおみせしなかったそうだ。同天皇はみすみす病気が悪化して亡くなられた」という歴史的事例をあげて、神格化の是正について暗示された。（中略）「昭和二十一年の新春には一つそういう意味の詔勅を出したいものだ」と仰せになるなど、一時間十五分にわたってご相談になった。（藤樫準二『天皇とともに五十年』）

後水尾天皇の御父・後陽成《ごようぜい》天皇は、御在位中に灸《きゅう》をするゐた事実があり、右の話を「歴史的事例」とするのは疑問だが（大原康男『神道指令の研究』）、昭和天皇が「神格化の是正について暗示された」

ことがたとへあつたとしても、それは非人間的な「神様」扱ひに反対されたまでのことで、「天皇は現御神なり、とする見解について反対の御意見を示された」とまでは言へないだらう。そのことは、昭和五十二年八月二十三日、那須御用邸での記者会見における、次のやうなご発言からも明らかであると言はねばならない。

——二十一年年頭に出された神格化否定の詔書について、ことし公開された日米の外交文書などで、ＧＨＱ（連合軍総司令部）の草案があったとされますが。

陛下　そういう問題については、今、批判的な意見を述べる時期ではないと思います。

——詔書のはじめに五箇条のご誓文を入れられたのは陛下ご自身のご希望でしょうか。

陛下　それが、実はあの詔書の一番の目的であって、神格とかということは二の（次の）問題でした。当時はアメリカその他外国の勢力が強く、日本が圧倒される心配があったので、民主主義が採用されたのは明治天皇であって、日本の民主主義は決して輸入のものではないということを示す必要があった。日本の国民が誇りを忘れては非常に具合が悪いと思って、誇りを忘れさせないためにあの宣言を考えたのです。

（読売新聞、昭和五十二年八月二十四日付）

元旦詔書の「一番の目的」は「神格とかいうこと」の否定にはなく、五箇条の御誓文を示すことで、日本国民に「誇りを忘れさせないため」だつた、と陛下自らが仰るのである。占領軍が天皇の「神格」を否定せんがために、この詔書を出させた経緯については前回言及した通りだが、彼らが意図したものとはまた別に、昭和天皇は敗戦に打ちひしがれてゐた国民を勇気づけるメッセージを込めて、実はこの詔書を出されてゐたといふことになる。

因みに、昭和天皇が御自身の意思として挿入された詔書の冒頭部分は、次の通りであつた。

茲《ここ》ニ新年ヲ迎フ。顧ミレバ明治天皇明治ノ初国是《こくぜ》トシテ五箇条ノ御誓文ヲ下シ給ヘリ。曰ク。

一、広ク会議ヲ興《おこ》シ万機公論ニ決スヘシ

一、上下心ヲ一《いつ》ニシテ盛《さかん》ニ経綸《けいりん》ヲ行フヘシ

一、官武一途《いっと》庶民ニ至ル迄《まで》各《おのおの》其ノ志ヲ遂《と》ケ人心ヲシテ倦《う》マサラシメンコトヲ要ス

一、旧来ノ陋習《ろうしゅう》ヲ破リ天地ノ公道ニ基クヘシ

一、智識ヲ世界ニ求メ大ニ皇基《こうき》ヲ振起《しんき》スヘシ

叡旨《えいし》公明正大、又何ヲカ加ヘン。朕ハ茲《ここ》ニ誓《ちかい》ヲ新ニシテ国運ヲ開カント欲ス。須《すべか》ラク此《こ》ノ御趣旨ニ則リ、旧来ノ陋習ヲ去リ、民意ヲ暢達《ちょうたつ》シ、官民挙ゲテ平和主義ニ徹シ、教養豊カニ文化ヲ築キ、以テ民生ノ向上ヲ図リ、新日本ヲ建設スベシ。

この最後の言葉ゆゑに、元旦詔書は「新日本建設の詔書」と呼ばれることもある。「人間宣言」なぞは俗称であり、〝人間だが、同時に神でもある〞天皇の本質を晦《くら》ませ、詔書に籠《こ》められた天皇の御意思を蔑《ないがし》ろにするものである。

侍従たる者の、安易に口にすべき言葉ではあるまい。

6　宮中歌会始御製の〝隠されたメッセージ〟

詔書渙発からほどないころ、天皇は次のやうに言はれたといふことが、木下の『側近日誌』に見えてゐる。

「日本の democracy 化とは日本皇室古来の伝統を徹底せしむるにあり」

（昭和二十一年一月十八日の項）

越えて一月二十二日には、恒例の宮中歌会始の儀が執《と》り行はれたが、このとき昭和天皇が詠まれたのは、次のやうな御製であつた。

歌会始　松上雪

ふりつもるみ雪にたへていろかへぬ松ぞををしき人もかくあれ

常緑樹の松は、どんなに雪が降り積つても耐へ忍び、その青々とした色を変へることはない。その雄々しい松のやうに、「み雪にたへていろかへぬ」国民であれ、と仰るのである。

「ふりつもるみ雪」が何を暗示するかは、喋々《ちょうちょう》するまでもない。昭和天皇がこれほどはつきりと、占領政策に対する〝静かなる抵抗〟の御意思を示されたことは、後にも先にもないのではないか。

松（ここには春を「待つ」の含意《がんい》もある）に託した隠喩《いんゆ》としてではあるが、〝国民よ、「民主主義」の語に惑はされ、「日本皇室古来の伝統」を忘れるな〟と仰つてゐることは、疑問の余地がないやうに思はれる。

元旦詔書渙発《かんぱつ》に当り、「当時はアメリカその他外国の勢力が強く、日本が圧倒される心配があったので」「誇りを忘れさせないためにあの宣言を考えた」と仰られたその同じお気持が、ここにも働いてゐる。

さういふ意味で、元旦詔書とこの歌会始の御製は、セットになつてゐるのである。占領軍は神道指令と元旦詔書をセットにして、天皇と国民の「絆」を断ち切らんとしたが、天皇は元旦詔書に五箇条の御誓文を挿入し、またこの大御歌《おおみうた》を公表することで、これに対抗せんとされたのではないか。正にそれは「〝絆〟を断ち切らんとした力」に対して、昭和天皇が発動された「〝絆〟を繋《つな》ぎ止めんとした力」であつたと言へる。

驚くべきことに、当時の国民は昭和天皇のこの〝隠されたメッセージ〟を、正確に受け止めてゐた。尤も、皆が皆さうだつたといふわけではない。先に紹介した事例にもあつたが、天皇御自らが「現御神」を「架空ナル観念」と宣《の》り給ひしことに対して、多くの国民はやはり戸惑ひと動揺を覚えずにはをられなかつた。ここでは「国家主義的」(nationalistic)との理由により、削除を余儀なくされた二首を掲げておく。

新年大詔を拝して　京都　藤井芳人
千早振《ちはやぶ》る神に在《あ》らずとのりたまふおおみことばのかしこかれども

新年大詔を拝して　京都　泉静
かみがみもみそなはしませひたむきに祈る心もかなしき今日を

（『不二』第一巻第二号、昭和二十一年六月）

二首目の和歌の「かなしき今日を」といふ言葉が、その精神的打撃の深さを物語つてゐる。しかし、大御心に〝打てば響く〟が如き反応を示した国民も、実は少なくなかつたのである。

正しきまこと　猿石道伯

神國《かむぐに》の現《あき》つみ神のかむごころつつしみ念《おも》へば畏《かしこ》かりけり
大詔《おほみことのり》畏みゐやまひ新しき大日の本の國つくりせむ
神国の正しきまこと外《と》つ国に知らせむ秋《とき》ぞ吾ら忍はゆ

（『心の花』第五十巻第二号、昭和二十一年二月）

三首連作和歌だが、簡単に解説を加へておきたい。

第一首目。詔書は「現御神」を「架空ナル観念」として排斥したにも拘らず、この歌はそれを無視して、昭和天皇を「現つみ神」（現御神）と呼んで憚《はばか》らない。それどころか、「神国の現つみ神のかむごころ（神心）」と、上の句で「神」の語を三度も連呼し、詔書に抗《あらが》つてまで、天皇は「神」以外の何者でもないとの民族の確信を披瀝《ひれき》してゐる。「ふりつもるみ雪にたへていろかへぬ松」の如き、雄々しきその詠みつぷりには脱帽の外はない。無論、占領軍は事後検閲でこの歌を不許可にしたが（不許可理由は「宣伝」）。

二首目。「大詔畏みゐやまひ（敬ひ）」とあるから、それでゐながらこの歌の作者の意識としては、〝承詔必謹《しょうしょうひっきん》〟の態度に徹してゐるのである。実際、「新しき大日の本の國つくりせむ」とは、昭和天皇が挿入された詔書の最後の部分（前掲「新日本ヲ建設スベシ」）を受けたものである。

要するに、この歌の作者は如何なる嗅覚《きゆうかく》によつてか、詔書の中にある、天皇の御発意ならざる〝いかがはしき部分〟と、確かに天皇の御発意による部分とを鋭敏に腑分《ふわ》けし、前者（即ち「現御神」を「架空」なりとした部分）は否定した上で、後者（即ち「五箇条ノ御誓文」に則つて「新日本ヲ建設スベシ」とした部分）だけを、この歌で顕揚《けんよう》したのであつた（この歌だけは、占領軍の検閲も免れた）。

そして三首目。「神国の正しきまこと」を、今は外国に伝へなければならないときだ、だから我々国民は耐へ忍んでいかうといふのだが、「神国の正しきまこと」が「日本皇室古来の伝統」に、「吾ら忍はゆ」が「ふりつもるみ雪にたへて」に、それぞれ照応してゐる。この歌は、或いは歌会始の御製を念頭に置いたものではないかもしれないが、少なくとも精神の深奥《しんおう》部において、昭和天皇の聖なる魂とカチカチと音を立てて触れ合つてゐることだけは確かである。だが、この歌も事後検閲により、結局は不許可にされた（不許可理由はやはり「宣伝」）。

もう一つ、「日本の democracy 化とは日本皇室古来の伝統を徹底せしむるにあり」との大御心に、それとは知らず、見事に唱和した文章を紹介しておかう。「国家主義的」（nationalistic）との理由で、削除された事例である。

…天皇制は所謂民主主義の履行《りこう》と少しも抵触しないのだ。（中略）一日本國民として國民感情の上から、民主主義的日本に於ける天皇といふことを少しも不自然と思はない。日本の天皇は、恐らく世界のどの國の支配者に比べても、民に對して強權をほしいまゝにはなさらなかつた。

傳統的《でんとう》に見てもさういふことが出來る。（中略）例へばかういふ美しさを持つ日本歴史を基盤として日本は全力をふるつて立上らう。また再出発の基礎とすべき日本歴史がかういふ良質のものであるから、それによつて日本は立上り得る、そして世界の平和的進運に關與《かんよ》し得る、といふことを言ひたいのだ。

（大口理夫「これからの日本・文化・美術」、『古美術』第一七四号、昭和二十一年三月）

かやうに当時の国民は、昭和天皇の発動した「〝絆〟を繫ぎ止めんとした力」にピッタリ寄り添ひ、これを下から支へ奉《まつ》らんとしたのであつた。だが、占領軍の検閲はそれを阻み、あらうことか当時の侍従たちも、寄つてたかつて「〝絆〟を断ち切らんとした力」に加勢した。そのために七十年後の今日、「現御神」の語は死語と化し、神ならぬ「人間天皇」の面ばかりが強調されてゐる。無念といふ外《ほか》はない。

7　天皇の戦犯訴追を阻んだ、マッカーサーへの直訴状

天皇と国民の絆をめぐつては、昭和二十年末から二十一年初頭にかけて、もう一つ注目すべき事態が進行してゐた。

第一章でも言及した通り、日本がポツダム宣言を受諾したことは、国体の帰趨《きすう》に深刻な影を投げかけた。一九四五年（昭和二〇）六月初旬のギャラップ調査によれば、天皇の処遇に関する米国の

世論は、「処刑」三三％、「裁判にかける」一七％、「終身禁固」一一％、「流刑」九％であり、同年九月十八日、アメリカ上院議院は「日本国天皇裕仁を戦争犯罪人として裁判に付すること」を合衆国の政策とするやう、全会一致で決議するまでになつてゐた。

当時合衆国本国では、「日本国天皇裕仁の身柄の処遇」と題する占領政策の検討が急ピッチで進められてゐた（SWNCC五五シリーズ）。十一月二十九日、統合参謀本部からマッカーサー宛に出された極秘通達は、「裕仁は、戦争犯罪人として逮捕・裁判・処罰を免れてはいないというのが米国政府の態度である」としながらも、天皇を起訴する前に「遅滞《ちたい》なく証拠を収集」せよ、「裕仁を裁判にかけないといういかなる決定も、把握しうるすべての事実に照らして下すべきであるから、前述の証拠は、最終的に同人が裁判に付されるべきか否かにかかわりなく必要になる」と命じてゐた（『資料日本占領1　天皇制』）。

十二月二日には総司令部は、「A級戦争犯罪人」容疑者の一人として皇族の梨本宮守正王《なしもとのみやもりまさ》を指名、十二月十二日、守正王は逮捕され、他の戦犯容疑者と同様の扱ひで巣鴨拘置所に拘禁《こうきん》された。皇族の逮捕は多くの国民に、天皇訴追《そつい》の日が近いことをありありと予感させた。

〝天皇危《あやう》し〟と感じた国民は、誰に使嗾《しそう》されるでもなく全く自発的に、マッカーサーに宛てて一斉に手紙を書き始めた。GHQの国際検察局（IPS）のファイルには、かうした手紙が多数収められてゐるが、この中から二、三紹介しておきたい。

最初は血書で認《したた》められた書簡である。

若《も》し陛下を法廷に立つるが如き事あらば私個人はもとよりの事多くの日本人が歴史と伝統により蓄積されたる忠誠心と言ふより寧ろ信仰心により閣下個人のみならず米国人全てに対し今後永久に一大憎悪を抱き且《かつ》不測の事態の惹起《じゃっき》必然にして…

閣下　我一命を賭《と》し血書を以て懇願し奉ります　陛下の戦争責任を問はないで頂き度《た》い

…御望みとあらバ《ママ》我生命の提供も敢て辞せざる事を神に誓つて断言します　微衷《びちゅう》を汲《く》まれよ

昭和二十年十二月十三日　日本臣　吉田幸元

殆《ほとん》ど脅迫に近い文面だが、血書からは必死の気迫が伝はってくる。かかる手紙には、マッカーサーもさぞや肝《きも》を冷やしたのではないか。

九月二十七日の天皇・マッカーサー第一回会見において、国民の知らぬところで昭和天皇が国民のために命を差し出されてゐた事実は既に紹介したが、今度は国民の番だつた。右の書簡もさうだが、国民は天皇の与《あずか》り知らぬところで、天皇のためなら喜んで命を差し出すと、口々に表明してゐたのである。

我が国に於ては

天皇は絶対唯一の御方であらせられます　神以上の御存在であらせられます　尚又国民信仰の的《まと》であらせられます　畏《おそ》れ多いが船で申せば舵《かじ》であらせられます　若しもの事があれば私共国民の進む方向を見失ひます　私共民草《たみくさ》は三千年来浅からぬ御皇室の御恩寵《おんちょう》を蒙《こうむ》つて居ります

上御一人《かみごいちにん》に若しもの事がありますれば私共国民は生き甲斐を失ひます（中略）私の一命が御

必要になれば喜んで私の一身は差し上げます　何卒々《なにとぞ》私の切なる願ひを御聞き届け下さいませ
終りに貴国並に閣下の御発展と御多幸を神掛けて祈り上げ筆を擱《お》きます
十二月十三日　　田代角太郎

民を救ふためには君（天皇）が身を投げ出し、君を救ふために、今度は民が身を投げ出す。マッカーサーはかうした手紙から、君民一体の日本の国柄について、何ほどかを感ずることはなかつただらうか。

もう一つ、西荻窪《おぎくぼ》に住んでゐた婦人の手紙を紹介しておきたい。この婦人は、梨本宮逮捕の指令があった直後から、毎日のやうにかうした手紙を書いては、マッカーサーに宛てて投函してゐた。

今日の新聞は又私共を暗い心におとしいれてしまひました
同胞が次から次戦犯者として捕はれることも無論私共の心を痛ましめますが、それはそれとして、天皇に御責任があられるや？　といつた感じを新聞からうけまして、限りない心痛に苦しめられて居ります。敗戦国の民として私共はどのような惨苦《さんく》も甘受《かんじゅ》するものでございます
卑怯《ひきょう》ものであつてはならないといふ事が私共日本人の唯一のほこりでございます　どんな苦悩もグチ一つ云はずに忍ぶだけの心をもつて居りますが日本人の唯一つ忍びがたいものは、天皇に関する御不幸でありますそれはどんなに小さな御不幸でも私共は忍ぶ事が出来ません。
今上陛下は御歴代の天皇の中で一番お苦悩の多い御不幸な天皇でおいで遊されます　それを思ふといつもいつも泪《なみだ》が流れてまゐります　…この気持は決して無智なるものの盲信狂信では

ございません　私共にとつて、決して天皇は偶像としての神ではゐらつしやいません　私共が天皇を仰慕《ぎょうぼ》する心は、もっと〳〵広いゆたかなものだと思つて居ります。昨日も申上げましたとほり、それは日本人の血の中を脈うつて流れてゐるものでございます。今上天皇は、只の一人もい、御家来をお持ちにならなかつたことを申上げたく存じます　天皇と国民との結合をへだてたものを私共はどんなに憎く思つてをりますことか…

日本の天皇は平和を愛し給ふのが御本質でおいで遊されます。御自身に代へて救ひたいと思《おぼ》し召《め》された国民が、そのお慈悲に御報《むく》ひすることを忘れた、現在の日本国民の一部の姿を世界に対して心から恥じてをります。（中略）

天皇をお守りするために、天皇の御安泰を保証される代りにならばほんとうに私共の生命をよろこんで閣下のお国へさし上げます。

閣下にお願ひいたします　どうぞ日本天皇を御理解下さいまし（中略）

私共の生命のあらん限り愛し奉る仰慕し奉る

天皇、日本、そうして美しいむさしの

閣下の御健康をお祈り申上げます

十二月七日

伊藤たか

（袖井林二郎『拝啓マッカーサー元帥』より再引）

日本全国津々浦々から寄せられた、このやうな手紙の山に接したマッカーサーは、天皇を戦犯として訴追することの、到底不可能なことを身に沁《し》みて感じたに違ひない。
マッカーサーの軍事秘書だつたボナ・フェラーズも同様の進言をしたこともあり、翌一九四六年（昭和二一）一月二十五日、マッカーサーは米陸軍参謀総長（アイゼンハワー）宛に、次のやうに打電した。

もしも天皇を裁判に付そうとすれば、占領計画に大きな変更を加えなければならず、…天皇を告発するならば、日本国民の間に必ずや大騒乱を惹《ひ》き起こし、その影響はどれほど過大視してもしすぎることはなからう。天皇は、日本国民統合の象徴であり、天皇を排除するならば、日本は瓦解するであろう。（中略）すべての統治機関の機能が停止し、…地下運動による混乱・無秩序状態が山岳地帯や辺地でのゲリラ戦に発展していくことも考えられなくもない。（中略）最小限にみても、おそらく一〇〇万の軍隊が必要となり、無期限にこれを維持しなければならないであろう。

（『資料日本占領1　天皇制』）

この電報を機に、米国政府は天皇不訴追の方針を固めることになる。
天皇の戦犯訴追を阻《はば》んだ力は、一身に代へても天皇をお護《まも》りしようとした、国民のかかる行為がもたらしたものだつたのである。

第三章 占領下の憲法と皇室典範をめぐる攻防

天皇皇后両陛下に挨拶の後、東京・赤坂離宮でのお別れ夕食会に出席した旧宮家の人々（昭和22年／共同通信社）

1　マッカーサーの指示による、憲法改正作業着手

日本がポツダム宣言を受諾して降伏した時、帝国憲法の根本的改正を予想したものは誰もゐなかつた。

ポツダム宣言第十項は「日本国国民の間における民主主義的傾向の復活強化に対する一切の障碍《しょうがい》を除去すべし　言論、宗教及思想の自由竝《ならび》に基本的人権の尊重は確立せらるべし」とあつたが、「復活強化」といふからには、大日本帝国憲法の下でも「民主主義」の実現は可能であり、それを「復活強化」すれば足りる、といふことになる。

特に大日本帝国憲法の根幹を成す天皇条項については、「国体護持」の見地から言つて、これを改変しようなどといふ考へは、当時の日本人の夢想だにせぬところであつた。

因《ちな》みに、帝国憲法の第一章「天皇」の第一条から第四条までを掲げておきたい。

第一条　大日本帝国ハ万世一系ノ天皇之《これ》ヲ統治ス

第二条　皇位ハ皇室典範ノ定ムル所ニ依《よ》リ皇男子孫之ヲ継承ス

第三条　天皇ハ神聖ニシテ侵《おか》スヘカラス

第四条　天皇ハ国ノ元首ニシテ統治権ヲ総攬《そうらん》シ此《こ》ノ憲法ノ条規ニ依リ之ヲ行フ

しかし、昭和二十年十月四日、マッカーサーは国務大臣近衛文麿《このえふみまろ》に対し、「決然タル口調」で「憲法ハ改正ヲ要スル改正シテ自由主義的要素ヲ十分取入レナケレハナラナイ」と述べ、「敢然《かんぜん》トシテ

指導ノ陣頭ニ立タレヨ」と近衛を激励して、憲法改正を促した。

近衛は十月十一日、昭和天皇に拝謁《はいえつ》、「ポツダム宣言の受諾に伴ひ大日本帝国憲法改正の要否、若《も》し要ありとすれば其《そ》の範囲如何《いかん》」につき研究のため、京都帝大教授佐々木惣一《そういち》（憲法学）とともに、内大臣府御用掛《ごようがかり》を拝命した。

他方、十月九日に組閣した幣原喜重郎《しではらきじゅうろう》首相に対しても、十月十一日、マッカーサーは「憲法ノ自由主義化」を求め、内大臣府とは別箇に、幣原内閣においても憲法改正問題に取り組むことになつた。

十月十三日、閣議は松本烝治《じょうじ》国務相を主任として憲法問題調査委員会（通称「松本委員会」）の設置を決定し、顧問に帝国学士院会員清水澄《とおる》・美濃部《みのべ》達吉《たつきち》（共に憲法学）らを、委員に宮澤俊義《としよし》東大教授らを任命した。

かうしてマッカーサーの指示により、日本側は帝国憲法改正のための準備作業に着手したが、それは「荏然《じんぜん》時を過す時はマ司令部より改正案を突付けらる、の虞《おそれ》あり」（『木戸幸一日記』昭和二十年十月八日付）といふ深刻な危機感に駆られてのことだつた。

松本委員会の顧問に就任した美濃部達吉は、戦前、「天皇機関説」を主張して、軍部から激しく排撃された経験を持つにも拘《かかわ》らず、「民主主義の政治の実現は現在の憲法の下においても十分可能であり、憲法の改正は決して現在の非常事態の下においても即時に実行せねばならぬ程の急迫した問題ではない」（朝日新聞、昭和二十年十月二十日付）と述べ、帝国憲法の改正そのものに消極的であつたが、事態は次第に改正不可避の方向に押し流されて行つた。

占領軍は、ＳＣＡＰ（連合国軍最高司令官）が帝国憲法改正の事実上の発議者であつたといふ事実を検閲によつて周到に隠蔽《いんぺい》しつつ、憲法改正の機運を巧みに醸成《じょうせい》した。例へば、次のやうな事例を見られたい（削除理由不祥）。

憲法の改正を、最初にとり上げたのは、故近衛文麿公であつた。近衛公は東久迩宮《ひがしくにのみや》内閣の崩壊直前に、国務大臣として、二回に亙《わた》つてマックアーサー元帥を訪問したが、その際憲法改正の示唆を得て、この必要を天皇陛下に奏上した。そして、天皇陛下は、昨年十月十日幣原首相に対し、憲法改正につき審議を行はせられる旨を宣せられ、翌十一日、近衛公をお召しになつて、憲法改正に関する調査研究を、御下命《ごかめい》になつた。

十月十一日（昨年）幣原首相がマックアーサー元帥を訪問した際、同元帥より憲法改正の指示を受けたのである。また同日当時の石渡《いしわたり》宮相は、幣原首相を訪問し、近衛公に対して、勅命が下つた旨の聖旨《せいし》を伝達した。

（白木正之「憲法論議顛末」、『日本週報』第三九～四一号、昭和二十一年十一月）

尤《もっと》も、近衛を中心とする内大臣府の作業は、すぐに暗礁《あんしょう》に乗り上げた。といふのは十一月一日、総司令部は突如《とつじょ》として「連合軍総司令部は同公を全く支持してゐない」とて、「近衛公が日本憲法に演じてゐる役割」を否定したからである。これは近衛にとつては、マッカーサーに言はれて二階に登つた途端に梯子《はしご》を外《はず》されたやうなもので、屈辱以外の何者でもなかつたが、総司令部側としては、米国内における近衛批判の高まりや、近衛の「Ａ級戦犯」指定（十二月六日）の関係から、憲法改正の「陣頭ニ立タレヨ」と、マッカーサー本人が近衛を激励した事実を、慌《あわ》てて否定したものと言はれてゐる（総司令部の措置《そち》に憤慨した近衛は十二月十六日、出頭当日に服毒自殺した）。

十一月二十四日には内大臣府そのものが廃止され、憲法改正作業は、政府の松本委員会一本に絞られたが、この頃になると、国内でも「天皇制」廃止論議が盛んになされるやうになつてゐた。徳川夢声《むせい》の日記は、当時の雰囲気を次のやうに活写してゐる（／は原文では改行）。

今朝の新聞に天皇制廃止説が出た！

かねて予期していたことだが、堂々と活字になって、一般大衆の目にふれる新聞に、それが出たということは、やはり大きな衝撃である。十八年ぶりで出獄した、共産主義者志賀義雄という男の言説である。

天皇制廃止！／なんと、吾々には恐るべき響きを持った言葉であることか！（中略）

もともと陛下が、直接政治を自発的に動かされたという時代は、殆《ほと》んど無かったのであるから、陛下が政治から名目上離脱をされることは、私としても寧《むし》ろ賛成である。

然《しか》し、天皇そのものを、日本から無くするということは、反対である。（中略）

殊《こと》に、今上《きんじょう》は私のこの世に於ける最も好ましき御人柄である。今上をこの上お苦しめ申したくない。

右翼よ起《た》て！／左翼と血みどろになって戦うべし。右左共に私は嫌いである。毒を以つて毒を制すの場合、私は一方の毒に応援しよう。

（『夢声戦争日記』昭和二十年十月十四日付）

作家の高見順も、同様の感を日記に記してゐた。

天皇制の存廃《そんぱい》が新聞雑誌でしきりと論議されている。読売の座談会で志賀義雄は真向《まっこう》から天皇制打倒を叫んでいる。まことに隔世《かくせい》の感が深い。そう感ずるだけ、——「左翼崩《くず》れ」の私も、いつか保守的になっているのだ。

（高見順『敗戦日記』昭和二十年十一月七日付）

2 憲法改正草案と天皇条項

しかし、松本委員会がさういふ巷《ちまた》の天皇制廃止論に影響された形跡は全くない。十二月八日、松本は衆議院予算委員会の場で、憲法改正に対する基本原則を四点述べてゐるが、その第一に述べたのは、次のやうなことであつた。

1 天皇が統治権を総攬《そうらん》せられるという基本原則には、なんらの変更を加えないこと。このことはおそらくわが国の識者のほとんど全部が一致しているところであろう。

（憲法調査会小委員会報告書『日本国憲法制定の由来』）

識者だけでなく、当時の世論も同様だつた。昭和二十一年二月三日公表の世論調査によれば、天皇制を支持してゐた国民は九一％にも上り、天皇制反対は九％に過ぎなかつたからである（二月四日付毎日新聞）。

昭和二十一年早々から、松本委員会では具体的な改正草案の起草に着手し、甲案・乙案といふ二種類の案を用意することになるが、司令部に提出する前日の二月七日、松本は「憲法改正要綱」（甲案、以下「松本草案」と略）を昭和天皇に内奏《ないそう》した。天皇条項に関しては、松本草案は「第三条に『天皇ハ神聖ニシテ侵《おか》スヘカラス』トアルヲ『天皇ハ至尊《しそん》ニシテ侵スヘカラス』ト改ムルコト」とした他は、大日本帝国憲法の第一条から第四条までをそのまま踏襲《とうしゅう》してゐた。昭和天皇は二月九日、松本国務相を再度召されて、次のやうな問答を交《かわ》されてゐる。

三、憲法第一条乃至《ないし》第四条について、第一条と第四条とを合併し、

　大日本帝国は万世一系の天皇　此の憲法の条章により統治す

とし、統治権の権の字を除きては如何《どうか》と松本に話し置きたり。天皇が統治すと云《い》えば、権の字を特に用うる必要はなきにあらずや、と。このことは閣議の議には出《い》でざりし議論なりと松本は云えり。そもそも第四条は外国憲法の翻訳なりと思うと。（中略）

五、松本は自己の在任中に憲法改正を終了したき意思の如《ごと》し。これは幣原にも云おうと思うが、左程《さほど》急がずとも改正の意思を表示し置けば足ることにて、改正案は慎重に論議をなさしむべきなり。

（木下道雄『側近日誌』昭和二十一年二月十二日付）

昭和天皇の御意向は、権力的印象を与へかねない帝国憲法第四条「統治権ヲ総攬シ」の「権」の字は取つた方がいいのではないかといふ点と、憲法改正には慎重であるべきで、拙速《せっそく》は慎むべきだといふ二点だつたが、〝拙速〟を余儀なくされる事態は、日本側の全く与《あずか》り知らぬところで、既に着々

と進行してゐた。二月一日、毎日新聞が松本委員会の改正草案の一種をすっぱ抜くと、その「保守性」に業《ごう》を煮やした占領軍は、直ちに日本側の改正案に対する「進歩的」対案の作成に着手したからである。

司令部の民政局（GS）は、二月四日から昼夜兼行で憲法改正作業に取り組み、約一週間後の十二日にはもう、総司令部案を完成してゐた。司令部が草案の完成を急いだのは、二月中旬に連合国十一か国で構成する極東委員会（FEC）の発足が予定されてをり、米国単独による帝国憲法の改正を、ソ連に妨害されることを恐れた結果だつた。

この「マッカーサー草案」は、二月十三日に日本側に手交《しゅこう》されるが、天皇の地位は以下の通り、「人民ノ主権意思」に由来する「象徴」なるものに一変してゐた。

第一条　皇帝ハ国家ノ象徴ニシテ又人民ノ統一ノ象徴タルヘシ彼ハ其ノ地位ヲ人民ノ主権意思ヨリ承《う》ケ之《これ》ヲ他ノ如何《いか》ナル源泉ヨリモ承ケス

第二条　皇位ノ継承ハ世襲ニシテ国会ノ制定スル皇室典範ニ依《よ》ルヘシ

第三条　国事ニ関スル皇帝ノ一切ノ行為ニハ内閣ノ補弼《ほひつ》及協賛ヲ要ス而《しか》シテ内閣ハ之カ責任ヲ負フヘシ

皇帝ハ此《こ》ノ憲法ノ規定スル国家ノ権能ヲノミ行フヘシ彼ハ政治上ノ権限ヲ有セス又之ヲ把握シ又ハ賦与セラルルコト無カルヘシ

皇帝ハ其ノ機能ヲ法律ノ定ムル所ニ従ヒ委任スルコトヲ得《う》

（『占領史録』第三巻）

周知のやうにこのマッカーサー草案には、松本草案の予想だにしなかつた第二章「戦争ノ放棄」が含まれてゐたが、民政局長ホイットニーは、「改正案ハ飽《あ》クマテ日本側ノ発意ニ出ツルモノトシテ発表セラルルコト望マシク…改正案ハ総選挙前ニ発表スルヲ適当トス」と述べた後、「もしこのような改正がなされないならば、天皇の身体（the person of the Emperor）の保障はできない」とまで述べたといふ（同右）。言ふまでもなく、天皇の身柄の安全と引き換へに、日本側にこの案を呑《の》ませるべく脅迫したのである。

進退窮《しんたいきわ》まつた日本側は、松本草案は反故《ほご》にした上で、マッカーサー草案を元に新たに改正草案を作成し、逐条《ちくじょう》毎に司令部と折衝《せっしょう》を重ね、三月六日、「憲法改正草案要綱」として発表した。勿論《もちろん》、司令部の要求通り、日本政府の「自主的」な改正草案としてである。

ここでは、天皇は「日本国民ノ総意」に基く「象徴」といふことになつてゐた。

第一　天皇ハ日本国民ノ総意ニ基キ日本国及其《およびそ》ノ国民統合ノ象徴タルベキコト
第二　皇位ハ国会ノ議決ヲ経タル皇室典範ノ定ムル所ニ依リ世襲シテ之ヲ継承スルコト
第三　天皇ノ国務ニ関スル行為ハ凡《すべ》テ内閣ノ輔弼《ほひつ》賛同ニ依リ内閣ハ其ノ責ニ任ズルコト
第四　天皇ハ此ノ憲法ノ定ムル国務ヲ除クノ外《ほか》政治ニ関スル権能ヲ有スルコトナキコト
　天皇ハ法律ノ定ムル所ニ依リ其ノ権能ヲ委任スルコトヲ得ルコト　（前掲『占領史録』）

初めて政府の（実はマッカーサーの）憲法改正草案に接した国民は、どういふ反応を示したのか。「少なくとも新聞紙上に現われた社説や各政党および識者の見解は、共産党および一部の急進派の人たちを除いては、大体において草案要綱を支持し、これに同調的であった」（前掲『日本国憲法制定の由来』）とされるが、一般国民もさうだつたのか。

当時、総司令部の民間検閲局で、私信の開封に従事してゐた一日本人検閲官は、かう証言してゐる。「憲法への反響には特に注意せよ、と指示されていたのだが、私の読んだ限りでは、新憲法万歳と記《しる》した手紙などお目にかかった記憶はないし、日記にも記載はない。…どうして生きるかが当時は皆の最大の関心事であった。憲法改正だなんて、当時の一般庶民には別世界の出来事だったのである」（甲斐弦『GHQ検閲官』）。

しかし、プランゲ文庫からは、当時の国民の素直な反応が垣間《かいま》見えてくる。次の和歌は、雑誌の発刊時期から見て、右「憲法改正草案要綱」が新聞に出た三月六日の直後に詠《よ》まれたものではないか、と思はれる（削除理由不祥）。

さくら　　上田英夫

天皇を国の象徴と定め奉《まつ》り国民われ等《ら》わづかに慰《なぐさ》む

（『さわらび』昭和二十一年四月）

国民は、「万世一系」の天皇が「象徴」に一変したことを、手放しで歓迎したわけでは無論なかつた。国体の護持さへ覚束《おぼつか》ない中で、曲りなりにも「象徴」として天皇が残つたことに、「わづかな慰め」を見いだしたのであつた。

もう一つ、国民はこれが日本人の手になる、真に自主的な改正草案ではないといふことも、実は鋭敏に感じ取つてゐた。以下の事例は、その例証である。

明治天皇様に、
いかに世はひらけゆくともいにしえ《ママ》の国のおきてはたがへざらなん
といふ御製があるが、この国のおきて、われわれの作つたものでないものをどれだけ具現する
かといふことが大切である。（澤木興道『悟りの生活』、『大法輪』第十三巻第五号、昭和二十一年五月）

澤木興道《こうどう》は、昭和を代表する曹洞宗の禅僧だが、「古《いにしへ》の国のおきて」を違《たが》へてはならじといふ明治天皇のお諭《さと》しにも拘らず、「われわれの作つたものでない」「この国のおきて」の奉戴《ほうたい》を余儀なくされた、その異常さをさりげない表現に込めたのである。無論、この記述も「宣伝」（propaganda）といふ理由で、占領軍は削除してしまつたが。

終戦連絡事務局参与として、占領軍との折衝にも全て立ち会ひ、事の一部始終を見届けた白洲次郎は、三月七日の手記にかう記した。「斯《かく》ノ如クシテコノ敗戦最露出ノ憲法案ハ生《うま》ル「今に見ていろ」ト云フ気持抑《おさ》へ切レスヒソカニ涙ス」（前掲『占領史録』所収）と。

3　皇室典範改正をめぐる、最初の攻防

占領下で、旧皇室典範改正の問題が、憲法改正問題との関係において最初に浮上したのは、既述した昭和二十一年二月十三日の「マッカーサー草案」に於いてであつた。

ここでは、天皇の御本質に次のやうな重大な改変が加へられたといふことを、最初にもう一度確

認しておきたい（傍線引用者、現憲法の規定も併《あわ》せ引用する）。

【大日本帝国憲法】

第一条　大日本帝国ハ万世一系ノ天皇之ヲ統治ス

【マッカーサー草案】

第一条　皇帝ハ国家ノ象徴ニシテ又人民統一ノ象徴タルヘシ彼ハ其ノ地位ヲ人民ノ主権意思ヨリ承ケ之ヲ他ノ如何ナル源泉ヨリモ承ケス

↓

【日本国憲法】

第一条　天皇は、日本国の象徴であり日本国民統合の象徴であつて、この地位は、主権の存する日本国民の総意に基く

↓

帝国憲法にあつた「万世一系」の天皇といふ本質規定は、マッカーサー草案では否定され、「人民ノ主権意思」（現行憲法では「主権の存する日本国民の総意」）に基くものに改変された。このことは、国史を縦に貫く「万世一系」といふ国体観念が破壊され、その時々の「人民ノ主権意思」だけに由来する、従つて「人民ノ主権意思」「主権の存する日本国民の総意」次第では、将来の天皇（制）廃止をも見据《みす》へた上で、国民統合の「象徴」として、天皇の地位を改めて規定したことを意味する。つまり、天皇の地位は時間軸に依拠した「万世一系」といふ〝永遠性〟の規定から、空間軸に依拠した「主権の存する日本国民の総意」といふ〝その場限り〟の規定に移行したのである。

以上の根本規定を補強すべく、皇位継承については次のやうな改変が加へられた。

【大日本帝国憲法】
第二条　皇位ハ皇室典範ノ定ムル所ニ依リ皇男子孫之ヲ継承ス

【マッカーサー草案】
第二条　皇位ノ継承ハ世襲ニシテ国会ノ制定スル皇室典範ニ依ルヘシ　←

【日本国憲法】
第二条　皇位は、世襲のものであって、国会の議決した皇室典範の定めるところにより、これを継承する　←

大日本帝国憲法は第二条において、皇位は「皇男子孫」が継承する、即ち「万世一系」とは男系男子による継承の謂《い》ひであることを明確に規定してゐたが、マッカーサー草案はそれを否定し、「世襲」だが「国会ノ制定」にかかる皇室典範に依拠すると規定され、現行憲法もそれを踏襲して「国会の議決した皇室典範の定めるところにより」とした。

けれども、日本側とてマッカーサー草案を最初から鵜呑《うの》みにしたわけではない。それを最終的に受け容《い》れるまでには、第二条の規定をめぐる、息詰まる彼我《ひが》の攻防があったのである。

マッカーサー草案が提示された九日後の昭和二十一年二月二十二日、GS（民政局）局長ホイットニーらと松本烝治国務相との間では、次のやうなやりとりが交されてゐる。

松本　皇室典範が、国会によって制定されるべきだとされていることは、本質的部分なのでしょうか。現行の大日本帝国憲法のもとでは、皇室典範は、皇室によって作られています。皇室は自律権を持っているのです。

ホイットニー　（中略）皇室典範も国会が制定するのでなければ、この憲法の目的とするところは、損《そこな》われます。これは、本質的な条項です。

松本　…皇室典範も国会のコントロールのもとにあるということは、基本的原則なのですね。

ホイットニー　そうです。

（高柳賢三ほか編『日本国憲法制定の過程』Ⅰ）

「国会ノ制定スル皇室典範」といふのは「本質的部分」かと、ここで松本が尋ねてゐるのは、これはマッカーサーの絶対命令なのかどうか、司令部側の意向を質《ただ》してゐるのである。「皇室は自律権を持っている」といふのは、大日本帝国憲法の下では、皇室典範の改正は「勅定《ちょくじょう》」（天皇が自ら定めること）になつてをり、帝国議会に諮《はか》ることを必要としなかつたことから（皇室自律主義）、司令部の案を受け容れることは「皇室自律主義」といふ大原則を侵《おか》すことになるので、ここで日本側は抵抗したのである。因《ちな》みに、このことは大日本帝国憲法及び旧皇室典範の次の条項に依拠してゐる。

【大日本帝国憲法】

第七四条　皇室典範ノ改正ハ帝国議会ノ議ヲ経《ふ》ルヲ要セス

【旧皇室典範】

第六二条　将来此ノ典範ノ条項ヲ改正シ又ハ増補スヘキノ必要アルニ当《あたり》テハ皇族会議及枢密顧問ニ諮詢《しじゅん》シテ之ヲ勅定スヘシ

だが、これに対するホイットニーの回答は、これはマッカーサーの絶対命令（「本質的な条項」）

であり、日本側の異論は受け付けない、とにべもないものであつた。
しかし、それでも日本側は抵抗を止《や》めなかつた。三月二日に司令部側に提出した日本側修正案は、マッカーサー草案第二条を次のやうに〝換骨奪胎《かんこつだったい》〟したものだつた。

【日本側修正案】（三月二日案）

第二条　皇位ノ継承ハ世襲ニシテ皇室典範ニ依ルヘシ

第百六条　皇室典範ノ改正ハ天皇…議案ヲ国会ニ提出シ法律案ト同一ノ規定ニ依リ其ノ議決ヲ経ベシ

これは、「GSが固執する国会制定法という立法要件に従いながらも、…この法の発議権はあくまでも天皇に在るという明治典憲体系の線を保持しようとした」（奥平康弘『「万世一系」の研究』）ものであつた。

だが、二日後の三月四日、この日本側のささやかな〝抵抗〟も、GS次長ケーディスにより一蹴《いっしゅう》される。ケーディスは「司令部案第二条には皇室典範が国会の制定にかかるものであることを明記してあるのに、日本案にはこれを削っている。このような案では審議を進めても無益であり、翻訳は打ち切る外はない」と強硬に主張し、「第一章はマ草案が絶対である、といって全然受け付けず、『国会ノ議決ヲ経タル』（passed by the Diet）を加えることとした」のであつた（佐藤達夫『日本国憲法成立史』第三巻）。

かうして、GHQの圧力により「国会ノ議決ヲ経タル」の部分は復活し、三月六日に発表された憲法改正草案要綱では、次のやうに〝元の木阿弥《もくあみ》〟に戻つてしまつたのである。

【憲法改正草案要綱】

第二条　皇位ハ国会ノ議決ヲ経タル皇室典範ノ定ムル所ニ依リ世襲シテ之ヲ継承スルコト

尚、昭和天皇は前日の三月五日、幣原首相に対し、「皇室典範改正の発議権を留保できないか」とお述べになつたといふから、日本側の抵抗も恐らく天皇の意を体したものだつたのだらう。GHQの圧力で、叶《かな》はなかつた由《よし》を幣原が奏上すると、「今となつては致方《いたしかた》あるまい」と、陛下もこれをお許しになつたといふ（『芦田均日記』第一巻）。

かうして、皇室典範制定に先立つ憲法改正草案審議の段階で、既に皇室自律主義は否定され、典範は国会のコントロール下に置かれることになつたのであつた。

現行憲法が最初から抱《かか》へ込んでしまつたこの根本的欠陥について、夙《つと》に警鐘を鳴らしてゐたのは葦津珍彦《あしづうずひこ》である。葦津は次のやうに指摘する。

現行法では、皇室典範は一般の法律と同一のものとされ、議会の過半数決議で変更される。しかも天皇の裁可《さいか》（同意）なくしても有効に成立しえる。（中略）しかもその変更については、天皇の意思に反してでも強行し得ることとなつてゐる、との学説がある。これは、中古以来権《けん》臣《しん》が、皇位継承を政争の手段としたのと同じく、断じてよろしくないことである。これは、現行法律の皇室典範を改正したのみでは本質的な解決をなし得ない問題で、憲法からして改めてかからねばならないが、日本の皇位継承法の立法改正としては、国務法と区分せる宮務《きゅうむ》法として、国会の議の圏外におく明治の制度の方が好ましい。それができないまでも、少なくとも皇位継承法については、天皇の裁可、同意をぜひとも要することとしなければならない。

（『葦津珍彦選集』第一巻所収）

葦津の危惧は、典範制定から六十年を経て、正に現実のものとなつた。第一章の冒頭で紹介した通り、平成十七年に小泉内閣が打ち出した、現皇室典範第一条にある「皇位は、皇統に属する男系の男子が、これを継承する」といふ規定を、女系にも許容せんとした暴挙は、「議会の過半数決議」を以て、正に「天皇の裁可（同意）なくして」、もつと言へば「天皇の意思に反してでも強行」されようとしたからである。

現憲法及び皇室典範をこのままにしておく限り、またいつ何時《なんどき》、「皇位継承を政争の手段とした」今回のやうな「権臣」が現れないとも限らない。悠仁《ひさひと》親王がお生れになつたからとて、まだまだ安心するわけにはいかないのである。

4　臨時法制調査会における女系・女帝論議

昭和二十一年三月六日に発表された憲法改正草案要綱は、内閣法制局で条文化され、四月十七日に帝国憲法改正草案として発表された。

皇位継承を定めた第二条は、次のやうになつてゐた（本条文は、現行日本国憲法にそのまま踏襲された）。

第二条　皇位は、世襲のものであつて、国会の議決した皇室典範の定めるところにより、これを継承する。

憲法改正草案は四月十八日、枢密院に諮詢された後、六月二十日に開会した第九十回帝国議会の審議に付された。

既述したやうに、大日本帝国憲法下では、皇位継承は男系男子に限るとされてゐたが（「皇位ハ皇室典範ノ定ムル所ニ依リ皇男子孫之ヲ継承ス」）、改正憲法の下では、その具体的な態様は「国会の議決した皇室典範の定めるところ」に委《ゆだ》ねられ、従前のやうに男系主義が踏襲されるかどうかは、保証の限りではなくなつたと言へる。

のみならず、憲法改正草案では第十三条（現行憲法では第十四条）に「すべて国民は、法の下に平等であつて、人種、信条、性別、社会的身分又は門地により、…差別を受けない」とする条文が加はり、これを根拠に、「男女平等」の見地から皇位継承の男系主義に異論を唱へる向きも現れた。

例へば、第九十回帝国議会に於いて、日本進歩党の山崎岩男は性差別を禁止した第十三条に基づき、「女皇族が皇位に即《つ》かれると云ふこともあり得る」のではないかと質問したが、これに対し、金森徳次郎国務大臣は次のやうに答へてゐる。「憲法の建前としては、皇男子、すなわち男女の区別に付きましての問題は法律問題として自由に考へて宜《よろし》いと云ふ立場に置かれる」（憲法調査会事務局編『帝国憲法改正審議録三』国体及天皇編上）。

即ち、理論的には女帝も有り得る、といふことである。

これを受けて、皇室典範の法案要綱作成作業を担当した臨時法制調査会（同年七月三日設置）の第一部会でも、当然この問題が焦点の一つとなつた。同部会に提出された最初期の文書「皇室典範として考慮すべき問題」（七月九日付）には、その冒頭一番、次のやうに記されてゐる。

一、内親王及び女王に皇位継承資格を認めるか

仮りに認めるとすれば、継承の順位をどうするか、又配偶者のない者に限るか

（日本立法資料全集1『皇室典範』所収）

また、七月二十五日に宮内省が提出した文書「皇統を男系に限ることは憲法違反となるか」では、次のやうな見解が示されてゐる。

一、（中略）皇位の世襲については、〔憲法改正〕草案第二条が、明らかに、第十三条の例外をなしてゐる。それ故に、皇族女子に皇位継承資格を認めるかどうかといふことは、それが皇位世襲の原則から見て、どうなるかと云ふことを明らかにした上で決定しなければならぬであらう。

二、（中略）然《しか》らば皇位の世襲と云ふ場合の世襲はどんな内容をもつか。〔皇室〕典範義解《ぎげ》はこれを（一）皇祚《こうそ》を践《ふ》む〔天皇の御位にお就《つ》きになる〕は皇胤《こういん》〔天皇の子孫〕に限る（二）皇祚を践むは男系に限る（三）皇祚は一系にして分裂すべからざることの三点に要約してゐる。さうしてこれは歴史上一《ひとつ》の例外もなくつづいて来た客観的事実にもとづく原則である。（中略）少

くとも女系といふことは、皇位の世襲の中に含まれてゐないと云へるであらう。
三、然らば女系は別として女子の継承資格は如何《どうか》。女系を否定しても女子の継承資格は自《おのづか》ら別の問題だからである。しかし女帝を認めるといふことはその御一代丈《だけ》男子による皇位継承を繰り延べるといふ丈の意味しか持ち得ない。歴史上女帝は存するけれどもそれは概《おお》ね皇位継承者が幼年にゐます為その成長をまつ間の一時の摂位《せつい》〔臨時の君主の位〕にすぎないのである。かやうに考へると女帝の登極《とうぎょく》〔天子の位に登る〕といふことは、むしろ皇位の不安定を意味するのである。
四、（中略）男女平等原則は、あらゆる場合に徹底的にこれを実現し得られるか、といふに、文明の程度、生理上の差異等によつて、それは不可能にちかゝらう。現に女帝を認めてゐる英国の立法例でも…男女同親等のときは長幼をとはず男は女に先《さきだ》つことにしてゐるのである。
五、以上の諸点を考へ皇統を男系に限ることは、必ずしも憲法違反と言ひ得ないと考へる。
（同右所収）

「女系」「女帝」にまつはる宮内省の基本的な視点が、ここには既に提示されてゐる。即ち、憲法第二条が皇位継承を「世襲」と定めてゐること自体が、「男女平等」を定めた十三条の「例外」規定だといふことであり（見解一）、我が国における皇位の世襲が一貫して「男系」であつたといふ「歴史上一の例外もなくつづいて来た客観的事実」からして、「女系」は認められない（見解二）といふ立場である。

それでは、歴史上存在した「女帝」はどうなるのか。これについては「皇位継承者が幼年にゐます為その成長をまつ間の一時の摂位にすぎない」として、緊急避難的な意味合で認めてゐるに過ぎない、といふ立場を堅持してゐる（見解三）。

臨時法制調査会の委員には、憲法学者宮澤俊義の如く、女帝容認の立場に立つ者もゐたが、右の宮内省の見解、即ち男系主義を堅持し、女帝をも否定する立場が大勢を占めた。同調査会は八月から九月にかけて「皇室典範要領」「皇室典範要綱」を作成するが、現在残されてゐる五種の試案は、いづれも男系主義の立場に立ち、「皇位は、皇統に属する男系の嫡出《ちゃくしゅつ》男子が、これを継承する」と規定し、内二種は「女帝、女系及び庶出《しょしゅつ》は、これを認めない」と付記するものであつた（同右所収、なほ「嫡出」「庶出」の問題は、稿を改めて考察する）。

この問題に関する調査会の結論は、十月二十一日の臨時法制調査会第三回総会における関屋貞三郎第一部会長代理の、次のやうな報告によつても明らかであらう。

…皇位継承に関連致しまして、女帝を認めるべきか否かといふ問題は極めて重大なる論点でありまして、少数委員より致しまして之を主張せられたのであります、皇統が男系の男子に依つて継承せられます従来の原則に対しては異論は存しなかつたのでありまするが、唯《ただ》改正憲法が両性の本質的平等を強調して居りまする精神に照らして見ると云ふと、如何なる場合にも女帝を認めないと云ふ建前は聊《いささ》か考慮の余地がありはしないか、順位は勿論男子に対して後《おく》れるとしても、少くとも制度的には女帝を認めることにするのが妥当ではないかと云ふやうな説が問題に供せられたのであります。併《しか》しながら我が国肇国《ちょうこく》以来の万世一系と申しますのは男系に依るものでありまして、女帝は唯皇位世襲の観念の中には含まれて居ないと云ふことも申し得ることと思はれるのであります、斯様《かよう》な次第で女帝に依る皇位継承は認め難いと云ふのが部会の結論でありました。（同右所収）

5　総司令部の関与と女系・女帝問題

さて、この女系・女帝問題について、総司令部はどのやうに反応したか。

これについては、八月三十日に総司令部民政局のピークと臨時法制調査会第一部長井手成三との間で、次のやうなやり取りが交されてゐるのが、記録に残されてゐる全てである。

P　皇室典範ニ付テ多少ノ意見ヲ述べヨウ。

（一）女帝ヲ認メヌコトハ男女平等ノ原則ニ反セヌカ

井　女系ヲ認メヌ以上女帝ヲ認メテモ一時的ノ摂位ニスギズ…dynastio〔世襲〕ノ意ハ日本古来ノ歴史カラ見テ男系ト考ヘテヲル、コノ男系世襲ノ原則ガ男女平等原則ヲ超ユル〔○〕英、和《オランダ》ノ如キモ弟ガ姉ニ優先シ完全ナ男女平等デハナイ。

P　日本ニモ垂〔推〕古天皇ノ如ク女帝ハアツタ、但《ただ》シ女系ガナカツタコトハ承認スル、大体ソノ考ヘ方ヲ支持スルガ、継承権ノ範囲カラ全然女子ヲ外《はず》サズ範囲モ定メズ寧ロイキナリ順序ヲ書イテ後順位ニ女子ヲオイタラドウカ、理論的ニ承継シ得ルコトニシテ、事実ハ全然承継セヌコトトスレバ如何《どうか》。又皇族ガ全然ナクナル場合ナド承継サセレバ如何。

井　女帝ヲ認メテモ一時ノ延長トナリ、ソノ後継ナキタメ大シタ効果ナシ寧ロ皇族ノ範囲ノ減少ヲ防グ措置ヲ採ルベキデアラウ。（同右所収）

井手の主張については、既に紹介した宮内省の考へ方を忠実になぞつてゐる感があり、特段の解説は不要と思ふが、最後の「（女帝を認めるよりも）寧ロ皇族ノ範囲ノ減少ヲ防グ措置ヲ採ルベキデアラウ」との発言は、今日にも通ずる重要な指摘である。

結局司令部は、この問題では折れたが、正に「皇族ノ範囲」を減少させる方向で、その後〝真綿《まわた》で首を締める〟やうにして、皇室典範に干渉することになるからである。

6　庶系による皇位継承の禁止

前項で紹介した昭和二十一年七月九日付の「皇室典範として考慮すべき問題」には、女帝・女系問題と並んで、次のやうな問題意識が記されてゐた。

二、庶子《しょし》を皇位継承資格者より除くか

仮に除くとすれば

（イ）その処遇をどうするか

（ロ）戸籍上の取扱ひをどうするか
（ハ）認知の問題をどうするか
（ニ）現存の庶子の皇族の処遇をどうするか

「庶子」（庶出子）とは正妻以外の側室《そくしつ》（妾《めかけ》）の子をいひ、正妻の子である「嫡子《ちゃくし》」（嫡出子）と区別する。旧皇室典範では、第四条に「皇子孫ノ皇位ヲ継承スルハ嫡出ヲ先ニス。皇庶子孫ノ皇位ヲ継承スルハ皇嫡子孫皆在《あ》ラザルトキニ限ル」、及び第八条「皇兄弟以上ハ同等内ニ於テ嫡ヲ先ニシ庶ヲ後ニシ長ヲ先ニシ幼ヲ後ニス」と定めてをり、嫡出男子主義を原則としつつ、庶出の皇子孫の皇位継承も認めてゐた。一夫一婦制が定着した現代でこそ、側室の子といふのは社会感情として受け入れ難いものがあるが、実は明治天皇も大正天皇も庶子（側室の子）であつた。

臨時法制調査会に提出された「皇室典範要領（試案）」では、「皇位は、皇統に属する男系の嫡出男子が、これを継承する（こと、し、女帝及び庶出は、これを認めない）こと」（カッコ内は後に削除）とし、庶出を否定したが、この点に関しては、昭和二十一年十二月五日から始まつた第九十一回帝国議会における皇室典範改正案の審議において、異論が続出した。

例へば、日本進歩党の吉田安《あん》は、同日の質問で次のやうに述べてゐる。

何が故に現政府は、この皇位の継承を、皇統たる正統に基づく男系の嫡出子に限られて、同じく皇統である所の男系の庶子孫を排除されたかということであります。（中略）自由平等は新憲法の大原則でありまして、その原則をとりながら、…同じ正統を承《う》けたる所の、たゞ庶系であるというだけの故《ゆえ》をもつて、皇族からまでも除外なされ、加うるに皇位の継承の資格なしとなされて、これを排除される理由が、私は了解に苦しむのであります。

これに対する吉田茂首相の答は、次の通りであつた。

天皇陛下は国の象徴、国民おの〳〵の象徴として、すなわち国民道義の儀表《ぎひょう》たるべきお方であるのでありますから、その御地位に即かれるお方も、正当の結婚によつて生れられたお方に限りたい、これが提案の趣旨であります。また御血統の純粋性を保つ上からも、皇室会議の議を経たる、正当の結婚に基づいてお生れになったお方に限るとすることが適当である、こう考へましたわけであります。

（日本立法資料全集1『皇室典範』所収）

天皇は、「国民道義の儀表（模範）」だから、といふのが政府の回答だが、十二月七日の衆議院皇室典範委員会では金森国務大臣からこの点につき、更に次のやうな説明が加へられてゐる。

皇位そのものの永続性ということを念頭に置きまするると、…必ずしも嫡出者、嫡男系《ちゃくなん》というこ とに限る必要はないのでありまして、むしろ皇位の継承の範囲が豊かにあり得るというためには、古い伝統に従いまして、嫡出者以外にもその範囲を認めることは、一応の理由はあるわけであります。しかし…道徳的判断というものが漸次《ぜんじ》変遷して参りました現在の段階におきましては、嫡出者と然《しか》らざる者との間に相当大きな変化を加えるということは、これは当然のことでありまして、一方においては皇位の永久性ということを考えつゝ、一方においては世の中における道義的な判断を尊重し、この折衷点《せっちゅう》からかような制度が今回取り入れられたわけであります。

（同右所収）

結局この線で、政府は衆議院、それから貴族院でも出された異議を押し切り、皇統は嫡出に限るとすることになるのだが、男系主義を採《と》る万世一系の皇統は、歴史的に見ると庶系の容認があって初めて可能となったものである。その意味では、この決断は将来の皇位継承を危《あやう》くしかねないものであった。

庶系の否認に代る制度的担保《たんぽ》を用意するでもなく、皇族が次々に臣籍降下《しんせきこうか》する事態になれば（実際、さうなった）、「皇位継承の上に憂ふべき場合を生じ」かねないとした貴族院議員渡部信（十二月十六日）の次のやうな危惧は、決して杞憂《きゆう》ではなかったのである。

昨日本会議で幣原国務大臣は皇統の男系の男子の無くなるやうな心配は無いと仰ったのでありますが、現在宮号《きゅうごう》を賜《たま》はって居る十四宮の中で六宮様は残念ながら今尚男子たる御子が無い有様であります。さうして新しい典範の案は、現在の皇室典範に比較致しまして降下の範囲を非常に拡《ひろ》めておいでになる、其《そ》の上に又今度は庶子は絶対に認めぬと云ふことになります。…伝へられる所に依りますと、現在の宮家の中、臣籍に降下される方が相当におありになる…万一さう云ふやうなことが事実になりますと、皇族の数と云ふものは急に減って参りまして、皇位継承の上に憂ふべき場合を生ずる惧《おそ》れが無い訳でないと存じます。

（同右所収）

7　天皇退位の問題

もう一つ、皇室典範改正案で大きな問題となつた論点の一つに、天皇退位の問題がある。今回の今上《きんじょう》「退位」の問題とも関係するので、丁寧に見ておきたいが、昭和天皇の退位については、敗戦直後から盛んに取り沙汰《ざた》されてゐたことだつた。

旧皇室典範には退位規定は含まれてゐなかつたが、昭和天皇は既に昭和二十年八月二十九日の時点で、木戸幸一内大臣との間で、次のやうなやり取りを交されてゐる。

戦争責任者を連合国に引渡すは真《まこと》に苦痛にして忍び難きところなるが、自分が一人引受けて退位でもして納める訳には行かないだらうかとの思召《おぼしめし》あり。聖慮《せいりょ》の宏大なる誠に難有極《ありがたき》みなるも、聯合国の現在の心構より察するに、中々其の位のことにては承知致さゞるべく、且《か》つ又外国の考へ方は我国とは必しも同じからず、従って御退位を仰出《おおせいだ》さるゝと云ふが如きことは或は皇室の基礎に動揺を来したるが如くに考へ、其《その》結果民主的国家組織（共和制）等の論を呼起《よびおこ》すの虞《おそ》れもあり、是《これ》は充分慎重に相手方の出方も見て御考究被遊《あそばさ》るゝ要あるべしと奉答す。

（『木戸幸一日記』下巻）

天皇退位説の急先鋒《きゅうせんぽう》は元首相の近衛文麿だつたが、昭和天皇の弟・高松宮や三笠宮両殿下、叔父の東久邇宮稔彦王《ひがしくにのみやなるひこ》ら皇族の中にも退位を主張する者があり、昭和天皇はその後も何度も、退位のことを真剣に検討されたやうである。

例へば、公職追放令の出された昭和二十一年一月四日、侍従長藤田尚徳《ひさのり》と次のやうな会話を交されてゐる。

…公職追放令がＧＨＱから指示されてきた。直ちに訳文をお手元に差しだすと、ご覧になっていたが、一読後に私に仰せられた。

「随分と厳しい残酷なものだね、これを、この通りに実行したら、いままで国のために忠実に働いてきた官吏《かんり》その他も、生活できなくなるのではないか。藤田に聞くが、これは私にも退位せよというナゾではないだろうか」

真剣なお質《たず》ねであった。

「マッカーサー元帥が、どう考えているか、幣原総理大臣に聞かせてみようか」

陛下は思いつめた表情をなさった。私は、この退位の件については、かねて考えていたので直ちにお答えした。

「それはなさらぬ方がよろしいと存じます。もしも幣原首相が、マッカーサー元帥に陛下の御退位のことを聞けば、元帥の返事はイエスかノーかの二つしかございません。御退位の可能性が二分の一はございます。マ元帥が意見を明らかにすれば、占領下においては引きこみがつきませぬ。また幣原首相としても、御退位の可能性が二分の一あることに対して乗出すことはできませぬ」

…陛下はうなずかれた。

「そうか、その考え方もあるな。では幣原に聞かせるのはよそう」

国のためになるならば退位も辞さない。それは退位して、陛下の一身が楽になるというためではない。安きにつくのではなく、国民のため、日本再建に役立つのならば、戦争の責任をとって退位する覚悟、これが陛下のご心境であった。

（藤田尚徳『侍従長の回想』）

マッカーサーに対して、「私の身はどうなってもいいから、国民を助けてほしい」と仰せられた昭和天皇のことである。退位のことなどは、いつでも御覚悟が出来てゐたと見なければならない。しかし、それでいいのか、それが本当に日本のためになるのか。昭和天皇の御苦悩は、そこにあつた。

この問題に関し、皇室典範改正要綱を審議した臨時法制調査会においては、次のやうな結論を出してゐた（昭和二十一年十月二十一日、関屋貞三郎第一部会長代理）。

…天皇が自ら御退位をせらるゝと云ふ場合には、事情に依つては之を認めることが必要ではないかと云ふやうな説が論議に上つた訳であります、或《ある》委員より此の点に付きまして、天皇の地位に鑑《かんが》み…責任を果して戴く為には常に終身其の地位に留《とど》まつて戴くことが必要であると考へられること、又歴史上から見ましても御退位を認めることに依りまして種々の混乱を生じ、又所謂上皇制度のやうなものに伴ふ弊害の生ずる虞があり、御退位のないことが皇位継承を安全ならしめ皇統を護持する所以《ゆえん》であること、又現実の問題と致しまして従来と甚だしく異つた原則を掲げることに依りまして、…困難な事態を招来《しょうらい》する虞があることなどの見地から致しまして、此の問題を解決して従来通り皇位継承の原因は天皇の崩御のみに限ることに相成つた次第であります。（前掲『皇室典範』所収）

即ち、臨時法制調査会は旧皇室典範同様、天皇の退位は認められないとする結論を出したのであつた。理由の第一は、〝天皇に私なし〟の観点から、即位の自由なき天皇に退位の自由だけ認めるのはおかしいといふものである。二つ目の理由は、天皇の退位が「上皇制度」（院政）を生み、種々の弊害を伴つたといふ歴史的反省に基づくものだつた。この二点は、今回の今上「退位」問題でも、「退位」反対の論拠として同様に指摘されたことは記憶に新しい。

ところで、退位問題に関して、総司令部は如何なる態度を取つたか。先の女系・女帝問題での会談（昭和二十一年八月三十日、前項参照）に続いて、民政局のピークと法制局第一部長井手成三は、次のやうな問答を交してゐる。

P　（二）天皇ノ退位ヲ認メヌ理由。
井　上皇制度ナド歴史的ニモ弊害アリ寧ロ摂政制度ノ活用ヲ可トス。
P　昔ハ退位ハアツタカ。
井　然《しか》リ。
P　退位ヲ認メヌハ明治天皇ノ思召《おぼしめし》カ。
井　ソノヤウニハ聞イテヰナイ。
P　退位ヲ認メルト近《ママ》〔今〕上陛下ニ影響スルコトヲオソレタカ。

井　ソノヤウナ顧慮《こりょ》ニ出《い》デタモノデハナイ、寧ロ一般抽象的ナ論究ノ結果ナリ。（同右所収）

また、以上のやり取りは「皇室典範案に関する〔司令部との〕交渉の経緯」（昭和二十一年十二月）と題する文書にも、次のやうに記されてゐる。

当初総臣《ママ》〔司〕令部は皇位継承の原因を天皇の崩御の場合に限ることについては、自然人としての天皇の自由を拘束し過ぎるとして、天皇の退位の自由を認むべしとする意向を示してゐたが、臨時法制調査会に於ける審議の段階に於て、これを放棄した。これは総司令部係官の間に、天皇の退位を認める場合には、野心的な天皇が退位して政治運動に身を投じ、前天皇としての有利な立場を利用して、内閣総理大臣にでもなると云ふやうなことがあつては困るから、却《かえ》つて退位を認めない方がよろしいと云ふ意見が出た為である。（同右所収）

退位問題についても、女帝・女系問題同様、総司令部は自説を固執《こしゅう》することはせず、簡単に撤回してゐる。

これは、彼等が日本の歴史に無知だつたこともその一因だらうが（ピークはコロンビア大学で教鞭を執《と》つてゐた近代中国史の専門家で、日本史には疎《うと》かつた）、総司令部の狙ひが皇室財産の剥奪《はくだつ》（それによる皇室基盤の弱体化）といふ一点に集中してゐたことと、無関係ではあるまいと思はれる。

8　皇族と終戦

一般的に言って、皇族が終戦に果した役割については、あまり知られてゐない。比較的知られてゐるのは、皇族の一人である東久邇宮稔彦王が戦後最初の総理大臣になつたことぐらゐだらうか。

しかし、皇族は終戦に際して「天皇陛下の御名代《ごみょうだい》」として、実に大きな役割を果されてゐる。昭和二十年八月十六日、昭和天皇は朝香宮鳩彦《あさかのみややすひこ》王、東久邇宮稔彦王、竹田宮恒徳《たけだのみやつねよし》王、閑院宮春仁《かんいんのみやはるひと》王を召され、次のやうに要請された。

> 終戦をつつがなく行なうために、一番心配なのは現に敵と向かい合っている我が第一線の軍隊が本当にここで戈《ほこ》を収めてくれるという事だ。（中略）ここで軽挙盲動《けいきょもうどう》されたら終戦は水の泡《あわ》となる。自分が自ら第一線を廻《まわ》って自分の気持をよく将兵に伝えたいが、それは不可能だ。ご苦労だが君たちが夫々《それぞれ》手分けして第一線に行って自分に代わって自分の心中をよく第一線の将兵に伝え、終戦を徹底させてほしい。急ぐことだから飛行機の準備は既に命じてある。ご苦労だがあした早朝発《た》ってくれ。
>
> （竹田恒徳『終戦秘話』）

かうして、朝香宮は支那派遣軍に、竹田宮は関東軍・朝鮮軍に、閑院宮は南方総軍に終戦の聖旨伝達に赴《おもむ》くことになつた。また、軍部の若手将校に不穏な動きがあるといふので、八月二十二日には竹田宮が福岡の陸軍航空部隊、宇品の陸軍船舶司令部に、二十三日には高松宮が厚木の海軍航空部隊に差遣《さけん》された。「皇族が出向いて直接天皇の御心を伝えることで、彼らは初めてポツダム宣言受諾、敗戦、そして武装解除を受け入れたのだ。この任務を遂行することができたのは皇族しかいなかった」（竹田恒泰『語られなかった皇族たちの真実』）のである。

皇族の果した役割は、それだけではなかつた。同年十一月十二日、昭和天皇は伊勢神宮にご親拝になり、終戦の報告をされたが、十一月二十九日、七名の男子皇族を再び召され、次のやうにご依頼になつた。

百二十三に及ぶ歴代天皇の御陵に親しく自分がお参りしたいのだが、それはとても今の状態では出来ない。神武天皇の畝傍《うねび》陵と明治天皇の桃山陵と大正天皇の多摩陵とこの三ツの御陵には自分でご報告をし請願をするが、あとの百二十の歴代天皇の御陵には、ご苦労だが君達が手分けをして代参してくれ。（前掲『終戦秘話』）

かうして、高松宮は京都の御陵に、三笠宮は九州、朝香宮は大阪、東久邇宮盛厚《もりひろ》王は京都、竹田宮は淡路、閑院宮は奈良の御陵に、各々天皇陛下の御名代として差遣されることになつた。「外地及び内地への聖旨伝達と山稜御差遣は、皇族であってはじめて遂行できる極めて重要な任務である。…皇族たちは絶大な役割を担ったことになる」（前掲『語られなかった皇族たちの真実』）。

「皇室の藩屏《はんぺい》」といふ言葉があるが、敗戦直後の皇族が果した役割は、正に「藩屏」（垣根となつて守護すること）といふに相応《ふさわ》しいものがあつたのである。

9　東久邇宮稔彦王の臣籍降下問題

だが、さうした皇族の結束を乱す事態も、同時並行して起りつつあつた。東久邇宮首相は昭和二十年十月四日、マッカーサーから「政治的・民事的・宗教的自由に対する制限撤廃の覚書」を突き付けられ、それを実行できないとして翌日総辞職したが、十月十二日、木戸幸一内大臣に「臣籍降下」を打診してゐる。

　東久邇宮殿下御来室、臣籍降下の御希望にて御相談あり。之に対し、余《よ》は左の理由にて此際《このさい》直《ただち》に御決行遊さるゝことには反対申上ぐ。（中略）今日責任を取らるゝ何等《なんら》実質的理由なし。のみならず、今日如斯《かくのごとき》行動に出らるゝ時は国を混乱に陥《おとしい》るゝの公算も尠少《せんしょう》ならず、故に此際は一応思ひ止まられ、他日全体的に此種問題の考慮せらるゝ時期に御決行ありて遅からずと存ぜらる。　（『木戸幸一日記』下巻）

性急な臣籍降下に反対したのは、木戸だけでなく、昭和天皇も同様だつた。しかし、東久邇宮は翻意《ほんい》せず、十一月十日には次のやうな決意を述べてゐる。

　陛下と国民との関係を真に正しく結ぶことが私の念願でもあり、これこそが日本本来の姿だと信じてゐる、従つて今日宮中関係の思ひ切つた改革が必要で、そのためには皇族の範囲を極めて小範囲に限定すべきで、例へば秩父宮《ちちぶのみや》、高松宮《たかまつのみや》、三笠宮《みかさのみや》様のやうに陛下の御肉親のみに限定して、その他の皇族は臣籍に降《くだ》り一国民として仕《つか》へ奉るのがよいと思ふ。

（十一月十一日付毎日新聞）

しかし、この東久邇宮の意見に反対の皇族は少なくなかつた。十一月十六日、三笠宮は東久邇宮に対して、「天皇陛下に迄《まで》、戦争責任が及び陛下に御迷惑をかけたり」とし、三宮以外の臣籍降下の意見に対しても「将来皇統を確保して行く上に安全ならず」との反対意見をお述べになつた由である。また、同十七日には秩父宮も東久邇宮に手紙を寄せ、「皇族間の結束を破る事となり軽率なり」と批判されてゐる（「東久邇宮日誌」）。

昭和天皇御自身も、臣籍降下には反対であられたことは、石渡《いしわた》荘太郎宮内《くない》大臣と松平慶民《よしたみ》宗秩《そうちつ》陵《りょう》総裁の次のやうな談話から窺《うかが》ふことが出来る。「陛下には皇室の家長として連合国側の許す限り全皇族方と行動を共に遊ばされる固い御決意を有し給ふとのことである、従つて皇族が御身分拝辞を請願されてもよほどの深い条理があれば兎《と》に角《かく》さもなくてはこれが勅許《ちょっきょ》あらせられぬ模様である。」（十一月二十二日付毎日新聞）

かうした昭和天皇のご慰留《いりゅう》もあり、東久邇宮の臣籍降下は当分見合せることとなつた。

10　臣籍降下（皇籍離脱）を余儀なくさせたもの

だが、かうした陛下の「固い御決意」も、占領軍の政策の前には方針転換を余儀《よぎ》なくされていく。その直接の原因となつたのが、皇室財産の解体であつた。

一九四五年九月二十二日付の「降伏後に於ける米国の初期の対日方針」は、その一番最後に「皇室ノ財産」として、次のやうに規定してゐる。

皇室ノ財産ハ占領目的ノ達成ニ必要ナル如何ナル措置ヨリモ免除セラルルコトナカルベシ

ここに言ふ「占領目的ノ達成」とは、財閥解体のことであり、皇室財産も解体を免れるものではないといふ、占領軍の強固な意思を示すものであつた。

占領軍は九月十九日、早くもその方針に沿つた行動を起してゐる。この日、宮内省総務局長加藤進ほか数名が占領軍の経済科学局（ESS）に呼び出され、皇室が大財閥かどうかを調べると称して、皇室予算に関する資料提出を命じられたのであつた。

次いで十月十七日、加藤らは改めてESSに呼び出され、「皇室の組織図表」「皇室の全所有物件報告書及び各物件の見積価格」等の資料提出を命ぜられた。梨本宮《なしもとのみや》伊都子《いつこ》妃は、十月二十八日の日記に以下のやうに書いてゐる。

此度《このたび》、宮内省よりいふてきたのでは、米司令官より、宮内省の全財産をしらべて書出す様にとの事で、各宮家もすべて書出す様にといふてきたから、もう大さわぎ。銀行にあるものは、わかってゐるから、ありのまゝ。又、土地・家屋・其価額・家の建坪《たてつぼ》・所有物品の価《あたい》等、書出す。又、調度品・宝石類・衣服、其他しらべる。（小田部雄次『梨本宮伊都子妃の日記』）

その翌日の十月二十九日、木下道雄侍従次長に対し、天皇・皇后両陛下は次のやうに仰せられてゐる。

（皇后陛下）

宝石類没収さるるならば、その前にこれを売りて国民の為に米と代える手段なきか。

（天皇陛下）

これを輸出して外貨又は国民の必需品購入の手段となるならば、これを処分せよ。

（木下道雄『側近日誌』）

占領軍に没収されるくらゐなら、その前に国民のために用立てよといふ大御心《おおみこころ》である。

だが、翌十月三十日、総司令部はその機先を制するやうに、皇室財産の評価額を十五億九千六十一万五千五百円と公表した。この中には美術品・宝石類は含まれず、十四宮家の財産も含まれてゐなかつたが、それでもこの額は敗戦直後の三井・岩崎・住友財閥の資産がいづれも三〜五億円であつたのと比べ、破格の額であつた。宮内省の加藤総務局長は又ESSに呼び出され、皇室は日本最大の財閥だといふ趣旨を告げられたといふ（児島襄『昭和天皇　戦後』第一巻）。

十一月一日、司令部は十五財閥の保有証券凍結を指令し、財閥解体に着手したが、十一月十八日になつて、皇室財産についても同様に凍結するやう、日本政府に指令を発した。指令の内容は、次のやうなものだつた。

一　日常支出を除き、八月十五日以降の皇室財産の移転取引を無効にする。

二　今後は内帑金《ないどきん》（お手許金《てもと》）の下賜《かし》その他を禁止し、来年度の皇室予算は連合軍の承認を必要とする。

三　さきに総司令部に提出された皇室財産目録について、日本政府は皇室の神秘性を除去するために、正確な調査と検討を行ふ。
四　十五億円に及ぶ皇室の資産は、財閥の資産に対すると同様、これを凍結する。
五　各宮家の資産も凍結される。
六　皇室の支出は皇室財産からの収入によって賄《まかな》われるべきであり、今後皇室の借入金については総司令部の承認を必要とする。

皇室に対する占領軍の政策については、同年十二月三十一日に皇室にもたらされた民間情報教育局（ＣＩＥ）ダイク局長の意見によつて、その大略を窺ふことが出来る。ダイクは占領軍の実力者であり、その意向はマッカーサーを代弁したものと言つてよかつた。

占領軍の皇室制度に対する見解は、次の通りであつた。

一　日本天皇の存続確立
　今上天皇及び男子御兄弟御三方の皇族としての已存権《いぞんけん》を確認す。
　右は民主国日本建設の見地より日本国民を幸福ならしむる政策として堅持す。しからば民衆の指導原理乃至《ないし》一般国民大衆の信仰にも一致し、如何なる場合に於ても天皇の存続は絶対必要なりとの主張あり。
二　天皇は実際政治より分離して存続せしむ。従って、枢密院等天皇の直属機関は必要なきものとす。

三　皇室の藩屏として已存せし華族も不要にして、直ちに廃止すべきものとす。
四　皇室財産は必ずしも天皇一人の所有物に非ざるも、明治以来皇室に付属せしもの故、此の際一切の皇室財産中、不動産は一般国民の為に解放せんとする米軍の意見は妥当なりとす。
五　皇室及び皇族の生計予算は各年政府に於て予算に計上すべき決議は妥当なり。
（木下道雄『側近日誌』）

「日本天皇の存続」を認めたのはよいとして、問題は「皇族としての已存権」を「今上天皇及び男子御兄弟御三方」にしか認めなかつたことにある。これは、裏を返せばそれ以外の皇族の存続は認めない、といふ意味になる。

「枢密院等天皇の直属機関」は認めない、「皇室の藩屏」たる「華族も不要にして、直ちに廃止」すべし、「一切の皇室財産中、不動産は一般国民の為に解放」すべしといふのであるから、占領政策の遂行上、天皇の存続だけは認めるが、これまで天皇を支へてきたシステムは認めないといふに等しかつた。

この方針が、昭和二十一年二月のマッカーサー三原則（既述のマッカーサー草案の元になつたもの）の以下のやうな条項に直結してゐる。

日本の封建制度は廃止される。
貴族の権利は、皇族を除き、現在生存する者一代以上に及ばない。
華族の地位は、今後いかなる国民または公民としての権利をも伴うものではない。

（『占領史録』第三巻）

かうして直宮《じきみや》以外の皇族や華族は、皇室の「藩屏」としての地位を剥奪されるに至るのだが、最終的に彼等の息の根を止めることになるのは、歳費《さいひ》（宮内省の用立てる年間生活費）打切りと、財産税の課税であつた。同年五月二十一日、占領軍は「皇族の財産上その他の特権廃止に関する総司令部覚書」（SCAPIN一二九八A）を指令、五月分を以て宮家の歳費を打切り、「皇族または宮家に対する下賜、金銭たるとその他財産たるに拘はらず、これを行はないこと」や、「皇族の一切の特権、及び課税の免除を含む一切の特権を剥奪する」ことを命じた。

三日後の五月二十四日、高松宮は「コンドノMC〔マッカーサー〕指令ノコト」につき、宮家の親睦《しんぼく》会幹事の会合で、次のやうな感想をお述べになつてゐる。

陛下ガホントニ皇族ト一緒ニヤツテユクト云フ御決心ガコノ際ハツキリセネバ臣籍降下ノホカナカルベシ、即チ物質的ニモ皇族トシテナリタチユカヌワケナリ

（『高松宮日記』第八巻）

歳費打切りの指令が出た以上、「物質的ニモ皇族トシテナリタチユカヌ」やうになるといふ高松宮の指摘は正しかつた。この指令が、各宮家にもたらしたその後の運命の一端を、梨本宮伊都子妃が次のやうに回想してゐる。

戦争に負け第一生命本社にマッカーサー司令部が乗り込んで来ると、まず第一に皇族費が削られてしまいました。総理大臣の年俸が一万円か一万二千円の時代に、梨本宮家は三万八千円でした。（中略）この歳費が止められてしまったのです。（中略）

宮様の月給はすべて貯金、宮家の運営や生活はすべて宮内省に頼りきっていたのですが、貯金は封鎖され、皇族費という収入が絶たれては、売り食いするしか方法がありませんでした。そこで焼け残った土蔵のなかから、床の間の置物をはじめとして、大きい品物から売ったのです。ところが悲しいかな、私には物の値段が全然わかりません。すべてよきに計らえ……式に職員に任せてしまいました。売ったお金のほとんどをこの事務官に誤魔化され、二台の自動車も売り渡してしまいました。

（梨本宮伊都子『三代の天皇と私』）

このやうにして、各宮家では急速に生活が立ち行かなくなつていくのだが、これを救済する手立ては、もはや天皇にも政府にもなかつた。宮内次官だつた加藤進は、当時の苦しい胸の内を次のやうに回顧してゐる。

占領軍による皇室財産の凍結により、もう宮内省から皇族方の費用が出ませんし、そうなれば国庫より支出する以外に道はありませんが、これもどのような根拠で出すかが実に難しいと考えていました。皇族には天皇と秩父、高松、三笠のいわゆるお直宮とそれ以外の皇族とにわかれますが、このお直宮を除きますと残りの皇室の方々は血筋からいっても大変遠い御存在でございます。とにかく天皇とお直宮を守ることが絶対に必要だった当時の状況から考えたとき、ぜひとも臣籍に自ら降下していただく以外にはありませんでした。

（加藤進「戦後日本の出発—元宮内次官の証言」、『祖国と青年』昭和五十九年八月号）

11　皇室典範改正と「三種の神器」の扱ひをめぐつて

占領下では、皇室典範に関する話題は世人《せじん》の関心を殆ど引かなかつたらしく、占領下の出版物を網羅《もうら》してゐる筈《はず》のプランゲ文庫にも、典範改正問題を扱つた文章（但し雑誌掲載のものに限る）は僅《わず》か十篇ほどしか残されてゐない（「占領期雑誌目次データベース」を参照）。

筆者としては、甚《はなは》だ物足りないものを覚えるのであるが、中に一篇だけ、皇室典範を果敢《かかん》に論じて検閲に引つ掛かつた文章がある。執筆者は、『万世一系の天皇』などの著書もある里見岸雄で、国体問題に関してはまづ第一人者と言つてよいだらう。そこで以下、この里見の文章を紹介しつつ、これまで触れてこなかつた、皇室典範における「三種の神器」の扱ひをめぐる問題を中心に、考察してみたい。

里見の文章は、次の如く憲法との関係を論ずるところから始まつてゐる。

大日本帝国憲法はつひに、改正といふよりはむしろ破棄せられ、そして新制定の日本国憲法が議会を通過し、且《か》つ公布せられた。その新憲法に関しては既に卑見《ひけん》の一端を公開したが、憲法改正について来るべきものとしての皇室典範改正も第九十一臨時議会に課せられるべく、〔昭和二十一年〕十一月下旬、政府は議会召集に先き立ち、その改正案をひろく国民に発表した。

われわれは、憲法同様多大の関心を以て改正案を一読したが、何より喜ばしいのは、その文章が、依然《いぜん》として品威のない口語体ではあるけれども、然《しか》も憲法の直訳的文章に比較する時、まづまづ、普通の日本語となつてゐる一事である。これは確《たし》かに、起草者が苦心をしたか又は注意をした実証であつて、なにはともあれ、国法に安心と親しみとを与へること多大である。

（里見岸雄「皇室典範の改正について」、『国体戦線』第五号、昭和二十二年七月）

右は最初の段落であるが、削除されたのは日本国憲法の「直訳的文章」を皮肉つた部分であつた。これを検討した検閲官は、「作者は新憲法が最初は英語で書かれたと言はんとしてゐる。ＳＣＡＰに対する辛辣《しんらつ》かつ反語的な批判である」（原英文）と注記し、削除を勧告したが、勧告通り当該《とうがい》部分は削除された。削除理由は「ＳＣＡＰが憲法を起草したことに対する批判」（Criticism of SCAP Writing Constitution）である。

次の段落は検閲を免れてゐるが、皇室典範全体の性格を次のやうに概括してゐる。

…従来、典範は憲法と殆ど或《あるい》は全く同位の根本法とされ、それは法律以上の広義の憲法と認められたのであるが、改正案では憲法の下にある法律としての地位を与へられてゐる。典範を実質的憲法の一《ひとつ》として所謂「典憲」と併称せられた高い法位から一般法律の一として引下げられる事が民主主義的立法精神であると為す意見が行はれてゐるが、かかる見解は必ずしも正当とはいはれない。

（同右）

ＧＨＱの圧力により、皇室典範が一般法律と同じ地位に引き下げられ、「皇室自律主義」を否定されて、国会のコントロール下に置かれるやうになつた事情については、既述したところであるが、右はそのことを指摘したものである。

次に、皇室典範改正案を各章毎に論評してゐるが、改正案には「三種の神器」の規定がどこにもないことを、次のやうに批判してゐるのが目を引く。

〔改正案〕第四条には「天皇が崩じたときは皇嗣《こうし》が、直ちに即位する」とあるがこれは現行法〔旧皇室典範〕第二章踐祚《せんそ》即位第十条「天皇崩スルトキハ皇嗣即チ踐祚シ祖宗《そそう》ノ神器ヲ承《う》ク」とあるものに比し、重大なる変化を示してゐる。（中略）改正案は、踐祚といふ概念を取除き、単に「即位」と曰《い》ひ、…それと共に見落してはならないことは現行法が「祖宗ノ神器ヲ承ク」と規定してゐるところは改正法に全く影をひそめてしまつた点である。（中略）三種神器の起源伝説はとにかく、すくなくも確実な文書歴史時代に入つてから後もずつと三種神器が歴史に皇位の象徴として伝承されたことは、法的意味を負ふた歴史的事実であつた。（中略）然《しか》るに、改正案は、かかる歴史性あり又社会性もある事実法を一朝にして成文法としての皇室典範から抹殺し、而《しか》してこれを単なる皇室経済法か何かで一種の皇室家産として取扱ふつもりと見えるが、このやうな処置には、明かに否定しきれない無理がある。（同右）

里見の言ふ如く、「三種神器が歴史に皇位の象徴として伝承されたことは、法的意味を負ふた歴史的事実」である。

その証左は、歴代天皇の御製を一瞥《いちべつ》するだけで十分だらう。

後嵯峨天皇（第八十八代・鎌倉時代）

榊《さかき》とりますみの鏡かけしより神の国なるわが国ぞかし

後村上天皇（第九十七代・南北朝時代）
四つの海なみもをさまるしるしとて三《みつ》の宝を身にぞつたふる

後土御門天皇（第百三代・室町時代）
神代よりいまにたえせず伝へおく三種《みくさ》のたからまもらざらめや

桜町天皇（第百十五代・江戸時代）
あまてらす神のさづけしかがみこそむべわが国の光なりけれ

光格天皇（第百十九代・江戸時代）
朝ごとにかけてぞ仰ぐあきらけき八咫《やた》のかがみは神の御影《みかげ》と

明治天皇（第百二十二代・明治時代）
いまも世のしこぐさはらふ守《まもり》なり熱田の宮の神のみつるぎ

であればこそ、大東亜戦争の敗北直前の昭和二十年七月三十一日、昭和天皇は木戸幸一内大臣に対し、次のやうな御覚悟を披瀝《ひれき》されたのであつた。

伊勢と熱田の神器は結局自分の身近に御移しして御守りするのが一番よいと思ふ。（中略）万一の場合には自分が御守りして運命を共にする外ないと思ふ。　（『木戸幸一日記』下巻）

三種の神器とは、伊勢神宮に奉安してある鏡（八咫鏡《やたのかがみ》）、熱田神宮に奉安する剣（草薙剣《くさなぎのつるぎ》）、皇居に安置されてゐる玉（八尺瓊勾玉《やさかにのまがたま》）のことを言ふ。何《いず》れも起源は神話に遡《さかのぼ》り、瓊瓊杵尊《ににぎのみこと》が天孫降臨する際に天照大御神から授《さず》けられたものであるが、実は終戦の詔書の原案にも、昭和天皇のお覚悟

は明示されてゐた。（傍線引用者）

朕ハ国体ヲ護持シ得タルヲ欣《よろこ》ヒ忠良ナル爾《なんじ》臣民ノ赤誠ニ信倚《しんい》シ神器ヲ奉シテ常ニ爾臣民ト共ニ在リ（閣議提出用詔書第一案）

朕ハ茲《ここ》ニ国体ヲ護持シ得ルヲ欣ヒ忠良ナル爾臣民ノ赤誠ニ信倚シ神器ヲ奉シテ常ニ爾臣民ト共ニ在リ（閣議提出用詔書第二案）

（茶園義男『密室の終戦詔勅』所収）

即ち、国体を護持するといふことは、具体的には「神器ヲ奉シテ」といふことと同義であつた。連合国を徒《いたずら》に刺激する恐れがあるといふので最終的には詔書から削除されたが、そのくらゐ重い意味を持つものとして、神器のことは歴代天皇には観念されてゐたのである。いや、天皇だけではない、占領軍の検閲によつて削除された別の記事からは、国民もまた同じ心持であつたことが窺へる。

…『天皇制護持』といふことは、人類共通世界共通の『文化理念』たる、『慶《よろこ》ビヲ積ミ、輝キヲ重ネ、正シキヲ養フ』といふ三大綱が、「日本書紀」（神武天皇章）において、皇祖皇宗の垂範《すいはん》として示され、それはおのづから『玉の如く曲妙《たえ》に治《し》らし、鏡の如く明かに看《み》そなはし、剣の如く平げたまふ』べき、皇位の象徴たる三種の神器に表れたる、我が天皇の『統治理念』に通じてをり、同時に『浄《きよ》き心（玉）明けき心（鏡）直き心（剣）』の、日本魂《やまとだましい》の三方面にも如《かな》ひ、鏡と玉と剣とは単に皇位の象徴として、天皇がこれを尊ばれたのみでなく、国民全体がそれを貴《たっと》び愛したことは、原史《ママ》時代の古墳における副葬品に、この三つが多く収められてゐることでも知られる。（中略）

かくの如く奈良朝以前から鏡と玉と剣が、天皇の位以外にも貴ばれ愛せられてゐたことが確実であり、奈良朝初期の、今日より一二二六年前の文献たる、「日本書紀」に、上記の如く『統治理念』の象徴として伝へられ、その共通の意味の『文化理念』たる三大綱が、皇祖皇宗の累《るい》代《だい》の垂範として伝へられてをり、さやうな伝説が中国にも朝鮮にも伝へられてゐないとすれば、仮に神代の神話が、作為せられたものとしても、その創作其《その》ものこそ、日本民族特有の『道義国家の創造』で、これをこそ日本国体の中核としなければならない。『国体護持』とは、この人類共通世界共通の『文化理念』を以て『統治理念』とし、それを実践したまへる天皇を中心とし、君民一致して、この三大綱を実践してゐた、さういふ古代史における『天皇制』こそ、護持せらるべき『天皇制』だとする。

（山川伝之助「評論新誌創刊の理由」、『国心民報』第一号、昭和二十一年十月）

右の件《くだ》りは「宣伝」（propaganda）の理由で全て削除されたが、さういふ「日本国体の中核」にあるものを、皇室典範改正案はバッサリ削除してしまつたのであつた。

皇室典範改正における「三種の神器」の扱ひをめぐつては、実はSCAPの民政局員ピークと日本側（井手成三臨時法制審議会第一部長・藤崎連絡官）の間で、次のやうなやり取りが交されてゐる（昭和二十一年八月三十日）。

Ｐ　三種ノ神器ノ名前ヲカヘルカ。

井　ムツカシイ問題デアツテ決定的返答ヲ猶予《ゆうよ》セラレ度《た》イ、逆ニ英国国王ノ王冠ハ国ノモノカ皇室ノ私物カ教《おしえ》ヲ乞《こ》ヒタイ。

P　多分国ノモノト思フ。

井　神器はGod Treasure〔御神宝〕デナクSacred treasure〔聖なる宝〕ト考ヘレバ国ノ制度トシテモ差支《さしつか》ヘナイト思ハレルカ。

P　Sacred〔聖なる〕モreligious〔宗教的〕ナ印象ヲ伴フノデハナイカ。

井　Love is sacred〔愛は神聖なり〕ナドトイフトキハ如何《どうか》。

P　ソレデモ稍々《やや》信仰的デハナイカ。

井　皇嗣《こうし》ガ承継セラレル私的ナモノノウチ特別ノモノトモ考ヘラレル。

藤崎　State Property〔国有財産〕ノウチニthrone Property〔王位に伴ふ財産〕トイフ観念ガ認メラレルノデハナイカ。

P　今後即位ノ礼ノ内容ハ大分変更サレルコトニナルデアラウト思フ。

（日本立法資料全集1『皇室典範〔昭和22年〕』所収）

ここに窺へるのは、皇室典範の中に三種の神器を何とか残さうとして種々説得に努《つと》める日本側と、religious〔信仰的〕なものは認めない、「今後即位ノ礼ノ内容ハ大分変更サレルコトニナルデアラウ」といふ、或る意味では突き放した態度に徹する占領軍側との、息詰まる攻防である。

この点に関し、当時宮内府次長であつた加藤進は次のやうに証言してゐる。

…占領軍の意思が反映した新憲法では皇室令といえども憲法から切り離された別法は認めら

れませんでした。憲法改正にともない、憲法から超然とした存在として皇室令が認められない。これは重大なことでした。（中略）そこで私たち宮内官はどうしても皇室の伝統を守るためには、規定を大幅に削除してでも、皇室の伝統へ政治が介入できないようにする必要があると考えたのです。

皇室典範を例にしても、三種の神器の規定、天皇の監督権、太傅《たいふ》〔幼帝の御養育係〕の規定が削除されてゐますが、これらも、そうした考えによるものでした。

三種の神器については、これを国務で行うということになると、三種の神器では何かと占領軍とトラブルを生じかねないことから、内閣法制局あたりから占領軍に通りやすいようにとの意見でしたので書き改めたのでした。改めるにあたっては法制局の意見で「由緒《ゆいしょ》ある」という表現でこれを規定しました。ですから、皇室経済法第七条の「皇位とともに伝わるべき由緒ある物」は、三種の神器を当然に含んでいる訳です。

（加藤進「戦後日本の出発―元宮内次官の証言」、『祖国と青年』昭和五十九年八月号）

即ち、日本側としては占領軍の介入を防ぐため、皇室典範の条文から敢へてこれを外し、皇室経済法で「皇位とともに伝わるべき由緒ある物」として規定することにより、辛うじて神器をお守りする苦肉の策を取る以外に、術《すべ》はなかつたといふのが実情であつた。

この問題については、第九十一帝国議会における皇室典範改正案の審議に於いても、金森徳次郎国務大臣が次のやうな苦しい政府答弁をしてゐる。

…三種の神器は一面におきまして信仰ということと結びつけておる場面が非常に多いのでありますから、これを皇室典範そのものの中に表わすことが必ずしも適当でないというふうに考えまして、皇室典範の上にその規定が現れてはいないわけであります。しかしながら三種の神器が皇位の継承と結びついておることはもとよりでありまするので、その物的の面、詰まり信仰の面ではなくして、物的の面におきましての結びつきを、何らか予想しなければなりませんので、その点は、恐らく後に御審議を煩《わずら》わすことになるであろうと存じまするところの皇室経済法の中に、片鱗《へんりん》を示す規定があることと考えております。

（前掲、日本立法資料全集1『皇室典範』所収）

かくして三種の神器は、新しく法律として制定された皇室典範からは姿を消し、皇室経済法第七条「皇位とともに伝わるべき由緒ある物は、皇位とともに、皇嗣が、これを受ける」といふ規定の中に辛うじて残ることになつた。

さて、冒頭で紹介した里見は、その文章を次のやうな文言《もんごん》で締め括《くく》つてゐる。

憲法にせよ典範にせよ、その根本的部分に於て日本の本質としての国体を遊離し得るものでないことは勿論であつて、たとへ制定したものとしての法条の表現がどのやうにあらうとも、根本に於ては国体といふ厳たる社会事実の制約を免れ得るものではない。たゞかゝる制約のみならず法は又、歴史的現実にも制約されるから、新憲法、新典範が、敗戦及びそれに伴へる国情といふ現実に制約されるといふことも致方《いたしかた》のないところといはねばなるまい。（中略）

今回の改正によつて究極的に改正が決定したとは見たくないのである。憲法及典範の真の改正に向つて、われわれはかくてたゆまざる努力を誓はなければならぬ。

（里見、前掲「皇室典範改正について」）

里見の言はんとするところは、一読して明らかである。

新憲法・新皇室典範が、占領下といふ「歴史的現実」に「制約」され、「国体を遊離し」たものになつたことを、里見は嘆いてゐるのである。

しかし、さうした里見の嘆きは、検閲によつてかき消されざるを得なかつた（削除理由は、「国家主義的宣伝」（Nationalistic Propaganda）とある）。

あれから七十年、里見の悲願であつた「憲法及典範の真の改正」は、依然として実現してゐない。

12　臣籍降下の具体化と皇室典範改正

総司令部は一九四六年（昭和二十一）五月二十一日、「皇族の財産上その他の特権廃止に関する総司令部覚書」（SCAPIN一二九八A）を発し、宮家の歳費（宮内省が出す生活費）を打ち切り、「皇族の一切の特権、及び課税の免除を含む一切の特権を剥奪する」ことを命じたことは既述した通りだが、これにより、当時存在してゐた十四宮家（秩父宮・高松宮・三笠宮・東伏見宮・伏見宮・賀陽宮《かやのみや》・久邇宮・梨本宮・朝香宮・東久邇宮・北白川宮・竹田宮・閑院宮・山階宮《やましなのみや》）は同年五月分を以て歳費が打ち切られ、財産税が課せられることになつた。

この指令が皇族に与へた衝撃は大きかつた。昭和天皇もずいぶん御心配になつたやうで、侍従次長稲田周一の五月二十七日の備忘録には、「皇族の特権剥奪のことで、御軫念《ごしんねん》の模様」とある（東野真『昭和天皇二つの「独白録」』所収）。

これでは皇族の生活は立ち行かなくなるのではないか、とご案じになつた昭和天皇は、宮内大臣松平康昌《やすまさ》を通じて、その旨をマッカーサーにお伝へになつたものらしい。六月二十九日付で高松宮は、日記に次のやうに記されてゐる。

昨二十八日、宮内大臣、MC〔マッカーサー〕ト会談、皇族ニ対スル覚書ニツキ、之ハ皇族ノstarvation〔窮乏〕ノ問題デ、陛下モ御心配ノ由ヲ話シ、MCハ「シンパセチック・コンシデレーション」ヲ約セルト…。今日「バンカー」〔マッカーサー副官〕ガ返事トテ、今年ノ予算ハ支出シテヨイ、経済部デ問題ニシタラ直接「ベーカー」ヲ通シテ話ス様トノコトデ、MC司令部ニハ問題ガ残ツテヰルラシイ話ダツタ。

（『高松宮日記』第八巻）

右日記によれば、皇族の歳費打ち切りはマッカーサーの「シンパセチック・コンシデレーション」（好意的配慮）によつて、一先《ひとま》づは一年間の猶予が認められたらしい。八月十五日、GS（民政局）のケーディス次長は佐藤達夫法制局次長に対して、「我々は天皇及その皇族が私有財産をもつことを否定しようとは思はず、彼等を貧窮に陥れようとは絶対に考へて居ない」と述べてゐるが、いかにも弁解がましいその物言ひからして、右日記にある「MC司令部」内の「問題」（確執《かくしつ》）を反映したものか。

しかし、ＧＳが「貧窮に陥れようとは絶対に考へて居ない」皇族とは、結局は「皇族としての已存権」を保証した「今上天皇及び男子ご兄弟御三方」（実弟の秩父宮・高松宮・三笠宮）のみであり、直宮以外の皇族は、その保証の限りではなかつたといふことが重要である。

宮内次官の加藤進はかうした占領軍の態度から、直宮を除く十一宮家の臣籍降下（皇籍離脱）はいづれ免れ難いものと観《み》てゐた。加藤はその線で両陛下のお許しも得、五月十九日には、その旨《むね》を貞明《ていめい》皇太后（昭和天皇の母上）にも申し上げてゐた。冒頭の指令の出る二日前のことである。その際、皇太后は次のやうに仰つたと加藤は回想してゐる。

「臣籍降下なされた場合、皇族様方はどのようになるでしょうか」とのおたずねでございましたので、私は「（中略）今まで通りのお暮しは実に難しいと思います」と申し上げました。…最後に皇太后様は「加藤さん、私は言葉のまま従います。私は九条家《くじょうけ》に生まれ、九つの時、中野に里子《さとご》に行きました。そこでいろいろと農家の暮しを知っております。どんな苦労でも引き受けます。…しかし、皇族様方はなかなかそうはいきませんよ。びっくりもするでしょうし、なかなかお分りにならないと思います。どうかじっくりと時間をかけ御納得いただけるまであなたの方が落ちついて気を長くしてやらねばなりませんよ。私については御一新のこと、何も心配はいりません」と、占領後の事態を「御一新」と表現されてお覚悟をお示しになられました。（中略）私としては皇族様方より憎まれもするであろう、叱られもするであろうと覚悟致した次第です。

（加藤進「戦後日本の出発―元宮内次官の証言」、『祖国と青年』昭和五十九年八月号）

皇族の特権を剥奪する総司令部の覚書については、五月二十八日と三十一日、皇族情報懇談会の席で加藤から説明がなされたが、「宮内当局の態度は甚だ煮えきらず、また皇室および皇族に関する重要事項を、あらかじめ皇族にはかることなく、一方的に独断的に決めてしまい、事後報告的に説明するという態度であったので、各皇族とも激越にこれを難詰《なんきつ》した。たしかにこの日の加藤次官の態度は、不誠実きわまるものであった」と閑院宮春仁王は後に記してゐる（閑院純仁『私の自叙伝』）。皇太后のお言葉通り、皇族の反発は激しかつたが、加藤としては「憎まれ」役を自ら進んで買つて出たやうな按配《あんばい》だつた。

七月二日にも「情報会（皇族ノ考ヘテヰルコトヲ両陛下ニ聴イテ戴ク会）」（『高松宮日記』）が開かれ、「三笠宮殿下などを中心に、かつてない議論がたゝかはされた由」で、東久邇宮の持論であつた臣籍降下に対し、竹田宮恒徳王などは「降下は易《やす》いが、国家存亡の際われわれ皇族には皇族として何か御奉公すべき途《みち》があるのではないか」と反論された由である（朝日新聞、昭和二十一年九月一日付）。

皇族の間には尚も異論が燻《くす》ぶつてゐたが、既に臣籍降下は必至の情勢であつた。

前掲九月一日付の朝日記事は、その理由を以下の四点にまとめてゐる。

一、皇室の血族関係　…現十四宮家のうち秩父、高松、三笠の三宮家をのぞく残り十一宮家は故伏見宮邦家《くにいえ》親王から出てゐる、今上陛下からさかのぼれば十八代も前の貞成《さだふさ》親王の第二子貞常親王が源といふのだから現皇室とのつゞきがらは相当離れたものといはざるを得ない。

（中略）そこでこの際公平な立場から思ひきつて傍系《ぼうけい》十一宮家の臣籍降下断行が望ましいとの声が結論的に出てゐる。

二、皇室強化のため根幹をより強靭《きょうじん》にするためには、時に伸び繁つた枝葉《えだは》でも伐採《ばっさい》する必要がある。この点、皇族方の大乗的決断を要請しなければならない。

三、経済的理由　財政上の特権が剥奪され、継続的収入の途が杜《と》絶《だ》えた各宮家の財政に、財産税の課税をめぐつて早くも赤信号がついてをり、将来皇族予算が国費に計上されるとしても、いまの各皇族が品位を保たれるに十分な国庫支弁はむづかしからう、皇族方のとも倒れを救ふ一つの道は臣籍降下である。

四、政治的理由　皇族方といへども無為徒食《としょく》は許されない。すでに新しい生活意欲に燃えて働く決意を固めてゐられる若い皇族もあり、新日本発足にあたつて一平民として国民戦線の中に飛び込んで建設戦に邁進《まいしん》されることこそ皇族方に課せられた大きなお仕事の一つだといふのがその理由

（九月一日付朝日新聞）

このやうに、新聞報道などでも臣籍降下のことは、既定方針のやうにして論じられてゐた。のみならず、同年七月頃から開始されてゐた皇室典範改正の立案作業も、十一宮家の臣籍降下を前提として進められてゐた。臨時法制調査会第一部会の最初期の草案である「皇室典範に関する意見（杉村委員）」は、「皇族の範囲」として次の二点に言及してゐる。

1　皇族の範囲は現在の天皇を中心として先後五世位《ぐらい》に限定すること。

2　現存の皇族であつて五世以下は臣籍降下とし華族に列せられること。

（日本立法資料全集1『皇室典範』所収）

「現存の皇族であつて五世以下」といふのは直宮を除く全ての皇族に当てはまるから、十一宮家は「臣籍降下」し「華族」に列するものとこの案では想定してゐたが、これに対して法制局A事務官案は、何世以内といつた形で皇族の範囲を限定せず、永世皇族制を採用した上で、「六世以下ハ皇族会議ニテ特別ノ議決ヲ為シタル者ヲ除キ臣籍ニ入ル」とした。

十月二十一日、臨時法制調査会第一部会は皇室典範改正法案要綱を提出したが、ここでは「形としては永世皇族主義」を採りつつも、「実際問題としては臣籍降下の問題もございますし、或は今後皇族の数等を考へまして、内容的には一つの決まりを作つて行かう、さうして表からは是《これ》は書かないと云ふ考へ方」を採用してゐる（臨時法制調査会第三回総会速記録、同右所収）。いづれにせよ、十一宮家の臣籍降下は既定方針として、改正立案作業が行はれたことは間違ひない。

13　臣籍降下（皇籍離脱）に対する占領軍の関与

それでは、占領軍はこの問題に関して、どのやうな態度を取つてゐたのであらうか。昭和二十一年十二月の日付のある「皇室典範案に関する交渉の経緯」は、占領軍との交渉の経緯を次のやうにまとめてゐる。

皇族の範囲を何世代かに限るべしという先方の主張に対しては、当方は「皇族の範囲の問題は、皇統の確保といふ観点から考へるべきであるが、この観点からすれば、法文の上で世代を限つたりせず、現実に皇族が余り多くなつたら、臣籍に降下させるといふやうな実際的な方法の方が合理的である」と説明し、結局この主張が通つた次第である。

しかしながら、それについては現在の親王以外の各宮家が近く臣籍に降下されることになつてゐるといふことを説明したことが相当利《き》いてゐると認められるのであつて、先方はそのやうな決定が何時《いつ》、如何なる人々によつて、如何なる方法でなされたかといふこと迄説明を求めた。

そして結局右の如き臣籍降下が行はれた後の皇族の実情からすれば、皇族の範囲を限定すべきや否《いな》やといふことは、百年後の問題であつて、今採り上げて問題とするに足らないといふ見地からこれを固執しなかつたものと思はれる。（前掲『皇室典範』所収）

文中の、「先方はそのやうな決定が何時、如何なる人々によつて、如何なる方法でなされたかといふこと迄説明を求めた」といふのは、十一月二日、ケーディス次長が佐藤法制局長に対し、次のやうに言つたことを指す。

現在の皇族のある方が臣籍に降下せられるとゆう《ママ》ことであるが、それは何時、如何なる方法で決定せられ、又如何なる理由によつて決定せられたのか（中略）別に反対があるわけではないが色々質問したいので近く宮内省の代表者にでも説明を聞きたいと思ふ。（神崎豊「一九四七年一〇月における一一宮家の皇籍離脱」より再引）

ケーディスのこの発言を捉《とら》へて、占領軍は「一一宮家の皇籍離脱そのものについては、日本政府に提言したわけでなく、また、反対もしなかった」「宮内省はGSやESSより先に、日本国憲法が施行される前に、旧典範の増補のもとで一一宮家が皇籍を離脱することを構想した」と解する向きがある（前掲、神崎論文）。つまり、皇籍離脱は占領軍が強制したわけではなく、日本側が自発的に行つたといふわけである。

しかし、それは〝木を見て森を見ない〟式の議論であらう。第一に、GHQは「皇族としての巳存権」を、直宮以外の十一宮家には認めてゐなかつた。第二に、「皇族の一切の特権、及び課税の免除を含む一切の特権を剥奪」する前掲の指令によつて、皇族は生活費に当てる歳費を打ち切られ、財産税も課せられることになつた。このことは、皇族の財政的な存在基盤を否定したに等しい。

歳費については、「国会の議決を経れば、一四宮家に歳費を支出することをGHQは認めていた」といふのだが（前掲、神崎論文）、十一月十八日、ESS（経済科学局）のウォルターが次のやうな主張をしてゐるのを見ると、「天皇となるべき可能性の非常に少ない者」にまで「国費を支給する理由はない」といふのが、GHQの本音だつたことが解る。

皇族費の支出は皇孫迄に限るべきこと（その理由としてウォルター氏は「無制限にふえて行く皇族に対して国費を支給する理由はない」と云ひ、又「天皇となるべき可能性の非常に少い者迄皇族としておいて、これに皇族費を支出しその反面、個人としての自由を束縛するのは人間の本然の自由を不当に束縛するものであると思ふ」と述べた。）

（前掲『皇室典範』所収）

また、ウォルターは同日、「皇孫以外の皇族に皇族費を出すことは反対」と述べ、これに対して井手法制局第一部長が、「現実の問題としては多くの皇族はのこられないやうに予想される」と答へてゐる（同右所収）。

かうした様々な状況証拠から考へると、占領軍は自らの手を汚すことなく、日本人が「自発的」に皇族の〝数減らし〟をする方向に、巧《たく》みに誘導していつたのではないかとの疑念は拭《ぬぐ》ひ難い。

十一月二十九日、昭和天皇はお召しにより参内《さんだい》した皇族に対し、「諸般の情勢上秩父、高松、三笠の三宮を除き、他の皇族は全員臣籍に降下することが妥当であるような事情に立ちいたった。まことに遺憾であるが、了承せよ」と、断腸《だんちょう》の思ひで臣籍降下の已《や》むなきに至つたことを訴へられた。「諸般の情勢とは、いうまでもなくGHQ方面の意向であり、それが皇室縮小方針、ひいては日本弱体化政策の一環であることは明らかである」と閑院宮は注記してゐるが（閑院純仁『私の自叙伝』）、筆者もその通りだと思ふ。

昭和二十一年十二月二十四日、天皇陛下が主宰する皇族会議が開かれ、十一宮家・五十一名の臣籍降下が正式に決定した（実際に皇籍を離脱されたのは、昭和二十二年十月十四日。本章扉頁の写真も参照）。加藤進宮内次官によれば、その前後の重臣会議の席で、鈴木貫太郎元首相との間で次のやうなやり取りがあつたといふ。

鈴木貫太郎元首相が質問しまして、「今日、皇族の方々が臣籍に下られることがやむを得ないことはわかったが、しかし皇統が絶えることになったらどうであろうか」との意見がありました。私は、「非常にその点は心配です。(中略) 離脱なさる宮様方につきましても、…万が一にも皇位を継ぐべきときが来るかもしれないとの御自覚の下で身をお慎しみになっていただきたい」とも申しあげました。これに対し鈴木さんは更に「それでも絶えたら」と質問をしてまいりますので、「万が一にもそのようなことは無いと存じますが、それでも絶えたなら、そのときは天が日本を滅ぼすのですから仕方のないことではありませんか」と申しあげました。鈴木さんは「そこまで考えているのならばよろしい」と言って認めてくれました。

(前掲、加藤証言、『祖国と青年』昭和五十九年八月号)

「日本の皇室には宮家が多すぎる。皇室の藩屏と言われた華族の廃止と一体になるかたちでこれを極限することにより、将来的に皇位継承は二世代、三世代後に難しくなるであろう」といふのが、占領軍の究極の目論見《もくろみ》だつたといふ指摘もあるが (中西輝政「『万世一系』は神話に繋がる系譜」、『祖国と青年』平成十八年四月号)、二世代後の今日、皇統はその目論見通りの危機に瀕《ひん》してゐる。

この国の〝生命線〟とも申し上ぐべき皇統を維持するためには、あらゆる手段と英知を結集して、打つべき手は今から打つておかねば、間に合はないことになるだらう。その際、旧皇族の臣籍降下はGHQが〝真綿《まわた》で首を絞める〟やうにして、不当に強制したものであること、またこの十一宮家の方々は、将来「皇統が絶える」やうな事態が生起すれば、「万が一にも皇位を継ぐべきときが来るかもしれない」、さういふ可能性に対する御自覚も持たれた上で、泣く泣く臣籍降下に応じられたのだといふことも、歴史の事実として我々は銘記しておきたい、と思ふのである。

第四章　占領下の国体論争

昭和21年10月、第90回帝国議会での審議を経て『帝国憲法改正案』を修正可決。その後、11月3日に公布された（宮永岳彦画／衆議院憲政記念館蔵）

1 「天皇制」の登場と、消えた「国体護持」

本章では、占領下で交《かわ》された国体をめぐる様々な論争について、見ていくことにしたい。

第一章で言及したやうに、終戦時にあれほど叫ばれた「国体護持」のスローガンは、占領政策が進展するにつれ、いつしか忘れられ、人々の口の端《は》に上ることも少なくなつた。

それには幾《いく》つかの要因が考へられるが、第一に挙げるべきは、当初は不確実だつた国体の帰趨《きすう》、とりわけ皇室の御安泰といふことが、新憲法によつて曲がりなりにも保証されたことから、国民も一先《ひとま》づは安心したといふことが大きい。第二の理由としては、詳《くわ》しくは後述するが、共産党が反体制的意図を込めて「天皇制」といふ言葉を使ひ出し、これが「国体」といふ言葉に取つて代つたといふ事情もある。更に今一つの要因としては、占領軍の検閲が「国体」護持の論調には厳格を極め、「天皇制」批判には寛容であつたといふ事情も見逃せない。

ここでは、その証左と言へる事例を幾《いく》つか紹介してみたいが、まづは神奈川県浦賀国民学校長が終戦直後に書いた、次のやうな文章を読んでいただきたい。

我国における教育の目的は、国体を護持するところの皇国民を育成するにある。これは決して狭量《きょうりょう》な軍国的な侵略的な目的ではないのである。なんとならば護持する国体の発動が、八紘《はっこう》一宇《いちう》の実現であつて世界人類の多幸を意図するものであるからである。随《したが》つて我が国民は武力を尊ぶものでなく常に平和を祈願するものである。この事実は二千六百年の正史を詳《つまびらか》にながむれば明《あきらか》なことである。たまたま武力行為の歴史を過去に見るのは、世界平和を希望せんが為のやむにやまれぬ特別行為であつたのである。大東亜戦争の勃発《ぼっぱつ》もさうした意図からなされたものと一億国民は斉《ひと》しく思考したのである。

（浅葉幸蔵「教師の覚悟」、『国民教育』第五巻第二号、昭和二十年十月）

ここには「国体護持」だけでなく、「皇国民」「八紘一宇」「大東亜戦争」等、占領軍から徹底的にマークされた言葉が綺羅星《きらぼし》の如《ごと》く並んでゐた。結果、右文章は全文掲載禁止（Suppress）といふ、最も重い検閲処分を免れなかつたのである（処分理由は不明）。

他にも同様の事例として、次のやうな文章がある。

国体の護持は、わが民族の堅守すべき絶対的ともいふべき最後の一線であつて、ポツダム宣言を受諾遊ばされるに際しても、これを前提としての御聖断であつたと拝察する次第である。しからば国体の護持とは何を意味するかといふに、今更述べるまでもなく、一天万乗《いってんばんじょう》の大君《おおきみ》のみ恵みの下に万民その生の営みを楽しみ、よつて民族の興隆延《ひい》て世界の進運を促進することである。

（鈴木重雄「天皇制と民主々義」、『東北文庫』第一巻第一号、昭和二十一年一月）

これも占領最初期の文章に属するが、虚偽・宣伝（untrue, propaganda）といふ理由で不許可になつた（本書では、事前検閲により削除された場合は網かけで、事後検閲で不許可になつた場合は点線で区別してゐる。詳細は【凡例】を参照のこと）。「国体の護持」がタブー化した原因の一つが、ここにある。

さて、その間隙《かんげき》を縫《ぬ》ふやうにして「天皇制」といふ言葉が華々《はなばな》しく登場する。既に右事例のタイトルにも「天皇制」の語が見えてゐるが、「天皇制」といふ言葉は一体いつ、どのやうにして戦後の言語空間の中に登場したのだらうか。

その発端は昭和二十年十月十日、占領軍が徳田球一・志賀義雄ら、獄中にゐた共産党幹部十六名を釈放したことにあつた。その折の出獄声明書「人民に訴ふ」には「天皇制」の打倒が明記されてゐたが、これこそが「戦後における共産党の天皇制攻撃の第一声」であつた（石田圭介『戦後天皇論の軌跡』）。

彼等が「天皇制」といふ言葉にどのやうな意味合ひを含ませてゐたかといふことを見るために、この「人民に訴ふ」から少し引用しておきたい（ゴチック体は引用者、以下同様）。

> 我々の目標は**天皇制**を打倒して、人民の総意に基く人民共和政府の樹立にある。永い間の封建的イデオロギーに基づく暴虐な軍事警察的圧政、人民を家畜以下に取り扱う残虐な政治、殴打、牢獄、拷問、虐殺を伴う植民地的搾取《さくしゅ》、…これこそ実に**天皇制**の本質である。かかる**天皇制**を根底的に一掃することなしには、人民は民主主義的に解放せられず、世界平和は確立されない。
>
> （『赤旗』再刊第一号、昭和二十年十月二十日付）

かうした「**天皇制**」打倒の考へ方が、ソビエトの革命を世界中に波及させることを任務としたコミンテルン（共産主義インターナショナル）の「三二年テーゼ」（「テーゼ」とは、コミンテルン日本支部として発足した日本共産党に与へた、コミンテルンの指令書）に基づいてゐることは、今日では周知の事実だが、「天皇制」といふ用語は、右『赤旗』の再刊と時を同じくして、一般ジャーナリズムの上にも現れ始める。
新聞紙上では、読売報知と朝日新聞が十月二十日付で「天皇制」といふ言葉を見出しに掲げ、「日本における天皇制の存続如何《いかん》は日本国民全体の意志によつて決定されるべきである」との蔣介石主席の見解に、トルーマン米大統領が同調したと報じてゐるのが、その最も早い例と思はれる。尤《もっと》も、この「天皇制」の用例は価値中立的で、必ずしも共産党のやうなイデオロギー性は感じられない。雑誌の方でも、昭和二十年十一月号から「天皇制」の用例が現れるやうになるが、管見《かんけん》に入つた最も早い例は、やはり占領軍と共産党を意識して、次のやうに報じてゐる。

…今日、米本国の輿論《よろん》や連合国側の意向が、動《やや》もすれば**天皇制**を否定してゐるやうに思へて、**天皇制**否定と云ふ共産党もあり、天皇の権限縮小などと云はれて御座る。
（『涓流』、『肇國』第七巻第十一号、昭和二十年十一月一日発行）

また、同じ雑誌の巻末頁には、次のやうな社告が載つてをり、興味を惹《ひ》かれる（「肇国神祇連盟」といふのは、この雑誌の発行団体である）。ここでの「天皇制」は、「国体」と全く同義に使はれてゐると言つてよいだらう。

天皇制絶対支持
東西古今《ここん》に類例なき手際《てぎわ》をもつて終戦、復員とが成就されたことの最大の理由は、誰が何と強弁《きょうべん》しても、聖断の絶対性に依《よ》るものであることは厳たる事実である以上否定すべくもない。
実に一天万乗の君を戴くことの有難さは今日こそ最も沁々《しみじみ》と感じられるではないか。

肇国神祇連盟（同右）

このやうに「天皇制」は、保守の側であると革新の側であるとを問はず、〝同床《どうしょう》異《い》夢《む》〟のやうな使はれ方をしてゐた。他方、「国体」の語を使ふのは、これを護持する側に限られたから、検閲によつて「国体」の語が使はれなくなると、全体としては、「国体」といふ用語は漸次《ぜんじ》「天皇制」にその座を奪はれていくやうな按配《あんばい》となつた。特に「国体護持」といふフレーズでの使用は、退潮著《いちじる》しいものがある。筆者が「占領期新聞・雑誌データベース」に基づいて調査したところでは、占領下の新聞・雑誌記事で、タイトルに「国体（の）護持」を冠した事例は、僅《わず》かに以下の七件を数へるに過ぎない（発行年月順に示す）。

1　重徳泗水「週間時言：国体護持の実を示せ」（『週刊朝日』第四七巻第三四号、昭和二十年八月二十六日）

2　澤木興道「国体護持と禅」（『大法輪』第一二巻第七号、昭和二十年十二月一日）

3　蒲生耕雲「天皇制の論議かまびすしきに：国体護持の心をよめる」（『惟神道』第一九二号、昭和二十一年二月一日）

4　村上善彦「国体の護持：教育者の使命」（『教育建設』第四号、昭和二十一年三月一日）

5　鳩山一郎「国体の護持と新日本の建設」（『肇國』第八巻第三・四号、昭和二十一年三月一日）

6　藤田斎「短歌：国体護持」（『大日本教育』第八〇四号、昭和二十一年七月一日）

7　不籍社同志会「天皇存続国体護持」（『不籍』特集号、昭和二十二年三月二十日）

見られるやうに、右事例はその殆《ほとん》どが占領初期に集中してゐる。同じく「占領期新聞・雑誌データベース」を利用して、「国体」をタイトルに冠する事例（無論「国民体育大会」を略した「国体」の語は除く）を検索すると一四〇件あり、「天皇制」を冠したタイトルは四〇三件にも上つてゐるが、これらは何《いず》れも占領全期間にわたつて使用されてゐる。「国体護持」だけが、占領中期以降は全く使はれなくなつたことが、データの上からも立証できるのである。

2　津田左右吉の「建国の事情と万世一系の思想」

さて、占領下で国体を論じて世間をあつと驚かせた論文といへば、雑誌『世界』昭和二十一年四月号に掲載された、津田左右吉《そうきち》博士の「建国の事情と万世一系の思想」に如《し》くものはないであらう。

津田左右吉は、神話を実証主義的に批判することがタブーとされてゐた戦前の時代に、記紀の実証主義的研究を行つたことで有名な歴史学者である。昭和十五年、『神代史《しんだいし》の研究』その他の著作が発禁処分になつたことから、戦後は一躍《いちやく》〝時代の寵児《ちょうじ》〟となつた感がある（そこには当然、天皇制批判の〝旗手《きしゅ》〟としての期待が籠《こ》められてゐた）が、実《まこと》に意外にも、その津田が岩波書店の雑誌『世界』に請《こ》はれて寄せた論文は、皇室を熱烈に擁護するものであつた。

長い論文だが、その最後の方から引用しておきたい。

権家《けんか》〔権力者〕はいかに勢威を得ても、皇室の下《もと》に於ける権家としての地位に満足し、それより上に一歩もふみ出すことをしなかつた。そこに皇室の精神的権威があつたので、その権威はいかなるばあひにも失はれず、何人《なんぴと》もそれを疑はず、またそれを動かさうとはしなかつた。これが明かなる事実である…。（中略）

国民が国家のすべてを主宰することになれば、皇室はおのづから国民の内にあつて国民と一体であられることになる。具体的にいふと、国民的結合の中心であり国民的精神の生きた象徴であられるところに、皇室の存在の意義があることになる。さうして、国民の内部にあられるが故に、皇室は国民と共に永久であり、国民が父祖子孫相承《う》けて無窮《むきゅう》に継続すると同じく、その国民と共に万世一系なのである。（中略）「われらの天皇」はわれらが愛さねばならぬ。国民の皇室は国民がその懐《ふところ》にそれを抱《いだ》くべきである。二千年の歴史を国民と共にせられた皇室を、現代の国家、現代の国民生活に適応する地位に置き、それを美しくし、それを安泰にし、さうしてその永久性を確実にするのは、国民みづからの愛の力である。国民は皇室を愛する。愛するところにこそ民主主義の徹底したすがたがある。…さうしてまたかくのごとく皇室を愛することは、おのづから世界に通ずる人道的精神の大《おおい》なる発露でもある。

（『世界』第四号、昭和二十一年四月）

これを読んで慌《あわ》てたのは、天皇制批判を期待して津田に論文寄稿を依頼した、当の編集部であつた。編集者は次のやうな書簡を津田に送り、慇懃《いんぎん》な態度で津田の翻意《ほんい》を促した。編集子《し》の狼狽《ろうばい》ぶりが、目に見えるやうな書簡である。

…在来、先生の御研究は国粋主義の連中にとつては常に脅威でありました。彼等の依《よ》りどころとする非科学的な国史や国体観は先生の学説によつて最も手痛い攻撃を受けてをりました。そして、彼等は先生のやうな国史の御研究から皇室擁護の結論が出るとは夢にも考へてをらないにちがひありません。

また、左翼の方もこの点では同様ではないかと思ひます。（中略）一般に進歩的と呼ばれる傾向の人々は、その意味で今日一斉に先生に対して敬愛の念を抱き、反動的思潮に対する強力な精神的支柱として先生を仰いでをると存じます。そして、先生の学説によつて非科学的な日本歴史が正され、神がかり的な妄想が一掃された後に、なほ先生が今回御発表になつたやうな積極的な皇室擁護の立場があらうとは、恐らく考へられてゐないに違ひありません。

それだけにいづれの側にとつても、今回の先生の御発言は意外の感を与《あた》へ、大きなセンセイションを呼びおこしかねないと思はれるのであります。（中略）それだからこそ、私も、先生の今回のご発言のもつ政治的影響力を考慮せずにはをられないのであります。（同右所収）

しかし津田は、「われらの天皇」といふ考へは自分の三十年来の思想だとして、編集部の求めに応じて書き直すことを肯《がえん》じなかつた。

果《はた》せるかな、この津田の皇室擁護の論文は編集者の予想通り、センセーショナルな反響を巻き起した。或る者は津田の意外な一面に驚き、また或る者は津田に「変節」「反動」の烙印《らくいん》を押した。

しかし、津田は皇室に対しては若い頃から終始一貫して敬愛の念を抱いてをり、これを「変節」

呼ばはりするのは当らない。

ところで、津田の「建国の事情と万世一系の思想」は占領軍の検閲を免れたが、同じやうな思想を表明して全文掲載禁止となつた、次のやうな事例もある。

国体護持と　天皇制護持とは、一如《いちじょ》であるべきだが、悲しいかな現実には全然別箇のものである。（中略）

…共産党の諸君に茲《ここ》で一言申しあげる。

諸君は　天皇制打倒を叫んで居《を》られるが、…天皇を我の外にのみ観《み》て居られる。諸子の観て居られる天皇は、真の　天皇では在《お》はさぬことを知るべきである。

われの内に在はす　天皇——（中略）そして同時に、九重の奥深くに在はす　天皇、この二つは実は一つであると言ふ大事実を静かに考へて貰ひ、この一君《いっくん》万民、君民一如のわが　天皇を真に知つて頂きたいのである。民族の自覚は、少《ママ》くも日本に於ては、此《こ》の大事以外は末梢《まっしょう》である。（中略）

日本民主の究極は、さへぎる処《ところ》なき君民貫通の姿、すなはち一君万民、君民一如と信ずる。

（三浦義一「璞草堂残筆」、『不二』第一巻第二号、昭和二十一年六月）

右の文章に対し、検閲官は次のやうにコメントしてゐる。（原英文）

この論者は天皇制打倒を呼号《こごう》する共産主義者に対し、彼等が見てゐる天皇は真の天皇ではないと言つてゐるが、これは国家主義的な宣伝である。「一君万民」といつた言ひ回しは、狂信的愛国主義を鼓舞《こぶ》するために軍国主義者が使つてゐたものである。

しかし、「われの内に在はす　天皇」といふ言ひ方は、津田の言ふ「国民の内部にあられる…われらの天皇」といふ思想に一致する。「日本民主の究極は…一君万民、君民一如」といふ表現も、「国民が国家のすべてを主宰することになれば、皇室はおのづから国民の内にあつて国民と一体であれることになる」といふ津田の発言と、照応《しょうおう》するものがある。

一方は削除され、一方は削除を免れたが、「天皇制」の語義に潜《ひそ》む〝日本ならざるもの〟を剔抉《てっけつ》し、「われの内に在はす　天皇」「われらの天皇」といふ国体の神髄を摑《つか》み出して見せたといふ意味では、両者の姿勢は相呼応するものがあつた、と言ふべきだらう。

3　第九十回帝国議会における「主権」論争

総司令部の起草にかかる憲法改正草案要綱（昭和二十一年三月六日公表）は、平仮名・口語体によつて条文化され、四月十七日に帝国憲法改正草案として公表された。

国体に直接関係する前文と第一条を以下に掲げておく。参考までに、現憲法と表現の異なる箇所は傍線で示した（括弧内は現憲法）。

前文　日本国民は、…ここに国民の総意が至高なものである（主権が国民に存する）ことを宣言し、この憲法を確定する。

第一章　天皇は、日本国の象徴であり日本国民統合の象徴であつて、この地位は、(主権の存する)日本国民の至高の総意に基く。
(『占領史録』第三巻所収)

右改正草案は、枢密院での審議を終へた後、昭和二十一年六月二十日に開会した第九十回帝国議会に上程され、衆議院と貴族院での審議にかけられることになつた。

帝国議会の審議で最大の焦点の一つになつたのは、「主権」は天皇に帰属するのか、それとも国民に帰属するのかといふ問題であつた。「主権」(sovereignty)といふ概念自体、元々非常に曖昧なもので、憲法制定権、統治権、対外独立権、国家意志の最高決定権といつたふうな様々な使はれ方をするが、右改正草案に「国民の総意が至高なものであることを宣言し」とあつた前文は、審議の中で「主権が国民に存することを宣言し」と改められ、第一条も「象徴」といふ天皇の地位は「日本国民の至高の総意に基く」とあつたものが、最終的には「主権の存する日本国民の総意に基く」と改められた。

この「国民の総意が至高なものであること」並びに「国民の至高の総意」といふ表現は、マッカーサー草案にあつた"Sovereignty of people's will", "the sovereign will of the people"の日本語訳だが、日本政府苦心の翻訳で、当時内閣法制局次長であつた佐藤達夫の回想によれば、「ソバレン・ウィルは、直訳すれば主権意思ということであろうが、当時の国体擁護の気分からいっても、あまり人民主権を露骨に出すことは望ましくない」(憲法調査会『憲法制定の経緯に関する小委員会報告書』)といふ考へに基くものだつた。

果《はた》して、共産党は議会で猛然とこの箇所にかみついた。六月二十八日、衆議院本会議で共産党の野坂参三がこの問題を取り上げると、議場は騒然とし、一種異様な雰囲気となつた（傍線引用者）。

野坂参三君（続）…此《こ》ノ憲法草案ト英文トノ間ニ若干ノ相違ガアル…憲法前文ノ中ニ「国民の総意が至高なるものである」、是ハ英文デハドウナツテ居ルカト言ヘバ「ソヴァレーンテイ・オブ・ザ・ピープルス・ウィル」詰《つま》リ人民意思ノ主権、斯《こ》ウ云フ風ニナツテ居ル〔発言スル者アリ〕…（中略）一体此ノ日本文ト英文トドチラガ正シイカ〔「ソンナコトガ分ラナイノカ」ト呼ブ者アリ〕…〔発言スル者多シ〕（中略）

議長（樋口詮三君）　静粛ニ願ヒマス——静粛ニ——静粛ニ——静粛ニ——願ヒマス〔「取消セ」ト呼ビ其ノ他発言スル者多シ〕（中略）野坂君ニ申シ上ゲマス、英文ニ付キマシテハ御注意ヲ願ヒマス

野坂参三君（続）…英文ノ此ノ翻訳ヲ見ルト、如何《いか》ニモ是《これ》ハ民主的ニ出来テ居ル、…併《しか》シ此ノ日本ノ原文ニハサウデナイ、非常ニ曖昧模糊ノ点ガ多イ、此ノ点ニ付テ一体総理大臣ハドウ云フ風ニ御考ヘニナルカ〔「ソンナコトハ答弁ノ必要ナシ」ト叫ビ其ノ他発言スル者多シ〕

（第九〇回帝国議会衆議院議事速記録第八号）

議長がここで、「英文ニ付キマシテハ御注意ヲ願ヒマス」と野坂に注意してゐるのは、恐らくかういふことだつたのではないか。政府が提出した帝国憲法改正草案が、実は総司令部の起草したものだつたことは、以心伝心《いしんでんしん》で全ての議員が承知してゐたのである。しかしそれを、あからさまに口

にするのは憚《はばか》られた。そのことは胸の奥にしまつた上で、形の上だけでも我々は自主的にこれを審議しよう、さういふ暗黙の了解もしくは合意のやうなものがあつたのだらう。さうでなければ、「ソンナコトガ分ラナイノカ」「取消セ」「ソンナコトハ答弁ノ必要ナシ」といつた、野坂に浴びせられた多くの野次は理解できないし、ここでの議長の注意も、占領軍の存在を露骨に匂《にお》はせるやうな、或《ある》いはそれを笠に着たやうな発言は適当でない、といふ趣旨であつたと思はれる。

右のやりとりには、さういつた当時の重苦しい雰囲気を髣髴《ほうふつ》とさせるものがあるが、国会にこの種のタブーが存在してゐたやうに、言論界にもタブーは厳然として存在してゐた。言ふまでもなく、日本国憲法に関与した総司令部の役割を悉く《ことごと》隠蔽《いんぺい》しようとした、占領軍の検閲である。

例へば、次のやうな事例は、右の国会での野坂の発言と正確に照応するものであらう。

議会における憲法論争の中心はなんといつても主権論にあつた。英文草案においては明瞭であつた国民主権の用語を政府は殊更《ことさら》に回避して日本文においては国民至高なる言葉を以て換へたが、政府とても国民主権を真正面から否定することは出来なかつた。（中略）

いつたいに今回の憲法論争は複雑な国際条件の下にあつたため、極めて低調であつて、…政府の答弁は全く形式的なものに止《とど》り、ともかく本案を通過さしてしまへば良いといふ態度が目立つた。しかも政党側も一応政府の意見を問ひ正すだけで、政府の答弁に対して更に食ひ下つて問ひ詰めるといふことは全く行はれなかつた。（中略）それといふのも、議員には憲法の審議が形式的なものであつて、修正を可能とするかどうかすら疑つてゐた者も少くなかつたからで

あらう。（中村哲「各党と憲法論議」、『改造』第二十七巻第十号、昭和二十一年十月）

議員の中には、憲法草案の「修正を可能とするかどうかすら疑つてゐた者も少くなかつた」とは、この「憲法の審議」は「形式的なもの」に過ぎず、全権は占領軍の掌中《しょうちゅう》にあり、憲法草案の「修正」すら自分たちには覚束《おぼつか》ないのではないかといふ、議員たちの深い猜疑《さいぎ》心もしくは無力感を示唆するものであらう。

占領軍はこの部分を削除させたけれども（削除理由は「反民主的宣伝」（anti-democratic propaganda）とある）、議員たちのさうした不安は的中した。総司令部の発案になる“the sovereign will of the people”を、何とか国体と調和させるべく「国民の至高の総意」として提出した政府だつたが、これは内外の圧力によつて挫折させられることになつたからである。

第一に、連合国によつて構成される極東委員会（ＦＥＣ）による、外からの圧力があつた。極東委員会は七月二日、「日本の新憲法に対する基本原則」と題する政策を決定し、米統合参謀本部がこれを七月六日付でマッカーサーに打電してゐた。そこには「日本の憲法は主権が国民にあることを認めるべきである」と明記されてゐたのである（古関彰一『新憲法の誕生』）。

第二に、国内からの圧力もあつた。同盟通信社発行の七月七日付『民報』は、「主権在民の思想は、英訳に関する限りすこぶる明確である。しかし日本原文の方は、何故か、すくなからず明確を欠き直接、主権所在の問題と関係なきが如き感を与へる余地がある」と報じたが、これがＧＨＱの目に止り、総司令部の介入を招くことになつた。

折しも極東委員会の政策決定がＧＨＱに届いた直後のことで、民政局次長ケーディスは七月二十三日、憲法担当の金森徳次郎国務大臣に対し、「主権の所在につき日本文の表現はきわめて不正確である。前文なり条文なりのどこかに主権が国民にあることを明示されたい」と強硬に申し入れた（入江俊郎『憲法成立の経緯と憲法上の諸問題』）。

総司令部のかうした「圧力」の結果、憲法改正草案は、「主権が国民に存することを宣言し」（前文）、「主権の存する日本国民の総意に基く」（第一条）といふ、現行日本国憲法に見るやうな表現に変化したのである。

尚、付言すれば、「主権が国民に存する」といふ「国民主権」の思想を現憲法が採用したことは、前項で紹介したやうな我国の伝統的な国体思想（「一君万民」「君民一如」）とは相容《い》れず、その意味で、国体に対する国民の信念に、深刻な動揺を与へることになつたことは否定し難い。そのことを示すのが、国会における「国体変革論争」である。

4　第九十回帝国議会における国体変革論争

右のやうな見地から、帝国議会でもう一つ大きな争点になつたのは、憲法改正によつて日本の国体は変るのか、それとも変らないのかといふ問題だつた。

前述の「国体護持」の立場からすれば、憲法改正によつて国体が変革するのであれば、それは断じて許し難いといふことになる。他方「天皇制打倒」の側から言へば、国体の変革こそ、その一里塚で歓迎すべきことだつた。

衆議院本会議の劈頭《へきとう》（昭和二十一年六月二十五日）、北昤吉《きたれいきち》議員（自由党）が「一部ノ人々ハ現行憲法ハ…主権在君ヲ建前ニシテ居ル、憲法改正案ハソレトハ反対ニ主権ガ国民ニ在リト称セラレテ居ル、一種ノ国体変革デアルト驚愕《きょうがく》シ、憤慨シテ居ル」が、これについてどう思ふかと政府の見解を質《ただ》したのに対し、吉田首相と金森国務大臣は次のやうに答弁してゐる。

国務大臣（吉田茂君）…民ノ心ヲ心トセラレルコトガ日本ノ国体デアリマス（中略）皇室ト国民トノ間ニ何等ノ区別モナク、所謂《いわゆる》君臣一如デアリマス、君臣一家デアリマス、君ト臣トノ間ニ相対立シタ関係ハナイコトハ勿論デアリマス（中略）国体ハ新憲法ニ依ツテ毫《ごう》モ変更セラレナイノデアリマス（拍手）

国務大臣（金森徳次郎君）我々日本人ノ、本当ニ日本ノ国ノ特色トデモ云フベキモノハ何デアルカト云ヘバ、我々ノ心ノ奥深ク根ヲ張ツテ居ル所ノ其ノ心ガ、天皇トノ密接ナル繋《つなが》リヲ持ツテ居リマシテ、謂《い》ハバ天皇ヲ以テ憧《あこが》レノ中心トシテ国民ノ統合ヲナシ、其ノ基礎ニ於テ日本国家ガ存在シテ居ルト思フノデアリマス

（中略）其ノ点ニ於キマシテ毫末《ごうまつ》モ国体ハ変ラナイノデアリマス、…稍々《やや》近キ過去ノ日本ノ学術界ノ議論等ニ於キマシテハ、其ノ時其ノ時ノ情勢ニ於テ現ハレテ居ル或ル原理ヲ、直チニ国体ノ根本原理トシテ論議シテ居ツタ…謂ハバサウ云フモノハ政体的ナ原理デアルト考へ

テ居リマス、根本ニ於キマシテ我々ノ持ツテ居ル国体ハ毫モ変ラナイノデアツテ、例ヘバ水ハ流レテモ川ハ流レナイノデアル　（第九〇回帝国議会衆議院議事速記録第五号）

金森大臣の、天皇は「憧れの中心」だといふ答弁はその後も幾度《いくど》となく繰り返され、有名になつたものだが、この政府答弁は、その時々の統治形態としての「政体」と、国史を一貫して貫いてゐる「国体」を分け、天皇が統治権を総攬《そうらん》するといふ意味での「政体」は変更しても（「水ハ流レテモ」）、「君臣一如」「憧れの中心」といふ意味での「国体」は変らない（「川ハ流レナイ」）、といふのであつた。

しかし、政府のかうした答弁は、必ずしも多くの国民の共鳴を得るには至らなかつたやうである。「天皇制護持」（国体護持）の立場からは、「天皇はたゞ国民憧れの中心だといふだけで統治権の総攬者ではおありにならない」ことを痛烈に批判する、次のやうな文章も寄せられたが、これを掲載した雑誌は全文掲載禁止に処せられた（理由は「宣伝」（propaganda）とある）。

過ぐる総選挙に於て、共産党を除く各党の候補者は、凡《すべ》て『天皇制の護持』を主張、国民はこれに絶対的支持を与へたのである。即ち『天皇制護持』は気狂ひ的頭脳の持主を除いた九十九％の国民の信仰であるといつていゝ。

そしてこの『天皇制』はかつて憲法第一条に宣言されてゐた『我大日本帝国は万世一系の天皇これを統治す』にあることはいふ迄《まで》もない。即ち我が国の主権は天皇にあるといふ天皇主権説が天皇制の根幹である。国民はそう信じて共産党を除く各候補者を絶対的に支持したのである。

ところが、国民のそういつた信念の下に支持された議会は、国民主権を規定した新憲法を議決してしまつた。天皇はたゞ国民憧れの中心だといふだけで統治権の総攬者ではおありにならないのである。国民一人としてこの様な『天皇制』を考へたものはあるまい。して見ると議会は国民をあざむいたことになる。『天皇制護持』はポツダム宣言受諾の諒解事項でもあり、自由に表明されたる国民の意志によつて決定さるべき重大事項でもあるとすれば、何等《なんら》気兼ねするところはなかつた筈である。吾々はこの憲法が悔《くい》を後に残すことなきやを憂ふる。

（巻頭言（無署名）「天皇制の行衛」、『創造』第十七巻第一号、昭和二十二年一月）

他方、「天皇制」打倒を目指す側にとつても、政府答弁は甚《はなは》だ煮え切らないものに映つてゐた。「天皇は国民の心の中心であり、あこがれ」だといふのは、占領軍が発禁にした『国体の本義』の言はんとするところと同じではないかと主張した以下の文章は、これはこれでまた、占領軍の削除処分を免れなかつた（削除理由は「神聖性の宣伝」（divinity propaganda））。

連合軍によつて発売を禁止された此の神権説の書物〔『国体の本義』を指す：引用者註〕の内容は、今議会における吉田、金森氏等の説明によつて、そのまま政府の憲法草案にも生きてゐることが明らかにされた。皇位は世襲のものであつて、天皇は日本国の象徴である。天皇は国民の心の中心であり、あこがれである。それはわが子孫の世々《よよ》きみたるべき地なりといふことは一切の国民の願《ねがい》であるといふ〔『国体の本義』の〕主張と何等異ならない。

八月二十四日、衆議院憲法改正委員会の審議を終へ、本会議に提出された報告書の中で、芦田均委員長は次のやうに述べてゐる。

（野口八郎「人民憲法の基本原則」、『潮流』第一巻第八号、昭和二十一年八月）

要スルニ改正憲法ノ第一章ハ、万世一系天皇ガ国民至高ノ総意ニ基キ、天壌《あめつち》ト共ニ永劫《えいごう》ヨリ永劫ニ亘《わた》リ国民ヲ統合スル君主トシテノ地位ヲ確保セラルルコトヲ明記シタモノデアリマス（拍手）斯《か》クテ天皇ハ…実際政治ノ外ニ立チ、而《しか》モ国民生活ノ中心、精神的指導力トシテノ権威ヲ保有セラレル厳然タル事実ヲ確認シ得タコトハ、委員ノ絶対多数ガ最大ノ歓喜ヲ以テ迎ヘタ所デアリマス

（第九〇回帝国議会衆議院議事速記録第三五号）

かうして政府としては、憲法が改正されても「万世一系」の日本の国体には毫も変化はないとの立場を取り続けたのであるが、それもまた危いものがあつたと言はざるを得ない。何となれば、改正憲法の国体規定を「万世一系」と形容すること自体、次の通り占領軍の許容するところとはならなかつたからである（削除理由は「宣伝」（propaganda）とある）。

…天皇は依然として謂はゆる「万世一系の天皇」としての性格を保有しつゝ、不充分なる意味においてであるにもせよ、国家の元首としての地位またはそれに近似せる地位に立つのであるから、改正憲法の定める国家体制は（中略）或る程度に君主主義的色彩を帯びるものとして展開せざるを得ない。

（恒藤恭「天皇の象徴的地位について（二）」、『世界』第十一号、昭和二十一年十一月）

政府の「国体」不変更説にも拘らず、「国体」は変更したとの説は、その後も度々《たびたび》蒸し返されることになつた。

5　佐々木惣一「国体は変更する」と占領軍検閲

昭和二十一年十月六日、貴族院本会議は帝国憲法改正案を圧倒的多数で可決した。反対者は僅かに数名。その中に、憲法学の泰斗《たいと》・佐々木惣一《そういち》博士の姿があつた。佐々木はその前日、この改正案に対する反対演説を行つたが、これと相前後して「国体は変更する」といふ論文を『世界文化』誌上に発表した。

だがこの論文は占領軍内部で問題にされ、削除箇所をめぐつて議論は二転三転した。その経過を記した覚書によれば、当初検閲官は「これといつて違反を指摘できないが、執筆者は暗に何かが言ひたいやうだ」と述べ、再検閲官は「違反といふより、執筆者に言ひたいことを言はせないといふ見地から」次の二箇所（【　】で示す）の削除を提案した。

【従来、国体の概念に該当する事実としては、万世一系の天皇が、万世一系であるといふことを根拠として統治権の総攬者である、といふことがあつた。其の事実が日本国憲法においては変更する。即ち、天皇が統治権を総攬せられる、といふことが全くなくなるのである。（中略）之を称して、国体が変更する、といふのである。】（①）

…憲法を改正する、といふのであるならば、天皇に協力する諸機関の制度を、其の構成なり協力方法なりに於て、徹底的に改革することが必要である。又それでよいのである。それより進んで、天皇の統治権の総攬者たる地位を廃止する必要はないのである。近年我が国の誤れる行動の行はれたのは、天皇への協力機関たる、軍部は勿論、政府や立法府等の皆が、十分に其の職分をつくさず、天皇への協力を誤つたことの結果である。【天皇が統治権の総攬者であられる、といふことの結果ではない。】（②）

（佐々木惣一「国体は変更する」、『世界文化』第一巻第十／十一合併号、昭和二十一年十一月）

この再検閲官は、「記事は非常に親天皇。度が過ぎるほどである。然《しか》し乍《なが》らそれ自体が違反であるとも言へない。彼の議論は理屈としては正しい」と最後にコメントしてをり、記事の扱ひに苦慮してゐる様子だが、①については「執筆者は天皇を支持してをり、あからさまにではなく、かかる信念を弁護しようとしてゐる」と注記してゐる（原英文）。

だが、この点に関する上級検閲官の判断は、「執筆者が述べてゐることは事実であり、削除の理由にはならない」といふもので、削除は認められず、最終的には②の箇所だけが「宣伝」(Propaganda)の理由で削除された。

佐々木の議論は、貴族院での反対演説と同趣旨のものだが、占領軍の検閲の姿勢は一貫性を欠く印象は拭《ぬぐ》ひ難い。国体が変更しようが変更しまいが、そんなことは彼らの知つたことではなかつた。むしろこれは、すぐれて日本国民の自己認識に関はる問題であり、その点で今日にも通ずる問題を投げかけてゐるのは、この論文がきつかけで、佐々木と文化史家の和辻哲郎との間で交された国体論争である。

6　国体をめぐる佐々木・和辻論争

和辻は、佐々木の言ふ「国体」の語に疑義を呈し、次のやうに論じた。

…何人《なんびと》が国家統治権の総攬者であるか、といふ面より見た国柄は、久しく「政体」といふ概念によつて示されて来た。（中略）右のやうな政体の概念は、世界いづれの国家にも適用できるものである。しかるにこれをわざわざ「国体」といふ概念によつて現はし、そのために「政治の様式より見た国体」の概念と「精神的観念より見た国体の概念」とを区別しなくてはならなくなる、といふやうなことは、わたくしにははなはだ理解し難いのである。

（和辻哲郎「国体変更論について佐々木博士の教へを乞ふ」、『世界』昭和二十二年一月）

和辻は、「国体」の概念は世界では通用しない、として認めない。「政治の様式より見た国家構成形態は、世界に通用する政体の概念をもつて現すべきであり、曖昧な国体の概念を用うべきでない」（同右）といふのが、和辻の考へであつた。

確かに和辻の言ふやうに、「国体」の語は論者によつて様々な使はれ方をするので、その意味内容が一定しない。佐々木自身は「国体」と「政体」を厳密に区別し、統治権の在処《ありか》ないし源泉を「国体」、統治権を行使する様式を「政体」と定義してゐるが、その定義によれば、統治権の在処に着目して「君主国体」「共和国体」とは言へても、「君主政体」「共和政体」とは言へないことになる。また、統治権行使の態様に着目して「立憲政体」「専制政体」とは言へても、「立憲国体」「専制国体」とは言へないことになる。しかし現実には、「君主政体」「共和政体」などと平気で使つてゐるではないか、と和辻はここで反論してゐる。

「国体」といふ用語は、日本独自の国柄もしくは政体についてしか、普通は言はない。佐々木の言ふやうな「君主国体」「共和国体」といふやうな言ひ方はせず、和辻の言ふやうに「君主政体」「共和政体」と言ふのが普通である。その意味では普遍的に使へる「政体」の語に統一しろといふ和辻の主張も解らぬではないが、それでは肝心のものが抜け落ちてしまふと感じるのは筆者だけであらうか。

各国と等し並みの「政体」では、決して表現し得ぬものがあるからこそ、「国体」といふ言葉も生じたのではないか。それは、「日本語」といふ世界に通用する語彙《ごい》の他に「国語」があり、「日本史」といふ世界に通用する語彙の他に「国史」があるのと同じであらう。

帝国議会における政府答弁は、天皇が統治権を総攬するといふ意味での「政体」はこの憲法で変更するが、天皇を「憧れの中心」と見るといふ意味での国史を一貫する「国体」はこの憲法でも変らないとするものだつたが、この「国体」の語法にしてからが、終戦時に政府が「国体護持」を呼号した際の「国体」とは、既に同義ではない。

当時の政府は、「天皇の国家統治の大権を変更するの要求を包含し居らざることの了解の下に」ポツダム宣言を受諾したのだから、「国体護持」の「国体」とは即ち「天皇の国家統治の大権」を指し、それは天皇が統治権を総攬することを端的に指してゐる。佐々木の「国体」理解もその延長線上にあり、かかる「国体」観からすれば、「国体は変更する」と論じた佐々木の指摘は、やはり正しいのである。

しかし、重要なのはさうやつて「国体」の解釈を変更してまでも、〝「国体」は護持された〟といふ国家としての体面を整へざるを得なかつた、当時の為政者の苦衷ではなかつたか。その苦衷は、心ある国民も共有してゐたことを次の事例は示してゐる。尤も占領軍は、それを事後検閲で不許可にしたが（不許可理由は「占領軍批判」（Criticism of the Occupation Forces）とある）。

　これこそ敗戦の土俵ぎわに於て大詔を拝し、明治旧憲法を改正新憲法となし、余儀なくも政治的形式的国体を変更して道徳的精神的国体を護持する所以《ゆえん》である。

（中島市三郎「廣瀬淡窓先生を語る（二）」、『三豊随筆』第一巻第二号、昭和二十三年一月）

もう一点、和辻は佐々木に対して、「万世一系の天皇が…統治権の総攬者である」といふ事実は、「日本の歴史を貫いて存する事実」ではない、と反論した。

　佐々木博士のいはれるごとく、「天皇が統治権の総攬者である」といふことが国体の事実であるならば、それは千年以前の日本において存し、その後漸次《ぜんじ》実質を失って、短期間の例外のほかは約七百年間あとを絶ち、明治維新において復興され、帝国憲法によつて明らかに表現された事実にほかならない。すなはち日本の歴史を貫いて存する事実ではなく、千年前の事実であり、また明治以降に復興された事実なのである。

（和辻、前掲「国体変更論について佐々木博士の教へを乞ふ」）

これに対して佐々木は、「私は、〈天皇は一貫して〉統治権の総攬者であった、と理解している」と述べた上で、次のやうに応へた。

統治権の総攬とは、統治権という国家の包括意思力を全体としてつかんでいることである。他の言葉を以てせば、一般に統治権の源泉のことである。特定の場合に個々の事項について統治権を発動してこれを行うということではない。

（佐々木惣一「国体の問題の諸論点」、『季刊法律学』第二冊、昭和二十三年）

両者の主張は、国史における天皇の役割をどう見るかといふ、極めて重要な問題を提起するものであつた。

天皇は、果して国史を一貫して統治権の総攬者であつたか否か。佐々木はさうだと言ひ、和辻はさうではないと言ふ。江戸時代を見よ。将軍は「国家の意志の発動という点においては最高の地位に立ち、朝廷の容喙《ようかい》を許さなかつた」ではないか。「しかもさういふ権能は天皇から委託せられたものではない」と和辻は言ふ。佐々木は反論する。「統治権の総攬と統治権の発動とは異なる」。天皇が統治権の総攬者だといふことは、肇国《ちょうこく》以来の「不文の法」であると。

だが、和辻によれば、「統治権の総攬」などといふことは天皇の本質とは少しも関係がない。天皇の本質は「日本国民統合の象徴」にあり、この場合の「統合」といふのは「政治的統一ではなくして文化的統一」の謂ひである、だから新憲法にこそ天皇の本質は十全に表現されてゐるのだ、と和辻は言ふ。果してさうだらうか。

この点に関する、葦津珍彦《あしづうずひこ》の見解は次の如くである。

統治権を総攬されるからといって、天皇が、立法、行政、司法そのほか複雑多端な統治の作用に直接的に介入されるのではない。それぞれの国家の公的な機関があって、その責任と権限とにおいて統治に参与する。しかして、その国家機関の権限や責任については、社会政治情勢の推移によって、変遷し対応して行かねばならないであらう（政体の改正、または変革）。しかしながら、その統治の大権そのものは、天皇に帰属するとの理義を失ってはならない。これが日本人の伝統的な信条であった。それは、この理義を明確にしておくことによってのみ、日本国の統治そのものを涯《はて》しのない対決闘争と罪けがれから守り、日本の民心に「神聖をもとめる心」を保全し得ると信じたからである。（葦津珍彦『近代民主主義の終末』）

今の憲法は、日本の民心に「神聖をもとめる心」を保全してゐるだらうか。否《いな》である。政治家は「涯しのない対決闘争」に明け暮れ、国民道徳は失墜し、拠《よ》り処《どころ》を失つて浮遊せる日本の現状ではないか。「統治の大権」が「天皇に帰属するとの理義」を失ひ、日本国の中心を見失つたその代償は、かくも高いものについたのである。

第五章　昭和天皇の全国ご巡幸

全国ご巡幸の開始。横浜市稲荷町にて。（昭和 21 年 2 月 19 日／共同通信社）

1　全国ご巡幸の開始（神奈川県・東京都、昭和二十一年二月〜三月）

昭和天皇の全国ご巡幸は、占領下における最もエポックメイキングな出来事の一つだつた。それは、天皇と国民の〝絆《きずな》〟を目に見える形で再確認させることにもなつたが、またそこにはGHQなりの思惑もあつた。ここでは、占領文書やプランゲ文庫に残されてゐる検閲資料も繙《ひもと》きながら、ご巡幸は日本人の天皇観にどのやうな影響を与へたのか（或《ある》いは与へなかつたのか）を、一つひとつ明らかにしていきたい。

昭和天皇は、既に昭和二十年十月頃から、全国をめぐつて国民を勇気づけたいといふ御意向を周辺に洩《も》らされてゐたやうであるが、それにはGHQの許可を取り付ける必要があつた。GHQからは昭和二十一年一月十三日の時点で、次のやうな意向がダイクCIE局長の意見として、宮内省サイドに伝へられてゐる。

天皇は須《すべか》らく御親《おんみずか》ら内地を広く巡幸あらせられて、或は炭鉱を、又或は農村を訪ねられ、彼等国民の語る所に耳を傾けさせられ、又親しく談話を交えて、彼等に色々な質問をなし、彼等の考えを聞かるべきである。（木下道雄『側近日誌』一月十三日付）

木下によれば、「右に対する陛下の御賛意は多大なりき。地方御巡幸のことは直ちに研究せよ」とのお言葉があつたさうで、二月十九日と二十日、神奈川県地方へのご巡幸が、以後九年間に及んだ全国ご巡幸の第一歩となつた（本章扉写真参照）。

二月二十八日と三月一日には東京都内をご巡幸になつたが、三月一日には、都立第四高等女学校（現南多摩高校）をご訪問になつた。この女学校校舎は戦災で跡形もなく焼けてしまつたが、先生と女生徒が自力で校舎を再建したことが上聞《じょうぶん》に達し、お立ち寄りが決つたといふ（鈴木正男『昭和天皇の御巡幸』）。

この時の生徒の感想文を掲載した同校の校友会誌（天皇陛下行幸／校舎復興記念特輯号）が、プランゲ文庫にも残されてゐるが、検閲によつて無残にもズタズタにされてゐる。例へば、「国家主義的宣伝」（nationalistic Propaganda）といふ理由で削除された、四年生の作文。

「あ陛下《ママ》！　私達の陛下！　私共は今、お国の為にペンを捨てハンマーを握つたあの時の気持を取戻すことが出来ました。あの時の気持を以てあの時の力を以て私共学徒は再建の日本にお尽し致します。どうぞ〴〵御安心下さい。天皇陛下万歳々々‼」声を限りに泣き叫びたい衝動にかられた。この時の気持この時の感激はどんなに上手な小説家がどんなに巧みな文章を以つてしても到底、筆や言葉ではあらはすことは出来ないであらう、絶対にあらはす事は出来ない、たゞおやさしい陛下のおいで、あそばす日本の国に生まれたうれしさをしみ〴〵思つた。

（島田和子「天皇陛下を仰ぎ奉りて」、『多摩』第八十六号、昭和二十一年九月）

次も同様の理由で削除された、三年生の作文。

三千年の歴史を誇る日本がもろくも敗れた口惜《くちお》しさは私達の心から一日も忘れられません。

しかし武器や科学で負けてもきつと万世一系の皇室を御護《まも》り致したいと思ひました。世の中がさわがしく天と地がひつくりかへる時が来ましても正しい日本人の血を受けたものは陛下を国の大御柱《おおみはしら》として敬ひ尊び御護りする事と思ひました。（菊地厚子「行幸を仰ぎて」、同右）

次の事例は、「神の末裔《まつえい》たる国家主義的宣伝」（divine descendent nationalistic propaganda）といふ理由で削除された、三年生の作文である。

しばらくは茫然として夢ではないかと思ひました。しかし夢ではありません。おそば近く陛下を拝させてゐたゞける、又親しくみことばまで賜りましたことは未だかつてなかつたことです。（中略）

我は日本人なり

何万年何千万年経つて、どんな変動がありましても上に陛下を戴きあふぐのが日本人です。純の日本人なれば心の底には必ず万世一系の天子様を尊び奉る心があるはずです。私は心の中で「天皇陛下万歳」と何度も何度も叫びました。今もなほあの御麗《おんうるわ》しき神の如き御姿がはつきりと浮びます。（黒川珠江「行幸を仰ぎて」、同右）

可憐《かれん》な彼女たちの心の中にも、国史を縦に貫く「万世一系」の天皇をお護りするといふ、確固不《ふ》抜《ばつ》の信念があつたのである。今日の日本人が失つてしまつたものを、当時の女生徒たちは確かに把《は》持《じ》してゐたといふ事実に、今更ながら驚かされる。

最後に、「かしこくも」といふ題で同誌巻末に収載された和歌二十九首中、「万世一系の宣伝」

（unbroken lineage propaganda）といふ理由で削除された、和歌二首を紹介しておきたい。

千早《ちはや》ぶる神の御代《みよ》よりひとすぢの君ををろがむ今日のうれしさ
三年　平野順子

現人《あらひと》のかみにいませる大君は今雨の中ほゝゑみ給ふ
三年　澤明子

天皇が「明御神《あきつみかみ》」（現人神《あらひとがみ》）であることを否定した元旦の詔書にも拘《かかわ》らず、天皇は、民の心の中では依然《いぜん》として「現人神」であり続けてゐたし、「千早ぶる神の御代よりひとすぢの君」（万世一系）であり続けてゐたのである。

しかし、右行幸から僅《わず》か五日後の三月六日、日本政府の〝自主的憲法草案〟として発表された憲法改正草案要綱の第一条からは、「万世一系」の語句は消え失せてゐた。また、それに相呼応するやうにして占領軍の検閲は、天皇を「万世一系」と称《たた》へる民草の伝統的な国体観念を、右の通り、根こそぎ否定していつたのである。

2　愛知県・岐阜県ご巡幸（昭和二十一年十月）

昭和二十一年二月十九日、神奈川県を皮切りに始まつた地方ご巡幸は、二月二十八日～三月一日東京都内、三月二十五日の群馬県、三月二十八日の埼玉県と続き、六月六～七日は千葉県、六月十七〜十八日には静岡県と、東京近郊県を中心に精力的に続行された。ついで十月二十一〜二十六日まで、愛知県と岐阜県に行幸になつたが、今までのご巡幸が日帰りかせいぜい一泊であつたのに対し、これは六日間といふ、初めての長期にわたるご巡幸であつた。十月二十二日、陛下の名古屋行幸を迎へた大群衆の一人に、大東塾塾長影山正治《かげやままさはる》の姿があつた。この日の感激を、影山は「国守健」のペンネームで歌道雑誌『不二』に認《したた》めたが、同誌を徹底的にマークしてゐた占領軍によつて、この記事はズタズタにされてしまつた。

この日は雨であつた。自分もまた人々の中にまぢり、雨にぬれながら一時間ばかりを心澄ましめてお待ち申上げた。時がたつにつれて刻々と人が増加し、おなり間近《まぢ》かには数万或ひは十数万の人々が沿道の両側にそれこそ十重二十重《とえはたえ》に立ちならんでゐた。御警衛と申すべきものは何もなく、たゞ所々に無腰の警官が立つてゐるだけであつた。

…陛下はすつくと雨の街道にお降り立ちになられた。…それまで鳴りをひそめてきちんと沿道の両側に立ちならんでゐた奉迎者たちは「万歳・万歳」を絶叫しながら一時にどつと陛下の間近かにお寄りして行つた。(中略)しばらくは天にひびく「万歳」の喚声《かんせい》と、ゆりうごく群集の波濤《はとう》にもまれながらあふれくだる熱い涙を拭《ぬぐ》ふことも出来なかつた。

君と臣は、時雨《しぐれ》の雨にぬれながら、完全に一枚になつておのづからに日本を息づき、日本をいとほしみ、日本を感じてゐた。それはまことに神ながらのすがたであつた。

泣いてゐる人々も目についた。市役所に入られてからも大部分の人々は立ち去らうとはしなかつた。

丁度その時、県庁前の広場の方で非常な騒ぎが起つた。人々の間を押し抜け押し抜けて近づいて見ると、数千の人々が必殺の気迫で怒号《どごう》しながら一人の男に殺到し徹底的にた、いて居た。「天皇は万世一系ではない」と演説を始めた不心得者であつた。「ふみ殺せ、殺せ」と絶叫しながら人々は一つの火の固《かたま》りになつて、どこまでも殺到してゆく。血まみれになつた男は、つひに県庁の中へ押されていつた。数千数万の人々は「殺せ、殺せ」と絶叫しながら、なほも県庁の中へなだれ込んでゆく。身に寸鉄をおびない人々は拳《こぶし》を剣に代へ、洋傘を刀に代へる意気込みで迫つてゆく。そして男はあやふい所で県警察の手により保安課の部屋へ押し入れられて保護された。固く扉が閉ざされた。警察部員が必死になつてなだめて廻つた。「陛下の身近かで騒ぎをおこしては申訳ないではないか」――人々はやうやく納得した。人々は一斉に「天皇陛下万歳」を連呼しながら表に出た。

自分は大陸から帰還して以来、こゝに始めて何ものにも恐れない日本人のいちづの怒りの爆発を見、ひたむきな情熱の発揮を見た。目近《まぢ》かに大君を拝して、日本人の血が純粋なかたちで湧《わ》き立つたのであらう。「大君をお護り申上げ〔る〕こと」が、祖国を護りみ国を建て直してゆくことの根本中の根本であることを、日本人はその血のいのちの底に於て知つて居るのだ。

（国守健「奉拝の記」、『不二』第八号、昭和二十二年一月。尚、影山正治『占領下の民族派』も参照）

右削除箇所の削除理由は「天皇神格化の宣伝」（Deification of Emperor Propaganda）とあるが、

あはや群集に殴殺《おうさつ》されかかつたのは、共産党の弁士だつたのだらうか。「万世一系」を否定する者に対する、当時の日本人の憤りの激しさには、目を瞠《みは》らされるものがある。

また、同じ事象を扱ひながら、右の記事では削除されたが、別の記事（新聞記者の座談会）では削除されなかつた事例もあることが判明したので、これも紹介しておきたい。

田舎《いなか》ではまだ神様

（中略）

八野井　何処《どこ》へ行つても、〔ご巡幸の〕人気は圧倒的だね。（中略）

坂田　田舎へ行けば行くほど、その傾向は強い。

山崎　都会と田舎の、陛下を見る目が違つている。土下座している。

坂田　田舎は、やつぱり神様と見ている。土下座しているものもある。

陛下としては、新しい人間として、人に接したがつていられるようだが、田舎の人は、やはり前の神様あつかいをする。日の丸を出して、土下座して、婆さんは合掌している。

大森　奉迎者は、田舎では若い男が少くて、年寄、女、国民学校の生徒が非常に多かつた。

伊豫　民衆の喜ぶのは、陛下の歩かれるということだ。そこに、まだ封建的な考えがあるんだ。（中略）

八野井　…名古屋で面白かつたのは、陛下が御泊所の愛知県庁にはいられた直後、群集を前にして、ある男が、仲愛天皇で、皇統はたえていると、一席演説をはじめた。その演説を聞いて、一番はじめに、中学生が持つていたこうもり傘を投げつけたのがきつかけで、袋だたきにされ、結局県公安課員の手で救はれた。歴史とか何とかいう気持よりも、陛下に会へたということだけで民衆は感激している。それを間違つているとか何とかいうと、こういう結果になる。かれらの感激は、むしろ本能に近い感じといつてよい気がする。

（「〝象徴〟か〝あこがれ〟か」、『新聞街』第二号、昭和二十二年二月）

この記事で削除されたのは、天皇を「神様」と見たり、「土下座」したり、「合掌」したりしてゐる民衆の素朴な姿だつた（削除理由は不詳）。「袋だたき」云々《うんぬん》の箇所は削除されてゐないが、前の記事とも併《あわ》せ、当時の日本人が昭和天皇をどんな面持《おももち》でお迎へしたかが如実《にょじつ》に窺《うかが》へて、興味深い。

昭和天皇におかれては、この愛知・岐阜県ご巡幸直後の十月三十日、左の御製三首をお示しになつてゐる。ご巡幸の動機とご感想が如実に窺へる秀歌、といふべきであらう。

戦災地視察

戦《たたかひ》のわざはひうけし国民《くにたみ》をおもふ心にいで立ちて来ぬ

わざはひをわすれてわれを出むかふる民の心をうれしとぞ思ふ

国をおこすもとゐとみえてなりはひにいそしむ民の姿たのもし

次の一首は、雑誌の発行時期及び場所（名古屋）から考へて、陛下を名古屋で奉迎した民草の一人が、大御心《おおみこころ》に直ちに反応したものと見てよいであらう。（削除理由不詳）

船方　石田志げ乃

天皇《すめろぎ》は神にまさねど民思ふ大御心はまこと神なり
（『名教短歌』第二号、昭和二十一年十二月）

ここにも、神格否定の元旦詔書に対する民草の不動の信念が披瀝《ひれき》されてゐたが、さうした民族の確信をも隠蔽《いんぺい》し、否定してしまふのが、占領軍の「検閲」といふものであつた。七十年後の今日の我々に、果してその信念ありや。

その意味では、神州不滅への確信を高らかに謳《うた》ひ上げた、吉田松陰の遺言が削除された次の事例などは、この国の未来に不吉な暗雲を投げかけるものであつた（削除理由は「超国家主義の宣伝（Propaganda of ultra-nationalism）」、「黒田哲夫」は前記影山正治のもう一つのペンネーム）。

「神勅《しんちょく》相違ナケレバ日本ハ未《いま》ダ亡ビズ。日本未ダ亡ビザレバ正気《しょうき》重テ発生ノ時ハ必アル也。只今ノ時勢ニ頓着《とんちゃく》スルハ神勅ヲ疑フ罪軽カラザル也」

筆勢淋漓《りんり》、燦《さん》として千載《せんざい》に輝くを見る。

（黒田哲夫「草莽残筆」（三）、『不二』第六号、昭和二十一年十一月）

3　水戸ご巡幸の御製（昭和二十一年十一月）

昭和天皇は愛知県・岐阜県行幸の後、十一月十八日〜十九日の二日間、茨城県（日立・水戸・石岡・土浦）に行幸になつた。昭和二十一年最後の行幸である。

行幸に終始供奉《ぐぶ》してゐた侍従長大金《おおがね》益次郎は、お泊り所となつた水戸県庁での様子を、印象深い筆致《ひっち》でかう描き出してゐる。

この御泊所で気付いたことは、周囲がたいそう静かなことであつた。

今まで各所とも御泊所となると、人の声、車馬の音、その他何とも識別できない各種各様の音響が寄せて来て、常に名状しがたいざわめきに包まれたものである。名古屋などでは、朝の四時ごろに御泊所の前へ来て、調子外れの大声で「君が代」をどなつた愛国者もあつた。

水戸は静かである。見れば、夜は更《ふ》け、朝はまだ仄《ほの》暗い中に大分人影がある。そして、多くは御座所と思ふあたりを仰ぎ見てゐる。人はゐるけれども声を立てない。彼等は陛下の御休みを妨《さまた》げまいと、以心伝心、声を立てないのであらう。水戸藩の士道といふものが今《ママ》だにその命脈を維持してゐるのだらう――などと話し合つて感心したものである。（大金益次郎『巡幸餘芳』）

この静けさの中で、次の御製が生れた。

あけぼの

たのもしく夜はあけそめぬ水戸の町うつ槌《つち》の音も高くきこえて

これは、昭和二十二年一月二十三日の新年歌会始で披講《ひこう》された御製である。ほのぼのと夜が「明け染め」る中で、「うつ槌の音」が「高くきこえ」るためには、辺《あた》りは静寂そのものでなければならない。これまでの行幸とは打つて変つたその静けさの中で、トントンといふ槌音だけが、どこから響いてくる。その槌音に、陛下は日本復興への確かな足取りを感得されたのである。静かな、美しい水戸の町の夜明けは、陛下にとつて忘れ難いものとなつた。その感動が、次の御製にも鮮《あざ》やかに表れてゐる。

水戸の町あけそめにけりほのぼのと常陸《ひたち》ざかひの山もみえきて

4　地方ご巡幸をめぐる、占領軍の諜報活動

さてその頃、占領軍の諜報《ちょうほう》機関である参謀第二部（G2）の民間諜報局（CIS）では、民間検閲支隊（CCD）の行つた私信検閲を分析し、報告する作業を開始してゐた。天皇制に対する民心の動向は、そこで逐一《ちくいち》把握され、関係部局に送付され、占領政策立案の参考に供せられた。

まづ最初は、「治安・諜報月報」第二号（一九四六年九月十五日）に見える、「天皇制に対する反応」と題された報告。（以下、全て原英文）

最近の私信検閲から判断すると、日本国民は天皇制の問題に未だに関心を有してゐる。意見は制度の完全維持を主張するものから、自由主義的な修正を加へよといふもの、天皇制廃止に至るまで、広範囲に及んでゐる。

私信約四七五通中、五五％が何らかの形での維持に賛成し、四五％が廃止に賛成である。

（『占領軍治安・諜報月報』第一巻所収）

このやうに占領軍は、一般国民の「私信」までアトランダムに開封し、民心の動向を探る足がかりとしてゐた。それはまるで、敵国の動向を探知するため、ソナーを海中深くに沈めるやうな行為

であつた。

「四五％が〔天皇制〕廃止に賛成」といふここでの分析は、当時の新聞の行つた世論調査の数字とはかけ離れてゐるが、同様の報告は翌々月の「治安・諜報月報」第五号（同年十一月一日）でも繰り返されてゐる。

最近の三一〇通の私信を見ると、日本国民は未だ天皇制の問題に大いに関心を持つてゐるやうだ。私信に表明された意見は、天皇制の完全支持か完全廃止かをめぐつて、二つの明確な階層が存在することを示してゐる。五五％が天皇制維持に賛成であり、四五％が反対である。

（同右、第二巻所収）

ちょうどこの頃、実際に私信の検閲に携《たずさ》はつてゐた日本人検閲官の貴重な回想がある。それを読むと、当時の世相の一端が垣間《かいま》見えるやうで興味深い。

私が福岡の米軍第三民間検閲局（ＣＣＤ）に就職したのは昭和二十一年十月二十八日。退職したのが同年十二月二十七日。在任期間はわずか六十一日である。（中略）検閲した手紙のほとんどは悲惨極まりないものであった。わずかに一〜二割だけが明るいものだった。その内訳を言うと、第一は戦時中の弾圧から解放された左翼の人びとの手紙。第二はインフレ下の金儲けに狂奔《きょうほん》する闇《やみ》商人たちの手紙。そして第三は、ごく少数ではあるが、芸術家や作家、学者などの、生活苦に負けぬ精進《しょうじん》の手紙である。

（甲斐弦『ＧＨＱ検閲官』）

天皇制反対の手紙は、「戦時中の弾圧から解放された左翼の人びと」の手になつたものだらうが、一方ではかういふ手紙もあつたことを、甲斐は紹介してゐる。


十二月三日、久しぶりに検閲局に出た。ボルネオからの復員軍人の手紙がよかった。

「（中略）自分も時には絶望して何も彼《か》も投げ出したくなることがある。だがそれでも、あの特攻機に乗って真っすぐに敵艦に突っ込んで行った戦友たちのことを思うと、あきらめてはいけないと己《おのれ》を殴りつける。どうして日本人はここまで堕落したのか。国を思わず、民族の将来を思わず、一身の利害のため、平気で同胞の首を締めるような奴《やつ》らを見ると、ぶった切りたくなる。」怒りと悲しみがいっぱいしたためてあった。

好漢《こうかん》自愛せよ、自重《じちょう》せよ、と念じながらそのままシールした。

ミスタ・カイ、どうしてこの手紙挙げなかったの？　と呼び出されるかも知れないと思ったが、再検閲官の目には触れなかったのであろう、事なく済んだ。（同前）

甲斐は、この手紙を検閲に回すことを敢へてしなかつた。その胸中や想《おも》ふべし。

日本人検閲官によるかうした〝ささやかな抵抗〟が、諜報活動の大勢に何ほどかの影響を与へたとも思へないが、占領軍の分析はこの頃から、或る変化を示すやうになつた。例へば、「治安・諜報月報」第八号（同年十二月十五日）では、次のやうに報告されてゐる。


天皇制を論じた七五通の手紙のうち、七〇％は維持を主張し、天皇の側に立つて伝統的な神話の話を繰り返している。少数の手紙は、議会制度の下では君主制は廃《すた》れていくことを指摘してゐる。（『占領軍治安・諜報月報』第二巻所収）

そしてこの頃から占領軍は、昭和天皇の地方ご巡幸に対しても、世論の動向を探る動きを見せるやうになつた。

占領軍が「天皇巡幸に関する意見」を初めて報告したのは、「治安・諜報月報」第六号（同年十一月十五日）で、その内容は次のやうなものであつた（以下の鍵括弧内は英訳された私信からの反訳につき、私信の原文ではないことを予《あらかじ》めお断りしておく。ゴチック体は原文ではアンダーライン。又、私信番号を示す原注は省略した）。

天皇の十月の愛知県・岐阜県訪問に関する、「名古屋十月二十八日～十一月一日」と題した二六五通の意見の中、不許可は四通のみである。〔行幸への〕態度は賞賛・感謝から積極的崇拝まで多岐にわたる。典型的なものを以下に抜粋する。

a、民主的天皇：「障壁が除かれた」

「天皇と我々に横たはる障壁がかうして除かれたとき、民主的日本が光輝ある出発点に立つたことを実感した。」「天皇が民主的におなりになつたことは、まことに喜ばしい。」「天皇の民主的な背広姿を見て、感動で一杯になつた。」

b、人間天皇：「天皇は神ではない。我々の父である。」

「天皇は日本国民全ての心に生きる唯一の御存在である。天皇は神ではない。我々の父である。天皇のためなら、私は火の中にも水の中にも入る。」「私は天皇を一人の人間として見る光栄に浴した。我々は多くのものを失つたが、このもっとも貴重な宝を失はずにすんだ。」

c、**神聖な天皇：「天皇は神だと感じずにはをれない」**

「この国は天皇への崇拝でもちきりだ。」「私は天皇は神だと感じずにはをれない。」「誰しも天皇が見たい、そして天皇を神として崇拝したいと思つてゐると、私は思ふ。それは我々の長い歴史に培《つちか》はれた、国民的信念だ。」

d、**可哀想な天皇：「我々の悩みは天皇に較べれば何ほどでもない」**

「戦時中の天皇のご苦悩やその後のご懊悩《おうのう》を思ふと、涙の流れるのを禁じ得ない。」「我々は空襲で財産や家を失つたが、我々の悩みは天皇に較べれば何ほどでもない。」「天皇はお疲れのやうに見え、申し訳ないと感じた。」

e、**勇気づける天皇：「天皇のためにベストを尽さう」**

「日本産業の再建に没頭し、新日本を再建し、さうすることで天皇の御心を安んじようと私は誓つた。」「天皇と日本再建のためにベストを尽さう。」「日本人だけが持ち得るこの栄誉を胸に、仕事に精励しようと誓つた。」

f、**天皇への不満：「天皇はどの『面《つら》』さげて来るのか」**

「天皇は戦争で子を失つた人々に哀悼の手紙を書いたこともなければ、償《つぐな》ひをしたこともない。一体どの『面』さげてここに来るのか。」「天皇は良識を欠いてゐると益々思つた。」「共産主義の影響で、私は天皇を好かない。にも拘らず、無意識のうちに天皇にお辞儀をしてしまつた。」「戦争中、私は天皇を崇敬し、忠良なる臣民として一生懸命働いた。日本の降伏は天皇に

対する私の考へを変へた。こんなふうに感じるのは私一人ではないと思ふ。」（同右）

占領軍は、私信から窺へる天皇に対する日本人の態度を、このやうに六つのタイプに分類してゐるが、aとb、それからfも、占領軍にとつては好ましい天皇像であつたに違ひない。他方、dやeはあまり望ましくはないが、さりとて目くじらを立てるほどでもない態度だつたと言へようか。cだけは例外で、この種の態度は占領軍としては粉砕する必要があつた。そして実際さうしたのである。

文中、二六五通の私信中四通を「不許可」にしたと述べてゐるが、不許可の四通は例外なくcのタイプだつたに違ひない。といふのは、雑誌検閲においても、徹底的にマークされたのはcのタイプの天皇観だつたからである。

5「天皇さま」と〝死者の目〟

さうした事例の一つを示しておかう。これは、天皇の愛知県・岐阜県ご巡幸の様子を映画ニュースで見た作者が、その感動を七連の児童詩に謳《うた》ひ上げたものである（作者の百田宗治《ももたそうじ》は、有名な詩人で児童文学者）。

長いものなので、全編は紹介できないが、第一連の最初の出だしは、次のやうなものである（／は原文では改行）。

ぼくは昨日町へ行って、／映画ニュースを見て来ました。／天皇さまを見て来ました。／天皇さまは、名古屋や、岐阜へおいでになって、／向こうの人たちの大へんな歓迎をうけていられました。／あつまって来たおおぜいの人たちが天皇さまをとりかこんで、／天皇さまをうごけないようにしました。（中略）／だれも、欲もとくもない、あした食べるもののことも忘れて／天皇さまばんざいを言いました。／帽子をとってあいさつをしていられた天皇さまが／その手を下ろそうとなさっても、／手を下ろすところがありませんでした。

（百田宗治「父や兄の洗いきよめた道のうえを」、『新児童文化』復刊第二冊、昭和二十二年七月）

右の連は検閲を免れた。削除を余儀なくされたのは、次の第四連である。

（中略）ぼくたちのおとうさんも、にいさんも、ぼくたちの先生も、／みんな戦争に行きました。／戦争に行って死にました。／病院に入れられて死にました。／それもやっぱり天皇さまのためだったと思います。／ぼくたちがおいもを齧《か》じらなければならなくなったのも、／ぼくたちがはだしであるかなければならなかったのも、／ぼくたちの家が焼けてしまったのも（中略）ぼくたちの家のあかんぼうが死んだのも、／みんなやっぱり天皇さまのためだと思います。／天皇さまと、それからぼくたちみんなのためだったと思います。／――そう思っていたから死ねたのです。／――そう思っていたからはだしでもあるけたのです。／――そう思っていたから飛行機といっしょに、突込めたのです。／それはみんなぼくたちの愛国心からでした。

ここにも特攻隊が登場するが、この詩の検閲を担当した検閲官（R・キリヤマの名が見える）は、甲斐のやうにそつと見逃すやうなことはしなかつた。右の連に対し、次のやうな辛辣《しんらつ》なコメント（原英文）を付してゐる。

第四連は、日本では愛国心が元首への忠誠心と奇妙に結びついてゐることを示してゐる。日本人は天皇のためとあらば、全てを忘れてどんなことでもする。命さへも投げ出す。そしてそれを愛国心と考へてゐる。日本国民が示す天皇への忠誠心は絶対で、それをここで誇張して述べてゐる。元首の権力が過度に強調され、天皇主義がここでは賛美されてゐる。

もう一箇所、削除されたのは、最後の第七連であつた。

この日本を天皇さまとぼくたちだけにするために、／ぼくたちのおとうさんは死んで行ったのです。／ぼくたちのにいさんは腕を切ったのです。／ぼくたちの先生は海に溺《おぼ》れたのです。／ぼくたちの赤ちゃんは、おかあさんの背中で、なくなったのです。／みんな天皇さまのためでした。／みんなぼくたちのためでした。／ぼくたちはいま天皇さまをとり囲んでいる。／天皇さまとお話をしている。／天皇さまといっしょにあるき出している。／ぼくたちが天皇さまをとりまいているのを、／ぼくたちの先祖の人が見ています。／なくなったおとうさんも見ています。／にいさんも、先生も、赤ちゃんも、／みんなぼくたちのなかにいっしょになって／天皇さまをむかえている。／天皇さまの声をきいている。／天皇さまのまえをあるいている。／天皇さまのうしろをあるいている。／天皇さまは帽子を上げていなさる。／あいさつをしていなさる。／泣いていなさる。／ぼくたちの父や、先生や、兄たちのきよめた道で、／その大

検閲官は、「この部分は非常に国家主義的で、恐らくこの詩の最も異議のある部分だらう」とコメントしてゐる。

最終的に右の二連は「国家主義的宣伝」(Nationalistic Propaganda) の理由を以て削除されたが、この削除された部分にこそ、現代の我々が失念してしまつた大切なものがある、と感ずるのは筆者一人だらうか。

ご巡幸の先々で、人々は天皇の前を後ろを幾重《いくえ》にも取り囲んで、ひたすら万歳を繰り返した。天皇はもみくちゃにされながら、或いは立往生しながらも、ひたすら帽子をお振りになつてゐた。詩人の感性がそこに見たものは、決して生者だけの世界ではない。戦争で死んでいつた父や兄や赤ちゃんもそこにゐて、皆で一緒に天皇さまをお迎へしてゐる、と見た。さうした〝死者の目〟に支へられてこそ、今日の平和な日本はある。

さういふ大切なことを、教へてくれる筈《はず》の詩であつた。

6　近畿地方ご巡幸（昭和二十二年六月）

昭和二十一年十一月の茨城県行幸の後、ご巡幸は半年ばかり途絶《とだ》えてゐる。

その理由については、諸書を見てもはつきりしないが、この時期は新憲法の公布（同年十一月三日）

から施行（翌昭和二十二年五月三日）に至る約半年間と重なつてゐる。昭和二十二年二月一日には二・一ゼネストも予定されてをり（ゼネストは突入寸前のところでマッカーサーの命令により中止された）、四月の総選挙では日本社会党が衆議院で第一党に躍進、同党委員長の片山哲が首相となつた。〝革命前夜〟を想はせる騒然たる世情で、ご巡幸のことも暫《しばら》く見合せられたのではないか。

再開されたのは同年六月、新憲法施行の一か月後のことであつた。六月五日〜十四日までの十日間、天皇は近畿地方（大阪・和歌山・兵庫の三府県）をご巡幸になつた。

六月六日、大阪駅に御到着になつた陛下をお迎へした感激を記した次の一文（末文に六月七日執筆と記載がある）は、ところどころ削除を受けてゐる。

六日、朝、大阪駅御着の際、中央郵便局前で私も始めて奉迎の一員の中に加つたが午前十時三十分、かつきり西出口より出御《しゅつぎょ》あらせられた陛下は直ちに御召車《おめしぐるま》に御乗りになる。突如起る万歳、歓呼、警官もM・P・もなく、唯々国民の随喜《ずいき》は足の踏む処《ところ》を知らず、御召車一つを目掛けて怒涛《どとう》の如《ごと》く犇《ひし》めき寄り、我も〳〵と駆け寄つて行く。

気が付いた時は、視野はたゞ曇り、滂沱《ぼうだ》とその泪《なみだ》を拭うすべもなく、私自身も白金色に輝やく六月の陽光の下、街路樹の傍《かたわら》に立ち尽して居た。

その涙は余りにも清浄だ。我が五体の隅々に滞《とどこ》おる汚穢《おわい》も瞬《また》たく間に洗い清め、昇華《しょうか》さす涙である。（中略）私は信じる。如何程《いかほど》民主々義、平和と自由なる国体の転換は有るとも、日本にはやはり厳然たる上御一人《かみごいちにん》と下《しも》八千万赤子《せきし》の連繋《れんけい》は抜き差しのならない一大融合体だと。

（中略）

あゝ、今も陛下御一人は祖国復興に如何《いか》ばかり宸襟《しんきん》を悩ましめ給うことか。

戦災者、軍人遺家族、引揚邦人にあくなき慈悲を垂れ給う。政治、経済、文化と百般諸事、余りに重畳波瀾《ちょうじょうはらん》たる国務の責《せめ》を御一人で負い給う。闇値の昇騰《しょうとう》にすら大御心を使わしめられ。

あゝ、今こそ我々国民が大死《たいし》一番、世紀の朝を荷負つて、義は山嶽より高く、死は鴻毛《こうもう》より軽しと覚悟する時にこそ。

（宮谷直樹「陛下を迎え奉りて」、『大鐵文藝』第二号、昭和二十二年七月）

最初の削除箇所は「ＧＩ（米兵）への不適切な言及」（Untrue Reference GI）という理由で、警護に当るＧＩに言及したことを咎《とが》められたものだが、後の二箇所は夫々《それぞれ》「国家主義的宣伝」（Nationalistic Propaganda）、「国家主義的・軍国主義的」（Nationalistic & Militalistic）の理由で削除されてゐる。天皇と国民の一体性、天皇に対する忠義の観念を、このご巡幸が改めて国民心情の上に喚起《かんき》せしめたことを示すものだが、さうした赤心《せきしん》は削除され、抑圧された。

同時期に詠まれた次の歌などは、もつと端的に「楠公の血」に言及して、削除された事例である。削除理由は「国家主義的宣伝」。

丹後岩瀧　小室榮一

桑海《そうかい》と世は変れども楠公の血は脈々として大君を護る

（『新月』第十一号、昭和二十二年八月）

「桑海」とは世の中の変転の激しいさまを言ふ。丹後《たんご》（京都府北部）の人が詠んだ歌だが、楠公（楠木正成）は河内《かわち》（大阪府）の人だから、陛下の近畿地方行幸はかかる民族の血、「楠公の血」を、いやが上にも刺戟《しげき》せずにはおかなかつた。尚、検閲官は楠公について、「非常に愛国的な『侍』であつた」（原英文）と注記し、注意を喚起してゐる。

大阪行幸が終ると、席の暖まる暇もなく、今度は和歌山県・兵庫県へと行幸になつたが、六月十二日、神戸の郡是《グンゼ》製糸株式会社塚口工場を御訪問になつた。会社総掛りでまとめたこの時の記念誌が残されてゐるが、事後検閲で不許可にされた箇所は十四箇所に及んだ。その中から、幾つか紹介しておきたいが、不許可理由は全て「右翼的宣伝」（Rightist Propaganda）とある。

　明けては心に暮れては夢に見てゐた陛下の行幸の時は来た。…茶色の背広の陛下がお入りになつた時神々《こうごう》しい万世一系の天皇と言ふよりは、慈悲深いお父様と言ふ方が遥かに近い事を直感した、長の行幸で御疲労されたのであろう、私達をじつと見つめて誤りない愛撫のお眼がともすれば眼鏡の中でお笑ひになる。…其後姿《そのうしろすがた》が思ひなしか、ぼうと霞《かす》むのをどうする事も出来なかつた。

（佐古喜久代「御巡幸の感想」）

　奉拝の誰もがともすれば込み上げる感激の情、さてはどうにも絶へ難く堰《せき》を切つて流れる水の様な感涙《かんるい》…。日本人の心をみんな捧げても尚足りない、又人間的には世界の誰もが日本天皇を尊敬出来る王者の風格と信頼を二つ乍《なが》ら兼ね具《そな》へて居られることを痛感いたしました。

（内山只一「奉拝所感」）

　奉迎　福田清志

慈父のごとき笑み浮べられ大君は咫尺《しせき》の前に歩み給へり

み疲れの御景色深き大君をまのあたりに拝し涙にじみぬ

　行幸に際して　西寛子

につこりと民をみつめる大君の大御心に涙止め得ず

（右引用は、いづれも『つかぐち』創刊号、行幸記念特輯、昭和二十二年七月）

この他にも、「奉拝所」「玉歩《ぎょくほ》」「聖駕《せいが》」「御龍顔《ごりゅうがん》」「玉音」「御聖徳」「天覧」「聖慮」といつた天皇に対する敬語が、ここでは悉《ことごと》く不許可にされてゐる。

7　東北地方ご巡幸（昭和二十二年八月）

近畿地方からご還幸《かんこう》になつたのが、六月十六日。時を遷《うつ》さず、八月初旬には東北六県（福島・宮城・岩手・青森・秋田・山形）ご巡幸へと、再び旅立たれた。八月五～十九日まで、二週間に及ぶ炎天下の強行軍である。

側近は、当初ご巡幸の延期をお願ひしてゐた。陛下のご健康を気遣つたからだが、前月の七月には東北地方一帯でひどい水害があり、農作物に大きな被害を出してゐたこともあつた。しかし、「陛下ご自身現下の食糧事情を気づかわれ、穀倉《こくそう》地帯の東北六県へは一日も早く出かけ百姓たちを激励したいとの固いご決意をおもちなので、気候を考えずに日取の決定をみた」のである（朝日新聞、七月九日付）。

ご巡幸そのものは関東近県に始まり、東海、近畿と、戦災で大きな被害を受けた地方から順次行はれてゐたが、東北地方にはそれは当てはまらない。戦災の被害は比較的軽微だつた東北六県をここで優先されたのは、右紙面も伝へる通り、復興発展の鍵を握る食料増産を重視されたためと、水害に苦しむ東北の民を勇気づけようとする大御心からであつた。

　水のまがにくるしみぬきしみちのくの山田もる人をあはれと思ふ（昭和二十二年御製）

かうして実現した「みちのく」のご巡幸は八月五日、福島県の常磐《じょうばん》炭鉱（磐城礦業所《いわきこうぎょう》）から始まつた。戦後日本の復興の要《かなめ》は、食糧増産、そして石炭の増産であつた。

ここで陛下は、人車（トロッコ）に乗つて地下四五〇メートル、気温四十度になんなんとする坑内に降り立たれた。坑夫たちは皆、上半身裸である。陛下は汗だくになり乍ら、ネクタイ・背広姿のまま、坑夫たちにお声をかけられた。

これに感動しない者はあるまい。坑内での万歳は遠慮するやうにといふお達しだつたが、遂に堪《こら》へ切れなくなつて、万歳の声が坑内には何度も木霊《こだま》したといふ。常磐炭鉱は全国の出炭量の四十％を算出する一大炭鉱だつたが、陛下の行幸後、出炭率は五割近くもアップし、翌昭和二十三年には政府から石炭増産で表彰を受けてゐる。「陛下のおかげ、としか言いようがない」とは、陛下をお迎へした当時の庶務課長の後日談《ごじつだん》である（『天皇御巡幸』世界日報社）。

陛下にとつても、この時の印象は殊《こと》の外《ほか》強かつたものと見え、次のやうな御製を詠《よ》まれてゐる。

あつさつよき磐城の里の炭山《すみやま》にはたらく人ををしとぞ見し

この時の様子は、ニュースでも詳しく報じられ、たちまち全国民の知るところとなつた。例へば読売新聞は、かう報じた。「陛下はすぐそばの機電係に『こんな暑いところで本当にご苦労だね、石炭はぜひとも必要だから一つしつかり頼むよ、身体に気をつけてね』と話される。節くれだつた手のひらでぐつと目をぬぐいながら〝はいツ…やります〟と答える若い坑夫の言葉は新しい感激をもつていた」（八月六日付）

四五〇メートルの地底で起つたこの感激を、ラジオででも聴き知つたのだらうか、歌にした婦人があつた。十首連作であるが、その半数（五首）は占領軍によつて削除されてゐる。削除を免れた歌も含めて、ここで紹介しておきたい。（読点《とうてん》、空字は原文のまま）

仰

天子さま　わがみちのくを訪《と》ひ給ふ、秋の匂《にお》ひの立ち初《そ》むるころ

清浄と玉の如くに在《おは》します　わが天皇を何とほこらん

行幸の録音終り　鳴りいづる玉　の音は美しかりき

天子さまの　いとけなきまで清純にましますみ声きけば泣かるゝ

詫び給ふ、いたはり給ふみ心のはかり知られて涙〔し〕こぼる

しやく熱の地の底ひまで幸《みゆき》して、いたはり給ふはげまし給ふ

思ひきや地獄に通ふ地の底に　今すめろぎの立ち給ふとは

極みなき尊貴の天子まのあたり　おろがみて泣く山の男《を》あはれ

荒くれの山の男《をのこ》もおえつして　今日のみゆきに逢ひまつるてふ
山の男《を》の命知らずの荒くれが　君万歳を叫ぶどよめき
（伊藤たか「近詠」、『養正時評』第七号、昭和二十二年九／十月）

削除された右五首は、いづれも「右翼的宣伝」（Rightist Propaganda）の烙印《らくいん》を押されてのことだった。

その後、陛下は陸奥街道に沿つて、宮城県・岩手県・青森県へと歩《ほ》を進め給うた。天皇を迎へる国民の熱狂は何処《いずこ》も変らなかつたが、その感動に水を差すやうに、占領軍の検閲はどこまでもついて回つた。次は事後検閲で不許可になつた俳句の例である。

天子様を迎へて二句
夏艸《なつくさ》のしげみに現《あき》つのお陽《ひ》巨《おお》き　光兆子（一句略）
（廣瀬香魚選「黎明集」、『黎明』第二〇二号、昭和二十二年九月）

右句に対する検閲官の注記は次の如くである（原英文）。「ある夏の日、天皇を歓迎して詠まれたこの俳句詩は、皇統をほのめかしてゐる（implies godlines）。（現《あき》つの）お陽《ひ》（Living Sun）とは、天皇の尊厳に関する旧式の日本的観念に従へば、神（god）を意味する。それ故に、右の句は不許可にすべきです。」

この勧告が容《い》れられ、右の句は「右翼的宣伝」(Rightist Propaganda)の故を以て不許可とされた。「現つのお陽」とは、現御神《あきつみかみ》たる天皇を、天照大御神たる太陽に見立てた表現だらうから、それを目敏《めざと》く指摘したところなどは〝敵もさるもの〟である。

その後、秋田県・山形県を経て、再度福島県に入られたのが八月十七日。最後に、この地で陛下の警護に当つた警官の感想から、何点か紹介しておきたい。

① 昭和二十二年八月十九日、景勝の地猪苗代湖《いなわしろこ》の一端此処上戸《ここじょうこ》に陛下の御安泰を祈りつゝ、御警衛の任についた。(中略)天皇の警察官から民衆の公僕へ移つた現在、矢張《やはり》警察官の中心は天皇である事に何ら変りはないと思ふ。

猪苗代　熊田良一

② …新憲法の発足に依り私達は辛《かろ》うじて動揺の足を踏みしめることが出来た。然《しか》し新憲法に示されたる天皇の御存在を単なる象徴の二字を以てしては私共の信念の動揺を抑へるには余りに苦しかつた。元来私共の宗教は神に仏にと教へられて来ては居つたが、これのみを以ては真の精神の統合は難いものがあつた。(中略)私の宗教の精神は天皇に依り真の宗教の力を得、精神統合の信条として来たことは否めないのである。

浪江　笠原利作

③ あまり行過ぎて国民と天皇の間を隔絶《かくぜつ》する原因をつくるやうでもならないと考へて居る

猪苗代　加藤政八

と、畏《おそ》れ多くもお召列車はもうすぐ近く迄《まで》お出でになつてゐる。
今迄どよめいてゐた民衆は水を打つたやうな静粛さだ。（中略）老ひも若きもたゞありがたさの一言に尽きて涙にぬれて声も出ぬのだ、お召車はやがて徐々に煙の中に消えて行つた。民衆はやつと夢からさめたやうに頭《こうべ》を上げた。（中略）
中にはおい〳〵声を立てて泣いた老婆もあった　昔から変らない絶対的の天皇の御威光、ありがたさは、この民衆の姿に偽りなく写し出されてゐる。
或ひは不遇の人達をなぐさめられ、或は働く者をはげまされる太陽の様な慈悲深い天皇に近く接したとき、誰一人涙なくしてお迎へ出来たゞらうか。

（「御巡幸警衛の記」、『福島警友』第二巻第九号、昭和二十二年十月）

①の点線部に対しては、「天皇を神格化する嫌ひあり」といふ再検閲官の注記が見える。また、②の点線部については、検閲官は次のやうに注記してゐる。「上記箇所は明らかに天皇の神聖性を認め強調してゐます。本記事は余りに封建的かつ保守的で、不許可にすべきであると存じます」。また、①から③全部〔点線部〕について、再検閲官は「これらの箇所はかなり国家主義的かつ天皇崇拝的である。〔警官〕個人の意見として、パスしてよいものだらうか?」と迷つてゐる。最終的には不許可の箇所は②だけに止まつたやうであるが、点線部の意味するものは何か。
新憲法下では警察官の地位は「天皇の警察官」から「民衆の公僕」へと激変したが、それでもなほ彼等の仰ぎ見る「中心は天皇で」あつたこと（①）、さういふ「精神統合の信条」からすると、

新憲法に示された「単なる象徴の二字」は、国民信念に動揺を来《きた》しかねないものであつたこと(②)。しかし天皇のご巡幸は、国民の心に生じかけたさうした動揺を一掃するものであつた。「或ひは不遇の人達をなぐさめられ」「働く者をはげまされる太陽の様な慈悲深い天皇」に、国民は「昔から変らない」この国の本質を感じて、「ありがたさ」に泣いた(③)。

新憲法が何と言はうとも、「民衆の姿に偽りなく写し出されて」ゐたものは、巨《おお》いなる「現《あき》つのお陽《ひ》」(現御神《あきつみかみ》)としての天皇だつたのである。

8 甲信越・北陸地方ご巡幸(昭和二十二年十月~十一月)

東北地方ご巡幸を終へられた昭和天皇は、九月四~六日まで那須御用邸にご滞在になつた。しかしその間にも栃木県をご巡幸、その後十月七~十五日までは、長野県・新潟県・山梨県といつた甲信越地方をご巡幸になつた。

長野県で最初にお立ち寄りになつたのは、浅間山麓《さんろく》の大日向《おおひなた》開拓村であつた。この村の人々は、満州から命からがら引き揚げてきた者ばかりであつた。といふのも、大日向村は戦前は貧困のどん底に喘《あえ》いでをり、政府の満州開拓移民政策に呼応して全国で初めて分村移民を断行、昭和十三年二月十一日の紀元節の日に満州の地に入植して満州大日向村を建設したのだつた。

やがて満州大日向村は二百戸・七百人近い大部落となつたが、昭和二十年八月八日、平和な開拓村に突如《とつじょ》として悲劇が襲つた。ラジオもない辺境の地で、村人は日ソ開戦も終戦も知らず、気が付いた時には満州の荒野に置き去りにされ、ソ連軍の為すがままにされたのであつた。相次ぐ虐殺や強姦、疫病の流行により、全滅する家族、集団自決する家族も後を絶たず、六九四名ゐた大日向開拓団の半数以上の三七四名が亡くなり、昭和二十一年九月、やつとの思ひで日本に辿《たど》り着いたのは三二三名に過ぎなかつた。

しかも、当時の日本は戦後の食糧難で、村に帰つて来ても生きてはいけない。彼らは着の身着のままの無一文からもう一度、原野を切り拓き、凡《あら》ゆる苦難に耐へて新たに大日向開拓村を開墾したのであつた。

それから一年余りが経《た》つた昭和二十二年十月七日、浅間山の山頂が初雪で白くなつたこの日に、陛下はその言語に絶する労苦を少しでも分ちあはうといふ大御心からか、これも陛下が来られるといふことで急遽伐採《きゅうきょばっさい》されたばかりの道なき道を二キロも歩いて、この村に辿り着かれたのであつた。

開墾地で陛下をお迎へした堀川源雄団長の奏上は、涙で何度も途切れた。陛下の御目もうるみ給うてゐた。さういふ村人の苦難を知つた上で、次の御製は読み味はうべきものと思ふ。

長野県大日向村

浅間おろしつよき麓《ふもと》にかへりきていそしむ田人《たびと》たふとくもあるか

（「浅間おろし」とは、浅間山から吹く冷たい風）

陛下の歩かれた道は「天皇道」と呼ばれ、今でも毎年十月七日にはご巡幸記念行事が行はれてゐると聞く。
その後、新潟県・山梨県等を経て甲信越地方のご巡幸は終つたが、席の暖まる暇もなく、十月二十三日からの十日間、今度は北陸地方（福井・石川・富山）へお成りになつた。
最初は福井県。十月二十六日、福井精煉《せいれん》加工会社をご訪問になつたが、この会社が出してゐる雑誌の「行幸号」は、事後検閲により、至るところで不許可の処分を受けてゐる。

　陛下を中心とし父と仰いだ　あの曾《かつ》ての日の美しい秩序と団欒《だんらん》と祖国を思ふひたむきな情熱を私は忘れる事が出来ない　武器を捨てた祖国の新生は斯《かか》る処《ところ》に始めて芽生《めば》え培《つちか》はれ伸びゆく事を堅く信じて居る　私達は今群衆に埋《う》もれ茶色のソフトに鼠《ねずみ》色の背広の陛下の温容《おんよう》深き御激励の言葉の前に感泣《かんきゅう》してゐる　久しく忘れられてゐた日本人の熱《あたた》かい血潮が今交流し始めてゐるのだ（中略）
　武器を捨てた日本だとて陛下の御前《ごぜん》に死する誠実はまだ持ち永らへてゐるのだ　この気持が失はれない限り日本は必ず救はれる　屹度《きっと》再建し得る　否必ず再建する事を堅くお誓ひしたい。
（秋山吉民「誓ひ」、『精苑』行幸号、昭和二十三年五月）

次の一文も、同じ号から。

　省《かえり》みれば四年前の春三月此《こ》のお方の御為と一切を投げ捨て、勇躍征途《せいと》にのぼつたものだつた。あゝあの時の筆舌《ひつぜつ》につくしがたいあの感激、それと同じものがぐつと強くこみ上げてきた。敗戦日本の再建、それこそ我々産業人が一番奮起してやらねばならない最大の急務であらう。

かつて戦時中より敗戦に終つた今日こそ一番固く結束してゆかねばならないのだ　此の天皇を中心として。

（花川興二「産業人の使命」、同右）

以上、いづれも不許可理由は「右翼的宣伝」（Rightist propaganda）とある。

福井県の行幸は生憎《あいにく》と雨模様の日が多く、陛下も国民も下半身ずぶ濡れになりながらの奉迎であつたが、続いて石川県に入ると天気もやや持ち直した。とりわけ十月二十八日は仲秋《ちゅうしゅう》の名月で、和倉温泉にお泊りになつた陛下は、かういふ御製をお詠みになつてゐる。

和倉温泉

月かげはひろくさやけし雲はれし秋の今宵《こよひ》のうなばらの上に

翌十月二十九日、石川県河北郡高松町で陛下をお迎へした青年は、陛下を目《ま》の当りに拝した感激を次のやうな文章に認《したた》めたが、これも同様の理由（右翼的宣伝）で不許可になつてゐる。

幼い頃から式日には御写真を拝み、宮城《きゅうじょう》遙拝をしていた天皇陛下が、今、私達の眼の前をお歩きになつて居られる。

私達の祖先、祖父、祖母の中《うち》、時の天皇を拝した人がどれほどあつたろうか。感激の涙が後から後から湧《わ》いて来て頬をぬらした。

（埴谷静「私達の天皇」、『高松青年』第五号、昭和二十三年五月）

陛下はその後富山県をご訪問になり、十一月二日ご帰京になられた。

9　中国地方ご巡幸（昭和二十二年十一月〜十二月）

十一月二十七日〜十二月十一日までの二週間は、中国地方（鳥取・島根・山口・広島・岡山）にご巡幸になつた。

十一月二十八日、鳥取県東伯郡旭村立収容授産場にお立ち寄りになられた陛下は、和紙を漉《す》く工場で満州からの引揚青年に声を掛けられてゐる。

「どこから帰ってきたの」

「満州の開拓団でございます」

「さう、大変だったね。でも、よく帰ってきたね」

「はい」

「苦しかっただろうね」

「…………」

岸田君はもう答えられない。頭を深く下げるばかりである。

（『鳥取県行幸誌』）

陛下の次の御製は、この時の青年との問答を想ひ起されてのものに相違ない。

紙

わが国の紙見てぞおもふ寒き日にいそしむ人のからきつとめを

「長野県大日向での御製といひ、この御製といひ、満州開拓団での悲劇にいかに大御心を痛めましましたかをひしひしと感ずる」との評があるが（鈴木正男『昭和天皇の御巡幸』）、その通りであらう。このやうな君民相互の心の交流は、ご巡幸中至るところで繰り広げられた。

十一月三十日、陛下は島根県伊波野村（現斐川町）で水田の高畦作業《たかあぜさぎょう》（畦を高くするこの地方独特の農作業）を御覧になつた。一人の老人が、六十人ばかりの青年男女に混つて農作業をしてゐる。説明役の県議・岡文四郎は、陛下にかう奏上した。「新田長蔵はこのたびの戦争に二人の男の子を失いまして、…今年六十五歳の老齢でありながら、よく七反歩《たんぽ》の土地を耕作し食料増産にいそしみまする風情《ふぜい》を見かねた部落の男女青年団員は、毎年きつい仕事たる高畔掘りの手伝いをやっていたのであります」

これを聞かれた陛下は、新田老人にかう語りかけられた。

「二人の子供をなくして誠に気の毒に思う。食糧増産の大事なときだから身体を大切にして増産に励んでくださいね。」老人の目は涙にぬれ、陛下の目もうるんでゐた。

岡は、この時の様子を四首の歌に詠んでゐた。

感激のあまり（四首中の二首）

稲つくるそのなりはいをみそなわすきみがひとみはうるおいにけり

子を二人国にさゝげし労農夫はげまし給う君ぞかしこし

（『天皇陛下御巡幸誌』島根県）

民が感激すれば、君も感応《かんのう》する。それがこの国の手風《てぶり》である。次の御製もその証左であらう。

折にふれて

老人《おいびと》をわかき田子《たご》らのたすけあひていそしむすがたたふとしとみし

十二月一日、陛下は山口県に入られた。翌十二月二日、下関で陛下を奉迎した山口県立下関高等女学校の生徒の奉迎歌二首と奉迎文が、例によつて事後検閲により不許可になつてゐる。不許可理由は「右翼的宣伝」。

奉迎　　平澤真理

神々を否定す世なりさはあれど慕ひまつるは大君一人のみ

大君は神にしますと歌ひあげし万葉人の今はあらずも　（『露くさ』第三号、昭和二十二年十二月）

待ちに待つた一瞬！　小豆《あずき》色のお召車の窓から御手を上げられた陛下の御顔を拝し得たその一瞬、万歳！　と自分では精一ぱいの声をはり上げたつもりだつたが、妙にかすれてこめかみがじーんとなつて、鼻の奥を熱いものが通つた。言葉に表せぬ感激が、心をしびれさしたやうだ。一瞬、ほんの一瞬だが何といふ貴重な一瞬だつたらう。（中略）私は今こそ力強く『私は熱烈なる人間天皇崇拝者だ』と実感を以て叫びうる。『あゝ日本は幸福だ』と私は思ふ。この陛下ましますかぎり、平和日本の前途には希望がある。私共七千万の国民はこの大君をこそ唯一の心の灯《ひ》としてあすの平和建設に立上らねばならぬと思ふ。日本は恵まれてゐる。有難いことだ。私の心はたまらなく明るい尊い今日の一瞬を、永久の道しるべとしたい。

（三年　濱田和子「尊い一瞬」、同右所収）

因《ちな》みに、検閲官がこれに付した注（原英文）は、「この短い文章には、天皇を奉迎する高等女学校生徒の深い感情が表明されており、極端な天皇崇拝を表してゐる」といふものだつた。

翌十二月三日には宇部市の沖ノ山炭鉱をご覧になつたが、「長い長い工員抗夫の堵列《とれつ》の間を縫《ぬ》ふやうにして、彼等と御言葉を交はされたこと、何十回とも知れぬ」と、侍従長の大金は記してゐる（大金益次郎『巡幸餘芳』）。

この時、陛下から御下問《ごかもん》を賜つた沖ノ山炭坑の従業員による座談会の記録が残つてゐるので、奉答の様子を紹介しておきたい。

俵田〔司会〕（中略）今まで他処《たしょ》の御巡幸での御下問の数は十人もあつたら多い方でしたが今度の沖ノ山の場合は行列が長かつたのであんなに多くなつたのだらうと思ひます、最初の予想では五、六ヶ所もあればと思つてましたが多かつたですね。

濱野　数えて五十回位もあつたでせう。（中略）

西村　…川北君、あなたはどの辺に居られました。

川北　正門をでるとすぐ前を廻つたところで社長が「これから永年勤続者です」と御説明〔に〕なつたら、「君《あなた》がたは永らく辛棒《しんぼう》して下さつたさうだが、これからも益々不自由をしのんで辛棒して下さい」　何か御返答すべきでしたでせうが只何と云ふか有難くて涙だけが先に出てどうしやうもありませんでした（中略）

佐々木　さうでせうね、私達はあとからついてまわつたんですが、何《ど》うかして涙の出る様な気持で一杯でしたからね、御下問があつたら尚更でせう。

湯浅　実際あの時のことを憶《おも》ふと今でも涙が出て…私は前の晩に夢を視《み》たんです。

佐々木　どんな夢ですか。

湯浅　陛下が私に御下問される夢でした、こんな馬鹿なことがあるものか絶対にないと思つて寝たんですが寝られないまゝその時はこう申上げやうと用意はしました。その……正夢でした。

俵田　矢張り正夢つてあるんですね。

湯浅　…夢ではあんなにスラヽヽ答えられたのに、「ハイ」と云つたと後から聞きましたが私は記憶してゐない、…我を忘れてキンカ頭をまる出しにして帽子を振つてゐたさうです（笑声）

俵田（中略）［陛下は］何と仰有《おつしや》ひました。

湯浅　抗内は大変でせうね、不自由でせうが……あとは判りませんでした。

佐々木　思ひがけない御下問であがつちやつたんですね。

湯浅　はつきり記憶して居りませんが「重大産業だからしつかり頑張つて呉れ」と仰有つた様な気もします。兎《と》に角、涙が先で、目の前の人の顔は分らず、誰れの顔も目に入りませんでした。聖顔だけはつきりと記憶して居ります。（中略）

森野　…私には、「ものが不自由で辛からうが重要産業だからしつかりやつてね」と仰有ひました、只「はい」とだけ申上げこの陛下の激励に対して増産のみを誓ひました…終戦後の不満を割り切れないま〻だつた今までの気持がこのお言葉で噴《ふ》きとんでしまいました。

（中略）

松原　[労組長]　…御下問に対して…「増産に励みます」とお答へしたら、陛下はまた「色々苦しいことがあるだらうが石炭は重要産業だからしつかりやつて下さいね。労働組合は健全なる発展を祈ります」とかさねてお言葉があつたので奉答し兼ねたが何か奉答せねばと思ひ「はいッ　御言葉を全組合員に伝えまして一層増産を励み三千万トン増産は是非完遂いたします」とお答へしました、…感激に打たれて奉答もしどろもどろ自分の云ふことははつきり判らなかつた。（中略）

中森　陛下がおみえになつてから…明るい気分が出来て来てあの時の気持を鶴嘴《つるはし》の先にこめて、一生懸命増産に励んでゐます。…勿体ない話ですが、抗内で裸の人間の言葉ですが「えらい［辛い］なあ」と誰かが云ふ、…然《しか》しまた誰れかが「親父（陛下）がこの間なんと云ふた」と答へると「うん　そうだ」と前のものがまた一生懸命に鶴を振つてゐます、こんな事が十二月の増産になつたんです。

（「御下問の感激を語る」、『沖ノ山』第二号、昭和二十三年三月）

引用が長くなつたが、陛下のお言葉が如何に当時の日本人を勇気づけたか、またそれが如何にして実際の増産に結びついたかがよく解る話だと思ふ。

最後に、これも事後検閲により不許可になつたものだが、陛下に接した県民の歌と川柳を、一首

（句）づつ紹介しておきたい。不許可理由は、前者が「右翼的宣伝」（Rightist Propaganda）、後者は「国家主義的」（nationalistic）とある。

御車のみ姿を拝すたまゆらにこみあげきしは民族性か

地　　幡生駅（山口県下関市）　河上清香

（『新生』第三巻第十六号、昭和二十三年三月）

御巡幸を仰いで　　松江　雲井たかし

玉音にやっぱり俺は日本人

（『柳城』第二巻第十一号、昭和二十二年十一月）

山口県ご巡幸のあと、陛下は直ちに広島県に入られた。宮島で一日ご休養を取られた後、広島市内に歩《ほ》を進められたのは、昭和二十二年十二月七日のことであった。

ここ広島の地に、人類史上初めて原子爆弾が投下され、一瞬にして十数万人の命が失はれたのは、僅か二年四か月前のことである。市の至るところには、未だ原爆の生々しい爪痕《つめあと》が残り、原爆の後遺症に苦しんでゐる人々も無数にゐた。しかし、そのやうなさ中にも拘らず、広島の人々は一目でも昭和天皇を見ようとして、行幸の道すじや市民奉迎場に殺到した。その数、無慮《むりょ》二十数万人。

陛下はまづ、原爆孤児八十四人を収容してゐた、広島戦災児育成所にお立ち寄りになられてゐる。

孤児の中には、爆心地近い袋町で原爆を受け、右目を失って今なお眼帯《がんたい》をかけ、頭に縫帯《ほうたい》をしたまま…お迎えした宮本六襄君（六才）と、広島駅付近の猛火の中で、息絶えた母親の乳房をにぎって泣いているところを危うく救われた東エイ子ちゃん（三才）の二人がいた。山下所長がエイ子ちゃんの前で、「陛下、この子をここに連れて参りました時はまだ六ヶ月でございました。」と説明申し上げた。陛下の御目には痛いけな幼い二人の姿がはっきりと映っていた。「ああそう！　大きくなりましたね。大変でしょうがしっかりやって下さい。」陛下の御目に光るものがみるみる溢《あふ》れ、御頬《ほほ》をつたわった。陛下は泣いておられた。一瞬、群集のざわめきは静まり〝天皇陛下は泣いておられる〟との声が人々の中からもれた。いたるところからすすり泣きの声がおこった。そこに集った全ての人々は、その時、確かに大御心の深みに接していた。

（『天皇陛下と広島』）

原爆孤児をお見舞になつた陛下が、思はず落涙《らくるい》されたといふこの話は、新聞記事を通じて多くの国民の感動を呼んだ。その証拠が、佐賀の地で詠まれた次の二首である。尤《もっと》も占領軍は、事後検閲でこの二首を不許可にしたが（不許可理由は「右翼的宣伝」（Rithtist Propaganda））。

折々の歌　五首（三首略）　栗山丈夫

吾が心堪えがたくして天皇の巡幸の記事幾度《いくたび》も見つ

廣島の原爆孤児に御涙垂《た》れさせ給ふと読むに堪《た》えずも

（『佐賀警友』第三巻第二・三号、昭和二十三年三月）

続いて陛下は、爆心地に近い護国神社前の市民奉迎場に臨《のぞ》まれた。立錐《りっすい》の余地もなくつめかけた五万の広島市民は、終戦後初めて耳にする君が代の吹奏楽に合せて、万感の思ひを籠《こ》めて国歌を斉唱した。この時の感動も、多くの市民が歌に詠んでゐる。しかしこれも、事後検閲で「削除すべし」

(to be deleted) との指示を免れなかつた。削除理由は「右翼的」(Rightist) とある。

奉迎　北林光司

戦後われ始めてうたふすめらべに敗れし民のその君が代を

奉迎　小島繁美

まのあたり国のあるじをお迎えし歌ふ君が代涙ながらに

陛下を迎え奉りて　花岡美津子

阿閦菩提《あしゅくぼだい》の大けき犠牲《にえ》とはてにける霊ぞ安らげすべらべにいま
霊も哭《な》かむ焦都《しょうと》に立たすすめらべゆよゝ君が代の歌ぞどよもす

（『光輪』第二巻第一号、昭和二十三年一月）

多少、語句説明をしておくと、「すめらべ」「すべらべ」とは皇辺《すめらべ》、天皇陛下のお傍《そば》でといふ意味である。「焦都」は焼け焦《こ》がれた都、「どよもす」は響動《どよも》すで、鳴り響くの意。

広島市民にとつて、終戦後初めて口ずさむ君が代、その君が代を「すめらべ」で歌ふといふ光栄は、生者だけのものではなく、原爆で非業《ひごう》の死を遂げた死者に対する、何よりの供養《くよう》であつたことを、これらの歌は示して余りある。

また、陛下にとつても、原爆の地・広島へのご訪問は「慰霊」といふ特別の意味を帯びたものであつた。陛下は、広島市への御成《おな》りに際し、特に原爆死没者供養塔と日赤《にっせき》広島支部病院へ永積《ながつみ》寅彦侍従を御名代《みょうだい》として御差遣《さけん》になり、供養塔では犠牲者の霊を懇《ねんご》ろに弔《とむら》つてをられるのである（『天皇陛下と広島』)。

同日正午前、陛下のお車が爆心地・相生橋《あいおい》にさしかかると、平和の塔からは「平和の鐘」が盛んに打ち鳴らされた。陛下の有名な御製は、この時の光景を詠まれたものである。

広島

ああ広島平和の鐘も鳴りはじめたちなほる見えてうれしかりけり

「ああ広島」の詠嘆詞「ああ」には、広島に寄せ給ふ陛下の無限の思ひが凝縮されてゐる。どんな雄弁な言葉にも勝る陛下の御詠嘆であり、国民には忘れ難い絶唱となつた。

それにしても不思議なのは、陛下の在《おわ》しますところ何処《いずく》にても国民は熱狂してこれを迎へ、それは革新勢力と雖《いえど》も例外ではなかつたといふ一事である。

田岡まさ枝

御声《みこえ》きけば恐《おそれ》多しと涙ぐむ国民性はかくも根深き
天皇制とかく云へども眼《ま》のあたり陛下迎へてただ一途《いちず》なる

そはそはと祭気分に立ちさわぐ陛下おがむとはづむ人々（『木槿《むくげ》』第一四〇号、昭和二十三年一月）

右二首は、広島市の次にご訪問になつた呉市で詠まれ、事後検閲で不許可になつた歌だが（不許可理由は「右翼的宣伝」）、翌十二月八日にご訪問になつた広島県三原市では、右の歌の通りのことが実際に起つてゐる。

三原では帝国人絹《じんけん》・東洋繊維・三菱重工業の三大工場をご視察になつたが、「この三原（特に重工業）

の労働組合の中には、相当急進的な分子も多いさうで、巡幸反対の運動があるとか、この機会に陛下に対して、何か嫌がらせをやらうという計画があるとか、いろいろの噂が流れて、関係方面を心配させた」にも拘らず（大金益次郎『巡幸餘芳』）、実際に起つたのは次のやうなことであつた。

陛下をお見送りした直後、長田工場長は…まるで泣いているかのような声で「おかげで無事すみました。私のところの従業員も、やっぱり日本人でした。」と語ったのが第一声であったという。そして、あれだけの多くのものが、天皇陛下なんて来てもらわなくてもいいんだなどと言っていたが、いざおいでになったとなると、キチンと整列して静粛にお迎えした。お帰りになる時にも、やはり静粛そのものでお見送りをして、その工場の門を出られる際には、一斉に声を揃えて大声で万歳を唱えたと涙声でその喜びを語ったという。（中略）

陛下が行幸された後、あれだけ激しかった三原車両製作所での労働争議が沈静化した。そして陛下が御視察になった帝国人絹糸、東洋繊維、三菱重工三原車両の三工場では、労使一体になって行幸への感謝を込めた増産競争を展開することとなったのである。（『天皇陛下と広島』）

三原市を後にされた陛下は、神辺《かんなべ》町・福山市にお立ち寄りになられたその足で岡山県に入られ、十五日間に及んだ中国地方ご巡幸を無事終へられた。

しかしここで突然、予期せぬ出来事が起つたのである。

10　占領軍の介入と、民政局の行幸批判

昭和二十二年十二月十一日、陛下を乗せたお召列車は岡山県の林野駅《はやしの》を出発し、帰途《きと》に就いたが、列車が兵庫県に入つたところで沿道の小学生六十人が、一斉に日の丸の旗を振つた。

当時日の丸掲揚や日の丸の小旗での奉迎は禁止されてをり、これが占領軍の忌避《きひ》に触れた（日の丸の解禁は昭和二十四年元旦から。他方、君が代の斉唱はお咎《とが》めなしだつた）。中国地方のご巡幸に占領軍の「監視役」として同行してゐた民政局（ＧＳ）のケント（P.J.Kent）は、激昂《げっこう》して加藤進宮内府次長を呼びつけ、「これは指令違反だ」「軍事裁判にかけて沖縄へ送つてやる」と息巻いた、といふ（鈴木正男『昭和天皇の御巡幸』）。

実はこの事件には伏線《ふくせん》があつて、民政局はその少し前からご巡幸に神経を尖《とが》らせてゐた。切つ掛けは長野軍政部が提出した同年八月の月例報告書に、長野県議会がご巡幸のために県費から多額の支出を計上したと報告されてゐたことだつた。同年十一月十二日、民政局中央政府課長スウォープ（Guy J. Swope）は、加藤宮内府次官ほかを呼び出し、以下のやうに命じた。

一　天皇陛下長野行幸に際し県が一、三八〇、〇〇〇円を支出し、又政府が予算以外に四〇五、〇〇〇円を使ったといふ。陛下行幸に関する経費の実蹟《ママ》報告せよ。

二　富山県の国旗事件。

（『対占領軍交渉秘録　渡辺武日記』）

「富山県の国旗事件」といふのは、十一月十五日付のスウォープの覚書によれば、次の通りであ

つた。

宮内府は子供たちに天皇奉迎に用ゐる多数の日本国旗を配布した、といふ報告が来てゐる。かかる国旗の配布は、SCAPの公表した指令に対する明白な違反である。国旗は特別な場合にのみ、掲揚が許可されてゐる。最高司令官の指令に対する左様な違反を、民政局は非常に不快に思つてゐる。（中略）民政局はSCAP指令に違反した事情を説明する、完全な報告書を要求する。宮内府の代表は、もしかうした事件が再発するやうなら責任を取つてもらふ、と言ひ渡された。

（『GHQ民政局資料「占領改革」』第十巻所収、GS（A）02259）

これを見ると、一か月余り前の富山県行幸（十月三十日〜十一月二日）の際にも類似の事件が起つてをり、民政局の神経を逆撫《さかな》でしてゐたことが判明する。のみならず、長野県では多額の県費を行幸費に充《あ》ててゐたことを民政局は問題視し、その実態解明に乗り出したのである。

スウォープは十二月十二日付の民政局長宛覚書で、中国地方ご巡幸に同行させた局員からの情報を元に、天皇行幸のために「十八県で既に五千万円の費用がかかつてゐることになる。同じ割合で日本の四十六県にかかるとすれば、総額では一億四千万円になる」などと分析し、結論として次のやうに述べてゐる。

天皇に近侍《きんじ》してゐる日本人が、国民の心の中の天皇を、より強化する周到な計画に従事してゐることは明白だ。新憲法は、旧憲法下で天皇に帰属してゐた統治権を形式的には剥奪《はくだつ》したにも拘らず、である。かうした計画の成功は、良きにつけ悪《あし》きにつけ（後者の可能性が大きいが）、将来大きな影響を持つてくるだらう。

天皇から従前の膨大な私有財産を剥奪し、その経費を国会における国民の代表者の統制下に置くことで、天皇がその広大な個人的富を意のままにしてきた権力を削減することこそ、疑ひもなくSCAPの意図したところであつた。宮内府は、国費では最早賄《まかな》へなくなつた［行幸］費用を、県や市や私企業に充当させる「許可を与へる」だけで、この意図を巧妙に欺《あざむ》いたのである。

（同右所収、GS（B）01318）

このやうに民政局は、宮内府が天皇行幸を利用して「国民の心の中の天皇」の強化を目論《もくろ》んでゐるとして、警戒感を強めてゐた。その警戒感は何に由来するかといふことも、右覚書に付された彼らの分析を見ると解る。

天皇は日本では未だ大きな力を有してゐる。天皇は神（God）だと、日本人は言つてゐる。これは俄《にわ》かには信じ難いが、もし神だとしても、キリストもしくは仏陀といふ意味である。天皇は日本国家の元首であり、父であり、天皇の責務は父の責務であり、国民の献身は子の献身であると言はれてゐる。本当のところ［を理解するの］は難しい。（中略）

天皇を目の前にした熱狂が、首相や最高裁長官の訪問を迎へたときのそれに較《くら》べて数等優つてゐたことは認めなければならない。天皇は、日本人の考へではははつきりと政治の上位にある。天皇は政治の諸問題や営みを超越してゐる。彼は人間かもしれないが、普通の人間ではない。もし彼が普通の人間なら、最も人間ならざる人間である。憲法の規定によれば、彼は法的権威を持たない。彼にはそれは必要ない。といふのは、彼にはそれに優る、もつと恐るべき(sinister)何かがあるからだ。

言はれてゐるやうに、天皇は日本人の心の中では政治の上にあるとすれば、その命令は法律以上のものである。そして制度や個人が法律とは別にあり続けるとすれば、立憲政治はその政治的社会的性格に拘りなく、重大な危機に直面する。天皇制を扱ふアメリカの哲学は、一つの疑問に答へる準備をしなければならない。連合国軍のコントロールが去つた後に、この力はどのやうに行使されるのか、如何なる目的に向けられるのかと。その答が、日本における民主主義の将来を決定することにならう。（同右）

右の分析が示す通り、天皇行幸に「熱狂」する日本国民の反応は、民政局にとつては薄気味悪いものであり、それだけに民主主義に対する〝潜在的脅威〟と映つてゐた。天皇は「政治の上にある」といふ彼らの分析は、換言すれば新憲法で天皇の「権力」は剥奪したが、天皇の「権威」までは剥奪できず、その「権威」を行幸で否応《いやおう》なく見せつけられた彼らの〝おののき〟を意味してゐる。スウォープは翌一九四八年一月十二日付の覚書で、次のやうにも述べてゐる。

日本の天皇は人間になつた。しかし、さうした人間化は皇室の伝統の力と影響を強めこそしないまでも、決して弱めてゐないことは確かである。日本国民にとつて、天皇は過去数十年間保つてきたのと本質的に同じ地位に今もある、と言っても過言ではないのである。

（同右、GS（B）01318）

このやうな分析の行き着いた果ては、天皇行幸の中止であつた。しかし、GS（民政局）はそれを正面から切り出すことはしなかつた。何となれば、天皇行幸をめぐつては占領軍内部にも見解の対立があり、特に諜報活動に従事してゐたG2（参謀第二部）などは、行幸に好意的だつたからである。同時期に書かれたG2の報告（一九四七年十二月十五日付）を見ると、GSとの温度差に驚かされる。

天皇の各地への巡幸は、国民に対するヒロヒトの人気と情緒的支配を益々強める意見の洪水を生んだ。毎月抽出するかうした私信の内、非好意的なものが一五％を超えることは滅多にない。たとへあつたとしても、天皇が最近大衆の前に出現してゐることは、君臣間の絆を強化したやうに思へる。（中略）一般的反応としてはつきりしてゐるのは、天皇の存在が日本国民にとつて、心理的な空白を埋めてゐるといふことである。天皇に向けられた冷笑の大半は、共産主義者の扇動《せんどう》になるもののやうである。同時に、日本人の熱心な反共主義は、かなりの程度、共産党が天皇制を否認するところに由来してゐる。

（「占領軍治安・諜報月報」第二三号）

GSとは対照的に、行幸が「君臣間の絆を強化し」「心理的な空白を埋めてゐる」ことを、G2は治安上の立場からむしろ評価してゐた。

「共産主義者の扇動」といふ箇所などは、容共色の強かつたGSへの〝当てこすり〟のやうにも聞こえるが、かうしてご巡幸は、占領軍の深刻な内部対立をも孕《はら》みつつ、中止か存続かをめぐつて、重大な岐路《きろ》に立たされていたのである。

第六章

ご巡幸の中止と昭和天皇のご苦悩

ご巡幸は昭和 22 年末まで続けられたが、この直後にGHQの介入で中止となる。広島県護国神社跡広場にて。(昭和 22 年 12 月／共同通信社)

1　ご巡幸の中止と昭和天皇のご苦悩

GS（民政局）は一九四七年（昭和二十二）十二月十九日、時の片山内閣に対して宮内府の機構改革と幹部更迭《こうてつ》を指示した。

ご巡幸を中止に追ひ込むのがその真意であつたが、ご巡幸自体にはマッカーサーもG2（参謀第二部）もESS（経済科学局）も賛成してゐたため、内閣に圧力をかけ、ご巡幸の責任者を更迭することで、〝搦《から》め手〟から目的を達しようとしたのである。

片山内閣は、日本社会党が昭和二十二年四月の総選挙で第一党となるに及んで、党首の片山哲が民主党・国民協同党と連立した中道政権であつたが、保守との連立政権のため閣内基盤は脆弱《ぜいじゃく》で、GSの意向には逆らへず、翌昭和二十三年二月三日、次の二点を閣議決定した。

一　宮内府を、他の総理庁外局と同様に、総理大臣の管理に属する官庁とする。

二　新憲法の精神に基づく天皇の地位について、正しい認識を有する人物を首脳部に据《す》えることによつて、宮内府の一部に残存すると思われる従来の考え方の一掃を図る。

第一点は、翌昭和二十四年六月一日を以て、宮内府が内閣総理大臣の管轄《かんかつ》である宮内庁に生れ変ることにより、実現する。第二点が、ご巡幸を推進する宮内府幹部の更迭を意味してゐたが、これは具体的には、宮内府長官松平慶民《よしたみ》・侍従長大金《おおがね》益次郎・宮内府次長加藤進の三名を更迭することを意味してゐた。

ところが、片山内閣は右閣議決定の一週間後の二月十日には、閣内不一致から総辞職を余儀なくされた。その日の侍従の日記には、次のやうに認《したた》めてある。「片山総理拝謁《はいえつ》、辞表捧呈《ほうてい》…。たうとうこの内閣ものたれ死をして了《しま》つた。宮内府に対して無理解の干渉をしたもの、当然の末路《まつろ》であらう」（『入江相政日記』第四巻）

しかしこの問題は、片山内閣に代つた芦田内閣の下でも蒸し返されることになる。芦田の日記には、組閣当日の三月十日に拝謁した際、次のやうに言上《ごんじょう》したことが記されてゐる（傍線引用者、以下同様）。

聖上は宮内省［府］に対してもG・H・Qの意見は統一がないように思ふと仰せられた。
私は之に対して…宮中に対するG・H・Qの考へ方は、先般の General Whitney の所説を要約して、MacArthur 以下天皇を護持する考へに一致してゐるが、最近再び外国で天皇制の問題が起り、国内でも地方行幸の機会に投書が山の如くG・H・Qに集ることから考へて天皇制を危《あや》うくするのは宮内官吏であると申した旨を言上した。
（『芦田均日記』第二巻）

ここにある「General Whitney」とは、ホイットニー民政局長のことで、芦田の言上は民政局の立場の代弁であるのに対し、天皇のご発言は総司令部（GHQ）の内部対立を既にお見通しであつたことが窺《うかが》へる。換言すれば、首相の意思がGSの言を鵜《う》呑《の》みにした「天皇制を危くする…宮内官吏」の更迭（結果としてご巡幸は中止）であつたのに対し、陛下の御意思は宮内府長官・侍従長の更迭反対（ご巡幸の続行）であつた。

そのことが最も明瞭に現れてゐるのは、昭和二十三年三月十二日付の芦田の日記である。

> …片山君と形許《ばか》りの事務引つぎを行つた。その時に片山君が言つたことは、只一つ宮内省〔府〕の改組の件で十一日〔十日〕の認証式の拝謁の際、陛下は長官と侍従長は自分の秘書であるから自分の信頼する者を任用したいと思ふが、何とかG・H・Qでも認めてくれないだらうかと仰せられたと話した。（同右）

しかし、陛下のこの望みは叶へられることはなかつた。その原因は、芦田が陛下を欺《あざむ》き、天皇も自分と「同様の見解」だ、とマッカーサーに伝へたからである。同年三月（日付なし）、首相親任挨拶を兼ねたマッカーサーへの書簡の中で、芦田は次のやうに述べてゐる（波線引用者）。

> 宮内府の一部職員が天皇の御意志に反した行動をとり、それに関して批判が広まっていることは私も気づいております。私はわが国の民主化への動きに合わせて、できるだけ速《すみ》やかにこのような状態を正すために必要な措置をとるつもりであります。先般私が拝謁しました際に、陛下は此の問題で同様の見解を私にすすんで表明されましたことをつけ加えさせていただきます。
>
> 閣下、アメリカ合衆国大統領選立候補に関する最近の御声明を、私は喜びと残念さとが入り混じる複雑な思いで読みました。…閣下が日本で達成されつつあるすばらしいお仕事を継続するためにこの国に止《とど》まっていただきたいというのは、私の熱烈な希望でありました。（中略）しかしながら、もっと高い意味において、閣下はより偉大な役割につくことを運命づけられ

た人材なのです。アメリカ国民がホワイトハウスへの候補として自分を指名するならば、その召命《しょうめい》に応《こた》えるであろうと、閣下は明言されました。ということは、私たち日本人は閣下なしでやって行くことを余儀《よぎ》なくされるということです。それは日本にとって悲しい打撃となるでしょう。しかし、日本にとっては損失でも世界にとっては利益となると、私は信じます。

（『吉田茂＝マッカーサー往復書簡集』所収）

連合国軍最高司令官ダグラス・マッカーサーの目指すところは、アメリカ合衆国大統領になるといふことで、さういふ個人的野心を満たすために日本占領は利用されたに過ぎなかつたが、この哀れな属国の首相は、敵国の将に尻尾《しっぽ》を振りつつ、陛下を裏切つてその最も信頼する臣下を敵国に売り渡すやうな真似をしたのである。

芦田は、ＧＳと気脈を通じてこの宮内府改革を断行しようとしてゐた。しかし、昭和天皇も芦田の言ひなりになられたわけでは決してない。四月七日の芦田の日記には、次のやうにある。

陛下は今日、御発熱で三八度四分の熱を冒《おか》して御引見《いんけん》になつた。…御座所近く椅子を与へられて、宮内府の職制改革に伴ひ長官、侍従長程度の入れ替えは止《や》むなき旨《むね》を言上した。そして長官には金森徳次郎、侍従長には鈴木〔一《はじめ》〕次長の昇任を申上げた処《ところ》御嘉納《かのう》あらせられた。

其節陛下は「政府の変る毎に宮内府の長官が交替するのは面白くないと思ふ」と仰せられたから、「それはその通りで御座います。芦田は決して宮内府が政治に影響せられないことを念願し、金森の如《ごと》き公平にして透明な人物を御奨《すす》め致して居ります」と答へた。

陛下は又「現在の長官、侍従長共によく気が合ふので」とも仰せられた。私は「左様な事情で強いて御願申すことは恐縮で御座いますが、内外の情勢から見て、一応の改組は皇室の御為めであり、又日本の為めかと存じます」と申上げたら、御嘉納になつた。（中略）これでホッとした気持になつた。（前掲『芦田均日記』）

芦田は、陛下が「御嘉納になつた」と胸を撫《な》で下ろしてゐるが、それは陛下の大御心《おおみこころ》を奉戴《ほうたい》せず、「内外の情勢から見て」GSの要求通りに宮内府幹部及び侍従長の更迭を、陛下に無理強ひした結果に過ぎない。陛下の御言葉からは、宮内府長官（松平慶民）も侍従長（大金益次郎）も替へたくないといふお気持がひしひしと伝はつてくるにも拘らず、占領軍の〝忠実な犬〟と化したこの首相には、陛下の御意《ぎょい》に沿ひ奉らうといふやうな意思は、毛頭なかつたやうである。

その後、四月十三日には松平宮内府長官が芦田を来訪し、「お上は当分現状維持で行きたい考へで、更迭を延期する訳に行かぬかと仰せらる」との陛下のご意向を伝へたが、芦田は「それは宮中のために良くない、自分が悪者になります」と、全く聞く耳を持たなかつた。その一方で芦田は同日、GSのハッシーを訪問し、ハッシーから「宮内省［府］改革はGHQの意向だとふれて歩くものもある、これは困る」と苦言を呈され、「これ（宮内府）はぜひとも整理しなければならぬ」とこれに合意してゐる（前掲『芦田均日記』）。宮内府改革がGSの意向であることは紛《まぎ》れもない事実だつたが、この首相には占領軍の〝メッセンジャーボーイ〟を卒《そつ》なく務めることしか、眼中になかつたらしい。

宮内府長官と侍従長の更迭人事については、その後も紆余曲折《うよきょくせつ》があり、最終的には宮内府長官に田島道治《みちじ》（大日本育英会長）、また侍従長には田島自身の強い希望により、田島と気心の知れた（共にクリスチャン）三谷《みたに》隆信（学習院次長）に内定、五月二十一日、芦田は陛下に拝謁してこの更迭人事の御嘉納を求めてゐる。ここでも芦田は、「侍従長については現任者を据置《すえお》」きたいとの陛下のご意向に逆らひ、三谷を無理に捻《ね》じ込んでゐる。

私は（一）宮内府長官に田島を御嘉納され有難く御礼を申上げ、（二）侍従長については現任者を据置くことの御意向を拝したが、矢張りこの際とりかへることが内外に好印象を与へると存じますから後任に三谷隆信を御認め願《ねがい》たいと申上げた。

之に対し陛下は、三谷は知つてゐる、然《しか》し大金は当分御用掛《がか》りとして残したい、又宮内府長官と同時でないことを望む、少し遅れて発表したいと仰せられた。私はそれで結構でございましようと申上げた。

（前掲『芦田均日記』）

侍従長の大金に対する昭和天皇のご信頼には、格別のものがあつた。ご巡幸は、天皇にとつても初めてのご経験で、「あ、そう」といふ言ひ回しが有名になつた如く、「自分は言葉が下手《へた》だから」と語彙《ごい》の不足をお嘆きになる陛下に対し、「言葉の技巧は末節でありまして、赤心《せきしん》を吐露することが第一義であります。心の誠を練磨することこそ何時《いつ》になつて〔も〕完成の域に達したと申すことは出来ませぬ一生の道でありませう。この御心をもつて不断の向上の努力をなさるならば、衷心《ちゅうしん》の赤心は必ず人に通ぜぬ筈《はず》はありません。言葉の末梢《まっしょう》にはあまり御気に留められぬことが大切です」

と、終始陛下を励まし続けたのも大金であつた（大金益次郎『巡幸餘芳』）。陛下にとつて、その大金侍従長と松平宮内府長官を一度に更迭するといふことは、耐へ難いことであつた。侍従次長の鈴木一が次のやうな回想を残してゐる。

戦争のたけなわであったころ、陛下のご苦悩は日増しにつのり、（中略）御政務室をあちらこちらとお歩きになりながら、独り言を仰せになる〔こともあつた〕ようである。

私の奉仕したのは戦後のことであったが、一度この事態に当面したことがある。（中略）宮内庁〔府〕長官と侍従長がいっぺんに更迭ということになった。

（中略）なぜに同時に二人をかえなければならないかについて、陛下はご納得がいかなかったのではないかと想像される。ご信任の厚かった前侍従長に対して惜別《せきべつ》の情につまされておられたのかもしれない。あるいはもっと深いところにお悩みがあったのであろう。何か大きな声で独り言を仰せられているのを初めて伺《うかが》って、同席の侍従に尋ねて見ると、かつての戦争中の独り言の話を聞かせてくれたのである。（鈴木一『天皇さまのサイン』）

これは、恐らく五月二十九日前後のことと思はれる。といふのは、その日の芦田日記には次のやうにあるからである。

十時十五分から一時間二十分に亘って侍従長更迭―宮内省改革案について主として陛下から色々苦情を申された。私は政府をやめようかと一瞬時考へたことがあった位だった。…結果に於ては陛下が御譲歩になった。（前掲『芦田均日記』）

この首相にとつては、陛下のお苦しみなどは五月蠅《うるさ》い「苦情」としか映《うつ》らなかつたやうで、「私は政府をやめようかと一瞬時考へたことがあった位だった」と、さも迷惑さうに書いてゐる。

尚、GS（民政局）の動きに対抗して、G2（参謀第二部）では大金支持に乗り出す動きもあつたやうだが、大金の固辞《こじ》により、それも実現しなかつた。

松平、大金が辞表を出す直前、紀尾井町の宮内府幹部官舎に、米国製の乗用車が横づけされた。（中略）かなりの時間が経って将校姿の米軍人は帰って行った。

そのあと大金は加藤〔進〕のところにやってきた。「今朝GⅡの奴《やつ》が来てね。お前が侍従長をやめたくないんなら応援するというんだ。でも、外務省あたりでも、大金批判の文書が出まわっているというし、もうやめることに決めたから応援せずともよろしい、と言ってやった。あちらはまだその時期ではない、などと言い、押し問答にもなったが、ボクはもうやめるよ」

（高橋紘・鈴木邦彦『天皇家の密使たち』）

大金は、「天子様と総理がうまくいかなくなっては大変だ。オレさえやめればすべて収まるんだ」と述べ、同年（昭和二十三）六月、長官の松平と共に辞任した。これに次いで、宮内次長の加藤も八月には辞任し、かうしてGSの意図は貫徹されたのであつた。

ご巡幸に関しては、昭和二十三年には一月にまづ九州、ついで四国といふ予定が既に組まれてゐたが、ご巡幸を推進した責任者がかうした更迭人事で一網打尽《いちもうだじん》にされたため、必然的に中断を余儀なくされた。GSの狙ひ通りのことが起つたのである。

九州ご巡幸延期の報が伝はると、ご巡幸の再開を願ふ嘆願書が、九州全県から山のやうに宮内府に寄せられたが、田島長官の態度は冷淡そのものであつたといふ。

もとよりご巡幸中断に対する陛下のお嘆きも、尋常ではなかつたと思はれる。最後に、それを窺ふよすがとして、御製二首を紹介しておきたい。

歌会始　春山（昭和二十三年）

うらうらとかすむ春べになりぬれど山には雪ののこりて寒し

春たてど山には雪ののこるなり国のすがたもいまはかくこそ

この二首のお歌は、詠まれた時期（昭和二十二年末）から見て、いづれも以上に述べ来《きた》つたご巡幸の中断と、宮内府幹部更迭人事に対する陛下の御懊悩《おうのう》と無関係では有り得ない、と筆者は思ふ。とりわけ二首目に「国のすがたもいまはかくこそ」とあるのは、春になつても山には雪が残つたままの、うら寒い、思ふに任せない占領下の国の姿を髣髴《ほうふつ》とさせる。

因《ちな》みに、ご巡幸が再開（昭和二十四年五月）された後の昭和二十五年の歌会始の御製と比較すると、両者の調べの相違には、正に天地の隔《へだ》たりがある。

歌会始　若草（昭和二十五年）

もえいづる春の若草よろこびのいろをたたへて子らのつむみゆ

これはまた何といふ、弾《はじ》けるやうな悦《よろこ》びに満ち溢《あふ》れた歌であることか。「山には雪ののこりて寒し」と詠まれた二年前との御心境の変化は、歴然としてゐる。

昭和二十三年といふ年の冒頭に、「山には雪ののこりて寒し」と詠まねばならなかつた陛下の御心境は、或いは東京裁判の帰趨《きすう》のことも影響してゐるかもしれない。二年半に及んだ裁判も大方終り、判決が下されるのは、この年十一月四日のことなのである。また、それを見越したやうにして、又ぞろ天皇御退位の問題が持ち上がる。

ご巡幸の中止、御退位問題、東京裁判判決と、そのいづれを取つても昭和二十三年といふ年は、「山には雪ののこりて寒し」といふ御感慨と無縁ではないのである。

2　御退位問題の再燃と昭和天皇のご苦悩

GS（民政局）の強行した宮内府幹部の更迭により、昭和二十三年（一九四八）六月五日、宮内府長官には田島道治が、侍従長には三谷隆信が、それぞれ就任した。

そして時期的には正にこれと前後するやうにして、天皇の退位問題が再び浮上する。その最初の報道は、外電として流れた次のやうな「天皇退位説」の記事である。（一部略）

【ロンドン二十七日発ロイター】（共同）東京来電によれば、降伏記念日たる八月十五日を期して天皇の退位が行われるであろうとの噂《うわさ》が東京で強まつている、この退位は東條英機元首相の処刑とも時を同じうして行われるものと見られている。但《ただ》しこの噂はまだ確認されておらず、現在のところ真偽を明らかにすることもできない

（昭和二十三年五月二十九日付読売新聞）

東京裁判の判決と関連づけられたこの天皇退位説は、その後も様々な波紋を広げていく。六月十二日付各紙は中国中央通信社東京支局長宋徳和の同様の観測を伝へ、翌十三日の朝日新聞は東大総長南原繁の談として、「天皇は法律上政治上の責任はないが、道徳的に責任をとられること」が大切で、「もとより御退位は…あくまで天皇の自発的御意思による」べきだといふ、退位賛成説を掲げた。

かうした新聞記事に、当時の日本国民は実に敏感に反応した。その一つが、次のやうな歌である。

新麥《にひむぎ》の夕餉《ゆうげ》を終り大君の退位の記事を読むに只《ただ》腹立たし（『渦』第四巻第七号、昭和二十三年七月）

住吉　藤原光雄

因みに、右の歌には傍線が引かれてをり、検閲官の耳目《じもく》を引いたらしいが、その上には "Info Slip" (情報扱) の語句が見え、検閲の対象にはなつてゐない。

天皇退位の動きを深刻に受け止めたのは、G2（参謀第二部）も同様だつた。六月十日、マッカーサー副官のバンカー大佐から総司令官に提出されたメモには、宋徳和の記事に刺激されて宮中方面の内情探査を命じられた、グリーン予備大佐（G2諜報担当官）の次のやうな報告書が添付されてゐるといふ。

六月八日、天皇は宮内府某高官に対し、退位と関連して最近の［宮内府長官及び侍従長の］人事交代が起った、という噂を話題にした。その時この高官が、思い切って退位問題についての天皇の個人的感想を伺ったところ天皇は〝自分はもし退位することが可能なら、個人的には気持が楽になる。しかし同時に、日本で民主主義が達成される過程を見たいという気持も持っている〟と述べたそうである。（中略）

天皇は皇族中の一長老その他に、戦争責任をとって退位したいと述べている。戦犯が過酷な判決を受ければ、個人的な罪悪感が強まるだろうし、とくに側近だった木戸元内大臣への判決が大きく影響すると思われる。もし天皇が退位するとすれば、その時期は戦犯判決の時点になるものと信じられる。（中略）

天皇の最終決意を促すのは、今後の内外世論、国内の政治状況、共産主義者の宣伝等々の諸要素であろう。

（秦郁彦『裕仁天皇五つの決断』より再引）

事態は相当深刻で、同年十一月十二日に予定されてゐた、来るべき東京裁判の判決を前に、天皇陛下御自身も深刻にお悩みになつてゐた様子が、ここからは窺へる。

昭和天皇の御懊悩の様子を伝へるもう一つのソースは、当時東京のカナダ政府代表だつたハーバート・ノーマンが、英国政府代表アルバリー・ガスコイン卿から得た情報として、六月十七日付で本国（カナダ）政府に送つた報告である。この報告書の中でノーマンは、宮中にあつて皇室とGHQの橋渡しの役割を果してゐた松平泰昌《やすまさ》（侯爵・前宗秩寮《そうちつりょう》総裁）の次のやうな言葉を紹介してゐる。

松平侯爵は（駐日英国代表部のレッドマンに）「天皇は退位の問題に心を悩ませておられ、過去数年の日本の運命を左右する決定を下したことへの責任［開戦責任］をますます感じられつつあるようだ」と語った。

（中略）松平は「天皇が極めて悲痛な気持ちになられ、キリスト教にも共感を示され、天皇の座を放棄しさえすれば安堵感を得られるという気分になっておられる」と強調した。

天皇が退位すべきであると勧告したのは、南原〔繁〕東大総長の意見である。南原は高松宮と親密な関係にある。天皇が退位すれば、高松宮が確実に摂政になるだろう。なぜならば、秩父宮が最年長だが、肺を患っており、御殿場近くで静養しているからだ。

（昭和六十三年六月四日付産経新聞）

右報告中に、天皇退位を勧告したのは南原繁東大総長だとあるが、GSの意向で宮内府長官に就任したばかりの田島道治も、またその一人だつた。芦田首相の日記（昭和二十三年四月二十二日付）には、次のやうにある。

…外務省へ田島君の来訪を求めて話をした。宮内府長官に［就任の件を］頼むと言ふと…同君は新しき天皇の在り方について、又御退位の然《しか》るべきこと（此点《この》は南原君、堀内君も同じだ）を話され（後略）

（『芦田均日記』第二巻）

田島はこの意見を（恐らく侍従長の三谷とも連携して）天皇にも言上したに違ひない。信頼すべき側近から、退位を迫られた昭和天皇の御胸中は察するに余りある。

マッカーサーの副官だつたボナ・フェラーズは、当時既に日本を去り、ワシントンにゐたが、天皇退位の報道に危機感を募《つの》らせ、宮内府御用掛を勤めてゐた寺崎英成に宛てて、七月八日付で次のやうな書簡を認《したた》めてゐる。

…万一、天皇が本気で退位を検討しているのならば、新しい日本に揺るぎない信頼を抱いている私としては異議を唱えたく、それをぜひ陛下に伝えてほしい。

…天皇が在位する限り日本は民主化できないと主張するソ連の共産主義者は、天皇の退位を自分たちの勝利と見なすだろう。（中略）天皇の退位は、マッカーサーの占領政策にとって大変な打撃となるであろう。

特に、天皇の退位が戦犯裁判の判決と同時期であれば、世界は天皇を軍閥の仲間だったと見なすであろう。これはいうまでもなく事実無根である。天皇の退位は、「天皇に戦争責任なし」との印象を持ち始めているアメリカの世論を逆転させることであろう。（中略）天皇に反対する人々からは、判決に対する抗議だと見なされるであろう。私が見る限り、退位は何の得にもならない。

（『昭和天皇「二つの独白録」』所収）

だが、天皇のご退位に頭を痛めてゐたのは、ワシントンにゐたフェラーズだけではなかつた。ご退位を示唆する相次ぐ新聞報道を目にした国民は、これを我が事のやうに憂ひ、宮内府の受付には数十万の留位嘆願書がうず高く積まれた、といふ（前掲『裕仁天皇五つの決断』）。

3　〝退位せず〟の御決意と、東京裁判の判決

そのやうな「留位嘆願書」の一例として、ここではプランゲ文庫に残されてゐるマッカーサー宛

書簡を紹介したい。昭和二十三年七月一日付で、時期的には天皇退位の御意向を報じた前記ノーマン報告と、退位に反対するフェラーズ書簡の中間に位置する手紙である。差出人の住所は宮城県黒川郡落合村三ヶ内とあり、退位問題については新聞でしか知り得ない筈の、一国民によって書かれたものである。

近時、新聞に陛下の御留位に関しての賛否両論が、外伝並びに国内輿論として取り上げられておりますが、我々はこのことを遺憾とする者であります。（中略）日本国民は世界中にても有数なる忠誠の国民であります。否、忠誠を捧げる対象無くしては生き得ぬ民族であります。（中略）共産主義者は日本国民より忠誠の対象を削除することによつて彼等の称《とな》へる封建時代よりの脱皮と新時代への転換が即製出来るかの如く豪語しておりますが、我等から謂《い》はすれば、これは権力を超えた政治を見ない公式主義の無知であります。（中略）終戦以後幾度《いくたび》か交替する弱体内閣が経済的に緊迫せる現下の社会情勢下に於て、曲りなりにも一応の治安を保ち得てゐるのは、勿論貴国駐屯軍隊の警察的威力と、物質的援助とにその多大の功を帰さねばなりませんが、併《しか》し乍《なが》ら更にその奥に、「我等が　今上陛下未だ御位《みくらい》に在《おわ》す」との安堵感が、大部分の国民をして、国家未だに瓦解せずの連帯感を支へしめてゐるからでありります。若《も》しさうでなかつたならば、貴国が仮に百万の軍隊を駐屯せしめても、日本はこのまま山賊の巣となつてゐたでありませう。（中略）

陛下御自身としては、御位を退くことが許されれば、その己を責め給ふ御胸中は寧《むし》ろ御楽となられるであらうことを、国民は百も承知し乍ら、而《しか》も御留位のつらさに堪へ給ひて国の中心となられ、明日への希望の灯《ひ》を消し給はざらむやう祈願してゐるのであります。国内或は海外の権力によつて、若し　今上陛下の御地位が脅《おびや》かされることあれば、これによりて醸《かも》される国民的悲嘆は、日本再建と日米提携にとつて有害無益であるばかりでなく、共産主義者に利するのみである点を予知せざるを得ません。日本国民普通の常識は、今日我が国にどんな政治家が出ようと、例へば保守党が内閣を組織しようと左翼が天下を取らうと政策の基本点に於ては大差は有りません。畢竟《ひっきょう》連合国の管理政策の枠内に動くものであつて、この意味に於て政党者流の私闘は稚戯《ちぎ》に類するものと思っております。（中略）この故に、たとひ誰人《だれひと》の発議によつて為されやうとも日本皇室と日本国民とを別箇の存在として取扱ふことがあれば、これによつて促される国民感情の反発は直ちに現実の権力者たる貴国が引受けることになるのであります。近時民族愛を宣伝して、日米分離を策しつつある共産主義にとつて、これこそは一石二鳥の収穫となるでありませう。

（山口好和「マックアーサー元帥閣下への書簡」、『黎元』秋季号、昭和二十三年十一月）

つい引用が長くなつたが、読めば読むほどに大変な洞察力の持主だと思ふ。特に「保守党が内閣を組織しようと左翼が天下を取らうと…畢竟連合国の管理政策の枠内に動くものであつて」、両者の「私闘は稚戯に類する」と断ずる辺り、〝民草《たみくさ》恐るべし〟である。この書簡は肉筆でペン書きされてゐるが、点線を付した二箇所は、事後検閲により不許可にされた。前者は「右翼的」（Rightist）、後者は「最高司令官批判」（Crit. of SCAP）とある。

もう一つだけ、退位に関連して詠まれた和歌二首を紹介しておきたい。これも事後検閲により、和歌の上部に「違反」（Viol）と記入されてゐるが、不許可理由は不明である。

雑詠　　山口　　末田三枝

御位をすへらせたまふことなかれ国にみのりのあらむ限《かぎり》は

みくらゐは吾等まもらむうら安くおはしませ君民のみおやと

（『国の花』復刊第八号、昭和二十三年九月）

一首目の「すへらせたまふ」は「辷《すべ》らせたまふ」で、「辷」とは動いてはいけない位置が動くこと、従つて「辷る」には「（天子の）位を譲る」といふ意味があることを付記しておきたい。

かうした天皇退位反対の国民世論にも動かされたか、GHQは九月十一日、新聞各紙に連合国軍最高首脳部として、左記の見解を発表してゐる。

一　天皇は依然最大の尊敬を受け、近い将来、天皇が退位するというようなことは全然考えられない。

一　天皇退位の噂は共産党や超国家主義者の宣伝である。

一　現在の天皇が、今後「在位する」ことが、日本国民および連合国の最大の利益に合致する。

この頃になると、天皇ご自身も退位しないといふお考へを固められた如くに見える。のみならず、田島宮内府長官自身の態度にも変化が生じてゐた。芦田首相の日記（八月二十九日付）には、次のやうにある。

田島君は御退位問題について自分は白紙でゐると言つた。然《しか》し宮仕へ三ヶ月にして自分は天皇が退位の意思なしと推察してゐる――然しそれは自己中心の考へ方といふのでなく、苦労をしても責任上日本の再建に寄与することが責任を尽す途《みち》だと考へてゐられる如く見える、又、色々考へて見ると周囲の情勢は退位を許さないと思ふ、と言ふ。

（中略）田島君は今夕も亦《また》天皇は私心のない、表現《ママ》人そのものであり、職についた人間は信頼して御使ひになると言うた。

（『芦田均日記』第二巻）

陛下の私心なきお人柄に接し、感激した田島は、就任以来三か月にして当初の退位論を撤回し、「白紙」を表明するまでに変つてゐたのである。

東京裁判の判決が近づくにつれ、これだけ国際的にも取り沙汰された天皇退位の問題は、高度な政治的決着を要する問題になつてゐた。尤《もつと》も、連合国軍最高司令官であつたマッカーサーの態度は最初からはつきりしてをり、前述のノーマン報告（一九四八年六月）の中でも、「私は天皇の退位を認めるつもりはない。天皇には、義務として現在の地位に留まってもらうよう求めるつもりだ」と、駐日英国政府代表のガスコインに語つた旨《むね》、報告されてゐる。

十月十五日、芦田に代つて首相に就任した吉田茂は、同月二十八日にこの問題でマッカーサーと話し、翌二十九日に参内《さんだい》してその結果を昭和天皇に報告してゐるが、田島の日記には次のやうにある由《よし》である。

前日Mc〔マッカーサー〕ト会見ノ結果Ab〔Abdication、退位〕ナド決シテ然《しか》ルベカラズトノ彼ノ意見ノコトキク（加藤恭子『昭和天皇と田島道治と吉田茂』）

そして十一月十二日、東京裁判の判決のあつたその日に、昭和天皇はマッカーサーに対して、次のやうな親書を差し出されてゐる。

わたくしは閣下が過日吉田首相を通じてわたくしに伝えられたご懇篤《こんとく》かつご厚情あふれるメッセージに厚く感謝の意を表します。（中略）いまやわたくしは、一層の決意をもって、万難を排し日本の国家再建を速やかならしめるため、国民と力を合わせ最善を尽くす所存であります。（前掲『裕仁天皇五つの決断』）

つまり、〝天皇退位せず〟との御決意の表明である。

しかしそれは、結果的には東京裁判の判決で「死刑」を言ひ渡された、東條以下七名の命と引き換へとなつた。この冷厳な事実に対して、昭和天皇が無関心であり得たとは到底考へられない。巣鴨の断頭台上で（それも当てつけのやうにして、今上天皇の誕生日たる同年十二月二十三日に）露と消えた七名の被告に対する昭和天皇の断腸の思ひは、如何ばかりであつたらうか。

4 「かへらぬ人」の御製について

それを思ふと、この年冬に詠まれた次の御製も、常ならぬ響きもて、これを拝する者の肺腑《はいふ》を抉《えぐ》るのである。

風さむき霜夜《しもよ》の月を見てぞ思ふかへらぬ人のいかにあるかと

「霜夜」とは、霜の降る寒い夜のこと、季節は恐らく十一月（霜月《しもつき》）であらう。外地に残された人の身の上をご案じになつた御製とも読めるが、「かへらぬ人」とは、東條以下七名の被告を暗に指してゐるのではないか。判決（十一月十二日）以降に詠まれたものなら、その可能性は十分有り得ると、筆者は勝手に想像を逞《たくま》しくしてゐる。

しかしこの御製は通常、そのやうには解されてゐない。

…抑留者にたいする同情の痛切さがあらはされる。悽愴《せいそう》な御歌である。

（夜久正雄『歌人・今上天皇』増補改訂版、昭和五十一年）

…戦災者、未帰還者たちの上を偲《しの》ばれての御詠《ごえい》である。

（鈴木正男『昭和天皇のおほみうた』平成七年）

このやうに、「かへらぬ人」を海外抑留者・未帰還者と見なすのが通常の解釈だが、後者の鈴木氏は、同時に気になることも述べてゐる。右御製と詞書《ことばが》き（「折にふれて」）を同じくする次の御製について、「独断ではあるが」と断りつつも、東京裁判で絞首刑となつた被告を「御心に秘めての御作」ではないか、と言ふのである（鈴木、前掲書）。

しづみゆく夕日にはえてそそり立つ富士の高嶺はむらさきに見ゆ

しかし、どうも筆者には、そのやうには思へないのである。むしろ、冒頭の「かへらぬ人」の御製こそが、それに相応《ふさわ》しいのではないか。さう思へてならぬので、もう一度その辺りのことについて、検討してみたい。

東京裁判の判決（昭和二十三年十一月十二日）と、七名の処刑執行（同年十二月二十三日）当時、陛下がどのやうな御心境にあられたかといふことについては、これまで史料もないことゆゑ、言及されたこともないやうに思ふ。だが、当時東宮侍従兼側近奉仕として昭和天皇のお側近くに奉仕してゐた、村井長正の次のやうな証言が残つてゐることを、最近になつて初めて筆者は知つた。これは重要な証言だと思ふので、煩《はん》を厭《いと》はず紹介しておきたい。（「括弧内」が村井の回想）

…運命のめぐり合わせなのか、極東国際軍事裁判のA級戦犯二十五被告に対する最終判決当日の二十三年十一月十二日及び七戦犯が処刑された十二月二十三日に、村井長正は宿直当番に当たる。

その十一月十二日、村井は陛下に要件を伝える用があったため御座所のドアを開けた。「陛下は目を泣き腫《は》らして、真っ赤な顔をしておられた。生涯忘れられないお顔である。私は恐れおののき、視線を落とし、二度とそのような陛下を見まいとして要件だけを述べ、顔を伏せたままドアを閉めた」と村井は思い出を語る。

（橋本明「封印された天皇の『お詫び』」、『新潮45』昭和六十二年一月号）

七名絞首刑との判決に、陛下は「目を泣き腫らして、真っ赤な顔をしておられた」、といふのである。判決が陛下に与へた精神的ショックの大きさのほどが、想《おも》ひやられる。

そして処刑当日の、天皇のご心情や如何に。

東条ら処刑の日。〝自分の死ぬべきところを代わってくれた〟――というようなご心境であられたと思う、と、村井は遠くから陛下のご様子を拝していたが、当夜、天皇が三谷侍従長と交わされた会話について、直接田島〔宮内府〕長官から聞く機会があった。村井の書き残したメモに従って再現してみよう。

陛下　三谷、私は辞めたいと思う。三谷はどう思うか。

三谷　お上が、ご苦痛だと思し召すほうを、この際はお選びになるべきであります。お上がおいやになるほうを、ご苦痛と思われるほうを、お選びになるべきであります。

陛下　……

（同右）

二転三転する、かうした「退位」のご意向は、天皇の激しい精神的なご動揺を示す以外の何物でもあるまい。

因みに三谷侍従長自身は、東京裁判の判決と昭和天皇については、次のやうに簡潔に述べるに止《とど》まつてゐる。

市ヶ谷裁判の判決は昭和二十三年十一月十二日に下された。東条英機、広田弘毅の両元総理大臣はじめ七名が絞首刑に、木戸元内大臣、荒木元陸軍大将等十六名が終身禁固刑に処せられた。陛下にとって終戦の詔書に「堪え難きを堪え」と仰せられた「堪え難き」ことの一つであったと拝察する。

（三谷隆信『回顧録』）

判決から処刑に至る、この間の陛下の「堪え難き」御心情に想ひを致す時、絞首刑になつた七名のことを片時でも忘れるといふことが、陛下には有り得ただらうか。また連合国注視の中で、彼らをあからさまに擁護することは決して出来なかつた諸般の事情も勘案《かんあん》した上で、今一度冒頭の御製を味読していただきたい、と思ふのである。

風さむき霜夜の月を見てぞ思ふかへらぬ人のいかにあるかと

さすれば「かへらぬ人」とは、外地に残された人の身の上（日本に「帰らぬ人」）に言寄《ことよ》せて、実は彼ら死刑囚（この世に「帰らぬ人」）に対する、昭和天皇の万感の思ひを詠み込んだものだと解することも十分可能だらう。

もしさうだとすれば、この歌が詠まれたのは、恐らく判決のあつた十一月十二日以降、十二月には未だならぬ頃だと筆者は推測する。「霜夜の月」が霜月（十一月）と読めるからであり、また「かへらぬ人のいかにあるか」と現在形で詠んでをられるので、これは未だ処刑執行以前でなければ辻《つじ》褄《つま》が合はぬからである。

〝お前の深読みに過ぎる〟と言はれればそれまでだが、ただ筆者としてはかく信ずる、かやうな解釈も十分可能だといふことを、昭和天皇のご心情を拝察する中から、推論させていただいた次第である。

5　天皇「謝罪詔勅」の顛末

他方、東京裁判の判決に示された厳しい国際社会の現実は、人知れず、側近の一部にとんでもない動きを生ぜしめてゐた。天皇の「謝罪詔勅」を出さうといふ動きである。

さういふ「謝罪詔勅」の文案が、実際に練られてゐたといふことに初めて言及したのも、側近に奉仕してゐた村井長正だつた。村井は、「一人天皇陛下が深い苦悩をなめ尽しておられる事態に納得が出来ず、昭和二十四年に入ってからのことだが、自分の意見が容れられない場合は今度こそ叩きつけるつもりで、辞表を胸に私は田島道治宮内庁長官の部屋に乗り込んで行った」といふ。

そこで田島との間に交はされたのが、左記のやうな「謝罪詔書」渙発《かんぱつ》の話だつたのである。

村井　日本は世界の国々に非常な大犠牲を強いたのでありますから、天皇陛下が何もおっしゃらないまま頬かむりを押し通すのでは道理が通るものではありません。お上《かみ》はその立場から、現在のご苦悩をそのままけじめとされ、内外に陳謝の姿勢を表すべきです。

（中略）世界に、アジアに、日本に詔書渙発の形でけじめを発表しなくてはなりません。

（中略）人間宣言をなさった以上、お詫びがないと、辻褄が合いませんよ。是非、お出し戴くべきであります。

田島　村井さん、私はやりましたよ。実は君と同じことを感じています。陛下のお気持ちは、分かっている。村井さん、私は書きました。詔書の文案を書いたのだ。

しかし、このことが初めて明るみに出た昭和六十二年の時点では、過去にさういふ詔書を渙発する動きがあつたといふことだけで、その具体的な中身までは明らかにされなかつた。といふのは、田島の遺言により、「今上陛下（昭和天皇）ご在位中は絶対に公開すべからず」として、詔書公開に厳重な封印がしてあつたからである。

（前掲、「封印された天皇の『お詫び』」）

この〝封印〟が解け、「謝罪詔書」が初めて公開されたのは、平成十五年のことだつた（加藤恭子「封印された詔書草稿を読み解く」、『文藝春秋』平成十五年七月号）。

「謝罪詔書」の最初の発案者は、村井への右の発言通り、田島だつたやうである。「謝罪詔書」が発見された田島文書には、これに関連した多くの文書が含まれてをり、東京裁判判決と同時に発表する予定で起草された、内閣総理大臣の談話案（実際には発表されず）が六通残されてゐる。その一通は田島の筆跡によるもので、次のやうな書き出しだつたといふ。

極東軍事裁判の判決確定に際し、我等は過去十数年間の国の歩みを顧み更《あらた》めて反省を深くせざるを得ません。

（加藤恭子『昭和天皇「謝罪詔勅草稿」の発見』）

かういふ文案を読まされると、筆者などは終戦五十年の年（平成七年）の国会の「謝罪決議」を想起してしまふのだが、「謝罪詔書」発見者の加藤は、「判決を受け、天皇がいかにこの戦争を悔いておられるか、真のお気持ちを総理の談話として国民に伝えたいと、田島をはじめとする天皇側近は考えたのであろう」と解説してゐる（同右）。

だが、ちよつと待つて貰ひたい。昭和天皇は本当に「この戦争を悔い」るお気持から、「過去十数年間の国の歩み」について、「反省」を表明なされようとしたのか。そんな歴史認識が、本当に昭和天皇の「真のお気持」だつたのだらうか。これでは、東京裁判の判決は百%正しいとして、それを天皇も認めたといふことになるのではないか。

しかし田島本人は、さういふ歴史認識に基づいて、大真面目で「先の大戦についての天皇のお気持ちと留位の決意を代弁」しようとしたらしい。田島文書に残されてゐる、田島の起草にかかるもう一つの談話案を見ると、前半は祖宗と国民に対して「御自分の不徳」を詫び、後半は「内外諸般の情勢」により退位せず、との「御決意」を披瀝《ひれき》するものになつてゐる。

…此《この》未曾有の災殃《さいおう》〔災難＝敗戦のこと〕を招いたことは時勢の趨《おもむ》く所支へ難きものであつたにも拘らず、陛下としては御自分の不徳に由《よ》るものの如《ごと》く御考えになり仰いでは祖宗に愧《は》ぢ畏《おそ》れ俯《ふ》しては国民に済まなく御思ひつづけのやうに拝します。

斯様《かよう》に御心を常に国民の上に寄せられ、御身《おんみ》は皇居に御出でになつても一刻も安き御心持でない様に拝察致しますが、…内外諸般の情勢を大観しますれば、陛下御一身の潔きことに急なるの余り、国家百年の憂《うれい》を御閑却になる結果を生じますことは到底許されませぬ事情が存しますので、陛下は此際最も至難な荊棘《けいきゃく》〔いばら〕の道を御とりになる御覚悟を以て、…国民と共に新なる決意に燃えて骨身を労し心志《しんし》を苦しめ躬《み》を以て艱難《かんなん》の先に立ち、…以て戦争による犠牲者達に報《むく》ゆる所あらんと固く御決意の様に拝します。

（同右所収）

田島文書の中から発見された「謝罪詔勅」案も、基本的にはこれと同様の文章構成になつてゐる。即ち、その前半は「朕ノ不徳」を天下に愧ぢるといふ廉恥《れんち》の表明、後半は「内外各般ノ情勢」に鑑み、退位しないとの表明だが、祖宗《そそう》及び国民に「謝セントス」といふ表現が入つてをり、全体的に謝罪色の濃いものであることは疑ひを容れない。（傍線引用者、以下同様）

　朕、即位以来茲《ここ》ニ二十有余年、夙夜《しゅくや》祖宗ト萬姓《ばんせい》トニ背《そむ》カンコトヲ恐レ、自《みずか》ラ之レ勉メタレドモ、勢ノ趨《おもむ》ク所能《よ》ク支フルナク、…誠ニ国家未曾有ノ災殃トイフベク、静ニ之ヲ念《おも》フ時憂心灼《や》クガ如シ。朕ノ不徳ナル、深ク天下ニ愧ヅ。身九重《ここのえ》〔宮中〕ニ在ルモ自ラ安カラズ、心ヲ萬姓《ばんせい》ノ上ニ置キ負荷ノ重キニ惑フ。
　然リト雖《いえど》モ方今《ほうこん》、希有《けう》ノ世変《せいへん》ニ際会《さいかい》シ天下猶《なほ》騒然タリ　身ヲ正シウシ己《おの》レヲ潔《いさぎよ》クスルニ急ニシテ国家百年ノ憂ヲ忘レ一日ノ安キヲ偸《ぬす》ムガ如キハ真ニ躬《み》ヲ責ムル所以《ゆえん》ニアラズ。之ヲ内外各般ノ情勢ニ稽《かんが》ヘ敢テ挺身時艱《じかん》ニ當《あた》リ、…以テ祖宗及萬姓ニ謝セントス。（同右）

かうした「謝罪詔勅」を出すことは、田島の「独断」ではなく、天皇の「下命」によるものだ、と加藤は主張する。

　…このような重大な文書を、宮内府長官の独断で書けるものだろうか。あまつさえ「朕」で始まる詔勅に至っては、たとえ田島がその必要を感じても、天皇の下命なしに筆を執ることは到底出来ないことだ。明治生まれで皇室への敬愛一方《ひとかた》ならなかった硬骨漢の田島が、天皇に相談なしにこうした文書に着手する僭越《せんえつ》をおかすことは考えにくい。東京裁判の判決が下るこの時期こそ、天皇の謝罪の気持ちと留位の決意を国民に伝えけじめをつけることが必要と、天皇と田島の意見は一致をみたのであろう。（同右）

だが、筆者はさうは思はない。何故なら、『芦田均日記』昭和二十四年五月八日の項を見ると次のやうにあり、田島の行動は、「天皇の下命」もしくは両者の「意見の一致」によるものではなく、天皇のお言葉から〝陛下はそれを望んでゐるに違ひない〟と、田島が勝手に「解釈」したものに過ぎないことが判るからである。

田島君の話によると〔東京裁判の〕刑の執行期日前に宮内府の首脳は必要とあればステートメント〔談話〕を発表する為め七人〔六人?〕が別々に起案したのだそうだが、…結局出さないで了《おわ》つた。その事情は宮内府長官からお上へ奏上したが、其時《その》にお上は「出さないで困るのは私だ」と仰せられた。田島君はこのお言葉を解釈して、お上はその機会にお気持をはっきり公表したいとお考へになつてゐらしつたものだと言つた。《ママ》（『芦田均日記』第三巻）

「出さないで困るのは私だ」と陛下が仰せられたのが事実だとすれば、陛下は何らかの形での「ステートメント」を出す必要があると考へてをられたのかもしれないが、それを「天皇の謝罪の気持」と結びつけるのは早計だらう。結局「謝罪詔勅」なるものは、「出さないで困るのは私だ」といふ陛下のお言葉を、〝陛下の御意向は謝罪意思の表明だ〟と勝手に「解釈」した田島が、陛下とは無関係に起草したもの、といふことになる。

既述の通り、田島は昭和二十四年初頭段階で村井侍従に対して、「陛下のお気持ちは、分かってゐる。村井さん、私は書きました。詔書の文案を書いたのだ」と話してゐるが、正式の「下命」があつたのなら、かういふ持つて回つた言ひ方をする筈もないのである。

田島の起草した「謝罪詔勅」案が、終《つい》に陽《ひ》の目を見なかつたのは、かかる経緯からして当然と言はねばならない。

第七章　ご巡幸の再開と昭和天皇

再開されたご巡幸。再開後は以前と異なり、無数の日の丸が陛下を迎へた。高松市四番丁小学校にて。（昭和 25 年 3 月 13 日／共同通信社）

1　ご巡幸の再開と昭和天皇

昭和二十二年十二月の中国地方行幸以来、ＧＳ（民政局）の介入によつて中断されてゐた昭和天皇のご巡幸は、昭和二十四年五月になつて、ようやく再開された。

ご巡幸の途絶えてゐたこの一年半の間、陛下がどういふ御心境にあられたかといふことは、折ある毎に既に触れてきたが、ここでは未だ紹介してゐなかつた御製に触れながら、改めてこの点を見ておきたい。

折にふれて（三首の内の一首）

せつぶん草《そう》さく山道の森かげに雪はのこりて春なほさむし

この御製は、昭和二十三年早春に詠《よ》まれたものである。「せつぶん草」は、その名の通り節分の季節、早春の二月から三月頃に花を咲かせる。歌の基調は、この年の初めに詠まれた次の二首（第六章で紹介済み）と同様である。

歌会始　春山（昭和二十三年）

うらうらとかすむ春べになりぬれど山には雪ののこりて寒し

春たてど山には雪ののこるなり国のすがたもいまはかくこそ

この三首は、〝春になつたけれども山には未だ雪が残つてゐて寒い〟といふことを詠んでゐる点で共通してゐる。単なる叙景歌といふよりも、ご巡幸が中止に追ひやられたことや、陛下の意に反して宮内府幹部の更迭《こうてつ》を余儀なくされたことに対する、陛下のご無念が込められてゐること、また既述の通りである。

同様に雪を詠み込んだ御製は、もう一首ある。

歌会始（昭和二十四年）

庭のおもにつもる雪みてさむからむ人をいとどもおもふけさかな

先ほどの歌会始の御製から一年が経《た》ち、昭和二十四年の新春になつても、まだご巡幸再開の許可は下りない。しかしこの御製は、無念さを詠み込んだといふよりも、もう一度ご巡幸を再開し、「さむからむ人」、即ち国民を勇気づけたいといふ御思《み》ひの方が勝つてゐるやうにも感じられる。といふのは、ご巡幸が中止になる少し前、即ち昭和二十二年の十一月頃にも、同じやうな調べの御製があるからである。

霜《しも》ふりて月の光も寒き夜《よ》はいぶせき家にすむ人をおもふ

「いぶせき家」とは、粗末でむさくるしい家のことだが、寒い夜にはそんな人のことが思はれてならないといふみ歌で、「さむからむ人をいとどもおもふ」といふ、先の御製にも通じてゐる。この二つの御製からは、ご巡幸への熱い御思ひが自《おの》ずと感得されるのである。

さうした已《や》むに已まれぬ大御心《おおみこころ》からであらう、先の御製を詠まれた直後の（昭和二十四年）一月十日、昭和天皇はマッカーサーに対して、ご巡幸の再開について直談判《じかだんぱん》されたらしい。さういふことがどうして判るかといふと、一つには皇太子殿下の家庭教師をしてゐたヴァイニング夫人の日記

（同年九月二十五日付）に、樺山愛輔《かばやまあいすけ》伯爵から聞いた話として、次のやうな記述が見えるからである。

陛下は九州御巡幸を望まれたが、政府は世情不安、身辺の安全問題を理由に反対した、そこで陛下は自らマ元帥に面会して賛同をとりつけた　（鈴木正男『昭和天皇の御巡幸』より再引）

ご巡幸中断の期間中、昭和天皇がマッカーサーに直接お会ひになつたのは、昭和二十三年五月六日と二十四年一月十日の二回だけだが、ご巡幸の再開について陛下が直談判されたのが後者の日付であることは、宮内府長官田島道治の同日付の日記に、次のやうにあることによつて判る。

Mc御訪問…還御《かんぎょ》昼食後寺崎〔英成、通訳〕ヨリ三谷〔隆信、侍従長〕ト共ニ会談模様キク御召《おめ》シ　聖ルカノコトト御巡幸ノコト（Mcノ言）　（加藤恭子『田島道治』）

だが、この日記だけを読むと、「御巡幸ノコト（Mcノ言）」とあることから、御巡幸についてはマッカーサーの方から切り出した、と解することも可能である。現にこの日記を初めて紹介した加藤も、「聖路加《ルカ》病院と天皇の巡幸についてマッカーサーは発言したらしい。詳細はわからないが、〝旅する人〟と言われた聖ルカのことでも話したのだろうか」（同右）と、字面《じづら》だけに囚《とら》はれた解釈（推測）をしてゐる。

しかし、これは前掲のヴァイニング夫人の日記とも併《あわ》せ考へると、話が逆だらう。マッカーサーの方から、わざわざご巡幸の再開を切り出す理由はないし、一方昭和天皇の側には、先の御製にも示されてゐる通り、ご巡幸再開の強い希望があつたのだから、この問題でどちらが口火を切つたかは明らかだ、と言はねばならない。

とすれば、「聖ルカノコトト御巡幸ノコト（Mc ノ言）」とあるのは、その陛下のご要望に対して、マッカーサーがお答へした発言なのである。「聖路加病院」といふのも、如何《いか》にも安易な解釈といふべきで、意味をなさない。筆者の解釈によれば、熱心なクリスチャンだつたマッカーサーは、ご巡幸再開を熱心に望まれる昭和天皇の姿に、聖ルカ伝（ルカスによる福音）の次の言葉を想起したのである。

巡回して教えを宣《の》べる

朝になると、イエスは人里《ひとざと》離れた所へ出て行った。群集はイエスを捜《さが》し回ってそばまで来ると、自分たちから離れて行かないようにと、しきりに引き止めた。しかし、イエスは言つた。「ほかの町にも神の国の福音を伝えなければならない。わたしはそのために遣《つか》わされたのだ。」そして、ユダヤのあちらこちらの会堂に行って福音を宣べ伝えていた。

（ルカ、四:42〜44、『新約聖書』共同訳）

この聖ルカ伝の箇所を読むと、イエスは人々が制止するのも振り切つて、「ほかの町にも神の国の福音を伝えなければならない」とて、「人里離れた所へ出て行った」。これは、正に昭和天皇の姿を髣髴《ほうふつ》とさせるではないか。

再び言ふが、マッカーサーは「聖路加病院」のことなど話題にしたのではない。昭和天皇の無私なお姿に感動し、恐らく次のやうな意味のことを述べたのである。「聖書の聖ルカ伝には、かうありますよ。（ここで右の話を紹介した後）あなたがなさらうとしてゐることは、私にはイエスの姿と重なつて見えます。大賛成です。おやりなさい」と。

そのことを、昭和天皇は還御《かんぎょ》後に田島長官にもお伝へになつた。そして田島は、日記にかう記したのである。「御召シ　聖ルカノコトト御巡幸ノコト（Mc ノ言）」と。

この推測は、間違つてゐないと思ふ。ご巡幸の再開は、陛下のご熱意がマッカーサーを動かした結果として、実現の運びとなつたのである。三月三十一日付の田島の日記には、かうある由《よし》である。

陛下　Mc 共ニ御希望アリ　別ニ御妨《おさまた》ゲスルコトモナシ　〔ご巡幸を〕御願《おねがい》スルコ〔ト〕、ニテヨシ　但シ九州ハ test　コレデ残余全体御願スル意ニアラズ

（加藤恭子『昭和天皇と田島道治と吉田茂』）

かうしてご巡幸は、まづ九州で取り敢へず試行（test）し、後はその様子を見てから判断する、といふことになつたらしい。

2　九州地方ご巡幸（昭和二十四年五月～六月）

ご巡幸再開の手始めとして、九州地方が選ばれたのは当然のことだつた。ご巡幸中断以前から、次は九州、ついで四国といふ予定は既に組まれてゐたからである。九州ご巡幸延期の報が伝はると、九州全県からご巡幸の再開を願ふ嘆願書が、宮内府に山のやうに寄せられたことについても、既に言及した（第六章「ご巡幸の中止と昭和天皇のご苦悩」参照）。

いはば九州地方の人々にとつては、一年半もお預けをくはされた挙句《あげく》に、ようやく実現したご巡幸といふことになる。それだけに、昭和二十四年五月十八日から六月十日まで、一か月近くにも及んだ九州全県へのご巡幸に対する人々の歓迎ぶりは、堰《せき》を切つた水の如《ごと》きものがあつたといふ。

因《ちな》みに、中国地方ご巡幸の際、GSが難癖《なんくせ》をつけた国旗の掲揚は、この度《たび》は全面的に認められた。といふのは、既にこの年の元旦、マッカーサーは年頭メッセージで日の丸の無制限掲揚を許可してゐたからである。そのため、天皇のお成りになるところ、何処《いずこ》も日の丸の旗、旗、旗で埋め尽された（本章扉頁の写真を参照されたい）。

九州ご巡幸は五月十九日、まづ門司港の視察から始まつた。ここで早くも、陛下の御製が生れてゐる。堰を切つたやうな熱狂は、迎へる側だけではなかつた。何よりも陛下御自身の御心境にも、この歌の調べのやうな、高揚した迸《ほとばし》るやうな御感慨があつたものと拝察する。

九州地方視察　福岡県産業貿易展

なりはひの栄えゆくべきしるしみえて船はつどへり門司の港に

この初日だけで、北九州五市の人口六十万の七割に当る、実に四十万人が陛下を奉迎したといふから（前掲『昭和天皇の御巡幸』）、その熱気は推《お》して知るべしである。

翌五月二十日は筑豊《ちくほう》炭田を御視察、二十一日は福岡市内を御視察になつたが、児童施設「和白青《わじろせい》松園《しょうえん》」でまたお歌を詠まれてゐる。

福岡県和白村青松園

よるべなき幼子《をさなご》どももうれしげに遊ぶ声きこゆ松の木《こ》の間に

青松園は戦災孤児を集めた孤児院だが、松の木の間からは意外にも「うれしげに遊ぶ声」が聞こえてくる。その嬉しげな声を聞いて、陛下もまた嬉しくなられたのであらう。陛下の至純にして無垢《むく》なる魂が、幼子の天真爛漫《てんしんらんまん》さに感応《かんのう》した、陛下ならではのお歌と拝察申し上げる。

幼子といへば、このご巡幸に陪乗《ばいじょう》してゐた侍従の入江相政《すけまさ》が書き留めた、次のやうなエピソードも印象深いものがある。これは五月十九日、ご巡幸初日に起つた出来事である。

…どういふものか右側の子供が二人三人と鹵簿《ろぼ》を横切る。御料車と供奉《ぐぶ》車の間を通る。あぶなくて見てゐられない。その中《うち》急に御料車の前を女の子が横切ろうとした。なにしろ突然の事とて御料車は急停車したが、山口は「轢《ひ》いた」といつたさうだ。我々も駄目かと思つたが間もなく子供は泣き乍《なが》ら助け出された。身体は何ともなかつた。本当によかつた。（中略）さつきの子供は何でもなかつた由を侍従長から申し上げたら急に御機嫌がよくおなりになつた。余程《よほど》御心配になつてゐたものと見える。

（『入江相政日記』第四巻）

さて、五月二十二日からは佐賀県に入られた。

この日、まづ最初に訪れたのは、戦災引揚孤児三十九名を収容した因通寺《いんつうじ》「洗心寮」である。ここでは、陛下と孤児たちの間に、忘れ難い感動的な場面が現出した。その模様について、同寺の住職が記した書物から抜粋する（改行を無視した箇所あり）。

…「禅定の間《ぜんじょう》」の前で足を留められた天皇陛下は、直立不動と言ってもよい程の姿勢をとられ、そのまま身動《みじろ》ぎもなさらず、或る一点に目を留められたままの姿です。（中略）

ややしばらくして、天皇陛下がこの部屋でお待ち申し上げていた三人の女の子の真ん中の子の方へぐーっとお顔をお近付けになりました。そしてそれはやさしい声というより静かな声で「お父さん。お母さん」とお尋ねになったのです。（中略）

…侍従長は天皇陛下の見つめていらっしゃる或る一点を目で辿《たど》ってみてハッとしました。それは三人の女の子の真ん中の子が二つの位牌《いはい》をじっと胸に抱きしめていたのです。天皇陛下がじっと見つめていらっしゃったのはこの二つの位牌だったのです。（中略）

そのときです。女の子が「はい。これは父と母の位牌です」とはっきり御返事を申し上げました。この言葉を聞かれた天皇陛下は大きくお頷《うなず》きになられ

「どこで」と尋ねられたのです。（中略）

「はい。父はソ満国境で名誉の戦死をしました。母は引き揚げの途中病のために亡くなりました」

この子は淀《よど》むこともなく天皇陛下にお答えを申しました。（中略）この子の言葉が終わると天皇陛下は

「お淋《さび》しい」とそれはそれは悲しそうなお顔で言葉をかけられ、この子を眺《なが》められるのです。

（中略）

しかし陛下がこの子に言葉をかけられたとき、この子は首を横に振ったのです。そして「いいえ。淋しいことはありません。私は仏の子供です。仏の子供は亡くなったお父さんとも、亡くなったお母さんともお浄土にまいったら、きっともう一度会うことが出来るのです。（中略）私は淋しいことはありません。私は仏の子供です」と天皇陛下にお答えをしたとき、一瞬天皇陛下のお顔が変わったように伺われたのです。

天皇陛下はじっと、この子を御覧になっていられます。この子も天皇陛下のお顔をじっと見上げております。天皇陛下とこの子の間に何か特別のものが流れたように感ぜしめられました。

（中略）

とそのときです。何を思《おぼ》し召《め》されたか天皇陛下が靴のままではあったけれど、この部屋の中に一歩を踏み入れられたのです。（中略）これは全く予定になかったことなのです。廊下からお言葉を頂くというのが今回の予定であったのです。（中略）うしろにお供をしていた侍従長も宮内庁長官も、その他の関係者も一瞬アッと息をのみました。（中略）

部屋にお入りになられた天皇陛下は、…右の御手をすーっとお伸ばしになられたかと思うと、この位牌を抱いて天皇陛下をお迎えしていた女の子の頭をお撫《な》でになりました。それは一回、そして二回、三回に及んだのです。（中略）そして陛下は

「仏の子供はお幸せね。これからも立派に育っておくれよ」と申されました。そのとき天皇

陛下のお目からはハタハタと数滴の涙がお眼鏡を通して畳の上に落ちていったのです。

感動は天皇陛下のお胸の内に高鳴っておりましたが、頭を撫でられた女の子の胸のうちにも高鳴りました。そして遂にこの女の子が小さな声ではあったけれど「お父さん」と呼んだのです。それを暖かくお受け止めになられた天皇陛下は、深く深くお頷きになられておりました。この情景を眺めておった東京から来ていた新聞記者も泣いておったのです。（中略）

そしていよいよ御車にお乗りになられようとしたとき、先程から天皇陛下にまつわりつくようにお見送りについて来ていた戦争罹災児救護教養所の子供達が、天皇陛下のお洋服の端をしっかり握って「また来てね」と申したのです。（中略）

すると天皇陛下はこの子をじっと振り返って御覧になられたかと思うと、にっこり微笑《ほほえ》まれたのです。そして

「また来るよ。今度はお母さんと一緒に来るよ」と申されたのです。

（調寛雅『天皇さまが泣いてござった』）

このときの幼子らとの交流、無垢な魂と魂が直《じか》に触れ合つて生れた深い感動は、陛下の次なる御製に結晶した。

佐賀県因通寺洗心寮

みほとけの教《おしへ》まもりてすくすくと生《お》ひ育つべき子らにさちあれ

ご巡幸はかうして、天皇と国民のあるべき姿を至る処《ところ》で顕現しつつ、再び開始されたのであつた。

3　九州地方ご巡幸（続き）

佐賀の地は、何と言つても『葉隠《はがくれ》』の里、天皇陛下をお迎へする県民の作つた奉迎歌にも、自《おの》ずから忠義の心がストレートに現れたものが多く、ために占領軍の検閲に引つかかつたものも少なしとしない。以下は、事後検閲で不許可となつた、この時の奉迎歌の例である（不許可理由は「右翼的宣伝」（R.P.）とある）。

辻丸良之

祖《とお》つおやよりながれてうけし赤き血を永久《とは》につたへん御民《みたみ》我等は

吉澤喜次

大君のみことかしこみひたすらに楠《くす》の若葉と清く生きなむ

末次祐司

朝夕にをろがみまつる皇神《すめかみ》のみ前に拝む我は嬉しき

執行武典

正成《まさしげ》もまた親房《ちかふさ》も彦九郎《ひこくろう》もみなこの佐賀にをると思召《おぼしめ》せ

（『ことたま』第三巻第六号、昭和二十四年六月）

佐賀県を後にした陛下が長崎県に入られたのは、昭和二十四年五月二十七日のことであつた。長崎大学医学部付属病院では、『長崎の鐘』の著者・永井隆博士をお見舞になつてゐる。永井は放射線物理療法の研究者であつたが、長崎の原爆で被爆、自身後遺症に苦しみながらも、「己《おのれ》の如く人を愛せよ」といふカトリックの信念を実践に移し、多くの人に愛されてゐた人であつた。
永井は、「天皇陛下にお会いして」といふ手記の中で、昭和天皇のお見舞を受けた時のことを次のやうに書いてゐる。

陛下は著書も読んでゐますよ、十分病気を養生して早くよくなりなさいよと話しかけられたが、…私はあの細やかな心遣いをして、どんな小さなものでも、いたわられる愛情と御態度こそ、今の私達日本人が、毎日の生活にまねをしなくてはならないと思う。今日本人はお互ひに分離してゐるが、陛下がお歩きになると、そのあとに万葉の古い時代にあった、なごやかな愛情の一致が、甦《よみがえ》って日本人が再び結びつく

（『天皇御巡幸』より再引）

このやうに、昭和天皇のご巡幸は敗戦に打ちひしがれた日本人の心を鼓舞《こぶ》し、勇気づけただけでなく、それ自体が人々の心を再び結びつけるといふ、偉大な国民統合の作用を及ぼした、と言ふべきであらう。
長崎県のご視察を終へられた陛下は、再び福岡県に入り、五月二十九日、三池《みいけ》炭鉱をご訪問になつた。ここでは真白な作業衣に着替へられ、有明湾の下にある地下千五百メートルの海底に降り立ち、一人一人坑夫をねぎらはれた。陛下の次の御製は、この時のことを詠まれたものである。

海の底のつらきにたへて炭ほるといそしむ人ぞたふとかりける

同じ日、陛下は肥後路《ひごじ》に入られた。阿蘇を擁する熊本県である。ここでは、「右翼的宣伝」（R.Prop）といふ理由により、全文が不許可となつた長歌を紹介したい。

非常に長いものなので、適当に区切つて紹介する。

精之《せいし》　上《たてまつる》

天皇陛下九州御巡幸奉迎の長歌　并《ならびに》　短歌

青嵐　吹く筑紫路《つくしじ》に　わが君は　はや入《い》りませり　煙吐く　阿蘇国原《くにはら》に　御姿を　恋ひ待つは
誰　わが君は　わが大御親《おおみおや》　くにたみの　光に在《おわ》す　其故《そのゆえ》に　これの行幸《みゆき》を　肥《ひ》のしりの　民
のことごと　指おりて　待ちつつぞ来し

ここまでは、「肥のしり」つまり「肥後」の民が、行幸を指折り数へて待つてゐたことを記す。「筑紫路に　わが君は　はや入りませり」とあるから、陛下が九州入りされた昭和二十四年五月十八日以降に詠まれた歌である。

ついで敗戦によつて大きな痛手を受けた国民を慰めるために、九州ご巡幸を思ひ立たれた陛下の御心境を、次のやうに詠《うた》つてゐる。

げに君は　わが大御親　先つ年の　いくさによりて　くにたみが　或《ある》は傷つき　或は仆《たお》れ　或
は焼かれ　引揚者や　また遺家族の　はらひつる　大き犠牲を　ぬば玉の　夜昼おかず　御心
に　かけますと聞く　其故に　これの行幸も　天離《あまさか》る　七つの県の　くにたみの　中をし行か
し　くにたみに　直にし触りて　慰め賜ひ　いたはり賜ひ　愍《あわれ》み賜ひ　励まし賜ふ

ついで陛下の行幸を目の当りにした作者の感激と、陛下の御憂念に応《こた》へて起《た》たんとする国民の決意を、次のやうに詠ひ上げてゐる。

この君の　御眼の慈光を　眼交《まなかひ》に　直にし仰ぎ　ねもごろに　言問《こと》ひますを　うつつにし　直にし聞けば　おうけなく　うなじは垂れ　胸熱く　涙さしぐみ　おのづから　たなぞこ握り
君よ君　物な念《おも》ひそ　群鳥《むらどり》の　誰《た》が起たざらむ　御輦《みくるま》も　迎へまつれば　大御疲《おおみつか》れ　如何《いか》にと憂ひ　御姿を　仰ぎまつれば　やすらけく　いませと祈る

そして最後にもう一度、老いも若きも日の丸の旗を打ち振つて、陛下を奉仰する肥後の民を活写するところで、この長歌は終つてゐる。

今こそは　おのが苦悩は　朝霞　遠くうすれ　生ける験《しるし》　甦りきて　肥のしりの　老も若きも
日の丸の　御旗なびかせ　あらがねの　山鳴りなして　わが君の　萬代《よろずよ》呼ばむ　涙奮ひつつ

反歌

御念《みおも》ひの千重《ちえ》の一重も不知火《しらぬい》のつくしに通へ行幸のまにまに

（前掲『ことたま』）

最後の反歌は、今度の行幸を通じ、陛下の御憂念の千分の一の重みでも肥後の民として分ちあひたいといふ、作者の祈念《きねん》であらう。この長歌の作者は、最初に「精之　上」とある通り、熊本の作家・荒木精之《せいし》である。荒木は神風連の研究家でもあり、戦後一貫して熊本文化運動の中心的位置にあつた。熊本を訪ねた三島由紀夫に神風連の精神を教示し、晩年の三島に大きな影響を与へたことでも知られてゐる（荒木精之『初霜の記――三島由紀夫と神風連』を参照）。

ついで五月三十日、陛下は熊本県八代《やつしろ》から船で天草《あまくさ》に向はれた。天草では、こんなこともあつたといふ。

…本村《ほんむら》の開拓地では、開拓団員五、六十人が路傍《ろぼう》に立ってお迎えする姿が見られた。（中略）お車は、山路を五、六十メートル通りすぎてから止まり、引き返して来た。ご予定にはない行動だった。

陛下は車から降りられて開拓団員を励まされた。

「開拓事業は困難な仕事だが、食糧増産のためがんばってください」

開拓団員ら一同は感激してものも言えなかった。（中略）当時の本村開拓団長岡村亘氏は…終生忘れることのない出来事、という。

《当時の開拓地はほとんどが地形、水利、気温、交通等の悪条件のため、放置された自然木の山林、原野でした。現住の人びとからさえかえりみられぬ土地へ、全くの素人の外地引き揚げ者や復員軍人たちが入植し、困難を克服して農地を造成することの厳しさは想像以上のものがありました。せっかく入植しても、ついにこの苦痛にたえかねて、夜逃げ同然の姿で離農する人も多かったものです》（中略）

（前掲『天皇御巡幸』）

そんなときに天皇陛下のご巡幸をお迎えし、お言葉をいただいたのである。

昭和天皇が昭和二十四年に詠まれた御製には、「熊本県開拓地」と題した、以下の三首がある。

かくのごと荒野が原に鋤《すき》をとる引揚人《ひきあげびと》をわれはわすれじ

外国《とつくに》につらさしのびて帰りこし人をむかへむまごころをもて

国民《くにたみ》とともにこころをいためつつ帰りこぬ人をただ待ちに待つ

恐らく、この本村開拓団での外地引揚者の姿に、尋常ならざる強い印象を受けられたもの、と拝察する。

六月一日から四日までは、鹿児島県をご巡幸になつた。生憎《あいにく》雨の日が多く、陛下のズボンの裾《すそ》も靴も泥だらけになつたが、もとよりそんなことを気になさる陛下ではない。

ここでも多くの奉迎歌が詠まれてゐるが、事後検閲で不許可の処分を受けたのは、次の一首であつた。

奉迎歌　　加世田　深見美義

親にして神にてますと永久《ママ》思ふ大君故にわが生くるなり

（前掲『ことたま』）

ついで、六月四日から七日までは宮崎県をご巡幸になつた。次は都城《みやこのじょう》市の母子寮における、陛下と戦争未亡人のやり取りの一端である。

母子寮の各部屋を陛下は一つ一つ訪ねて、未亡人とその子らに声をおかけになつた。小腰を丁重にかがめて「苦しいでしょうが、日本再建のために、しつかりやつて下さい」。（中略）

板の間に坐つて子供らとお迎へしていた未亡人は、その陛下のお言葉をきくと「はい、あり……………」、語尾は言葉にならずに涙に消えてしまつた。（中略）

そんな時、陛下は御内心の慟哭《どうこく》をお抑《おさ》えになつて、努《つと》めて快活に、傍《かたわ》らのこども達にお声をおかけになる。「坊やたちは勉強していますか」「はい」とかすかに答える子供達に、「しつかり勉強して、立派な人になつて下さい」

わつと泣き伏す哀れな母子達の上に陛下の眼は優しく注がれてしばし動かない。ささやかな夫のイハイと写真がその光景をのぞいている。（中略）

農民が、漁師が、傷痍《しょうい》者が、未亡人が、青年が、年寄りが、今度の御巡幸で夫々《それぞれ》如何《いか》ばかり生きる希望を、張り合いを、感じたことであろう。

「陛下は今度の行幸で相当数の人助けをされたよ」私は友人が軽口に話すのを、しみじみと肯定して素直に受取る。

（豊倉多田夫「万歳と日の丸の旗の四日間」、『新縣政』第一巻第一号、昭和二十四年七月）

長かつた九州ご巡幸も最後に近づき、六月七日から十日までは大分県をご訪問になつた。大分では、昭和二十年八月十五日に自決した陸軍大臣阿南惟幾《あなみこれちか》大将の未亡人にもお会ひになつてゐるが、ここでは夫と子を共に戦争で亡くした未亡人の連作和歌を紹介したい。その全てが「右翼的」（Rightist）との理由で不許可処分を受けてゐる。

天皇巡幸　　井上スミ

小止《こや》みなくそぼ降る雨も心せよああ天皇様我会館に

あまねくに言葉かけむと天皇はひとり一人に笑《え》まし給ひて

あまりにも親しく御声かけ給う天皇様に胸とどろきて
目の前に君やおはすを御声を賜りたるを夢とのみこそ
再建につくしてくれとみそなはす尊きみ言葉に誓いまつらむ
君が為捧げし命ぞ君の目に尊き涙思う事なし
苦しからむと励まし給う天皇様いかに吾らは努め応《こた》へむ
命捧げし夫《せ》も吾子《わこ》もこの君の君のへにこそ安《やす》かに眠れ
万歳の声どよめけり尊さと涙と君の幸を祈りて（『二豊』第十七巻第十二号、昭和二十四年八月）

かくして福岡県に始まり、佐賀・長崎・熊本・鹿児島・宮崎・大分と、九州を一巡された二十四日間のご巡幸は終りを告げた。総行程距離は二千キロ、お立ち寄り箇所は百九十箇所、奉迎者は七百万人にも上つたといふ。正に古今《ここん》未曾有のご巡幸であつた。

ところで、かうして再開されたご巡幸は、占領軍の目にはどう映つてゐたのであらうか。私信検閲に携はつてゐたG2（参謀第二部）は、同年七月十五日の報告（第四十二号）の中で次のやうに述べてゐる。

天皇裕仁の五月末から六月初頭にかけての九州行幸に関するコメントを見ると、…九、一八五通の手紙の約八〇％は、天皇が彼らの歓迎に応へたり、工場や炭坑を視察するのを見て畏敬《いけい》の念に打たれたり、涙にくれたことを告白してゐる。手紙の約九〇％はゆるぎない天皇への忠誠を堅持してゐる。共産主義者さへもが、共産党の公然たる敵に敬意を表して、計画してゐたデモを取りやめたと報告されてゐる。

（中略）憲法下の天皇の地位に対して広く誤解があるのは、神聖性は否認されたにも拘《かかわ》らず、夥《おびただ》しい手紙が天皇の神聖に対する信念を告白してゐることである。

（『占領軍治安・諜報月報』第十三巻）

この最後の指摘は、天皇に「人間宣言」をさせ、日本国憲法で「万世一系」の神聖観念を否定した筈《はず》なのに、日本国民の間に未ださうした観念が根強く残つてゐたことに対する、占領軍の戸惑ひと、一抹《いちまつ》の危惧《きぐ》を示すものだらう。

この点については、同年十月十五日付の報告（第四十五号）の中でも次のやうに述べてゐる。

南日本［九州］行幸で天皇が受けた歓迎は、行幸後も繰り返し手紙の中で言及されてゐる。彼が人々の上に残していつた印象は、国民の忠誠心を強めるといふよりは、「民主化された」「人間的な」統治者として今は天皇を見てゐる、といふものだ。（中略）天皇は最早絶対的かつ神聖な統治者ではないが、「必要不可欠な家長」であり、その指導がなければ国家が立ち行かない「国民の父」であると、多くの人に見なされてゐる。

（中略）［一方で］神聖性を公式に否定し、天皇を大衆化する努力は、天皇は不可侵であるといふ信念に固執する人々に殆《ほと》ど影響を与へてゐない。かうした人々は、敗戦にも拘らず「我々の血統はアメリカ人のそれでもなく、ロシア人のそれでもない。といふのは我々の祖国は日本であり、天皇皇后両陛下は我々の親だからだ」といふ信念を固持してゐる。多くの手紙が示してゐるのは、この深く沁み込んだ感情が天皇への「畏敬と尊敬」の根底にあり、大半の無名な日本人にとつては、行幸の際には天皇「崇拝」に転化する、といふことである。

（『占領軍治安・諜報月報』第十四巻）

この二面性、即ち「人間」「家長」としての天皇像と、万世一系の神聖不可侵な「現神《あきつかみ》」としての天皇像の分裂は、例へば大分行幸の際の奉迎歌にも容易に看《み》て取れる（これも「右翼的」との理由で、全首不許可となつた）。

奉仰歌　　御手洗禱

現神とただにかしこみ隔《へだ》てありし陛下来ませり豊国原《とよくにはら》に
情《なさけ》深き人におはすか遺家族の苦しきたつき尋ねたまへり
この国の古きみおやの君なれば国民《くにたみ》の思慕寄るはすべなし
へだてなくみな仰ぎ見よすめみまの人間《ひと》として此処《ここ》に来ますを

（前掲『二豊』）

「現神」として、これまでは国民と「隔て」られてゐた陛下が豊後《ぶんご》の国にお出でになつた。これからは「へだてなくみな仰ぎ見よ」といふのであるが、その仰ぎ見る対象としての天皇は、依然として「皇孫《すめみま》の人間」であるところが面白い。これは天皇を「皇孫」「現神」と認識する伝統的な天皇観そのものであり、先に紹介した鹿児島での奉仰歌「親にして神にてますと永久《ママ》思ふ大君故にわが生くるなり」にしても同様である。

ご巡幸は結局、さうした日本人の伝統的な天皇観を強めこそすれ、否認することにはならなかつた。占領軍の意図した通りにはならなかつた、と言ふべきだらう。

4　四国ご巡幸と昭和天皇（昭和二十五年三月）

九州ご巡幸から半年後の昭和二十五年二月一日、四国ご巡幸のことが正式に閣議決定された。もうこの頃になると占領軍の検閲もなく（検閲を担当したCCD（民間検閲支隊）は一九四九年十月三十一日付で廃止された）、プランゲ文庫に含まれる雑誌検閲の事例も、昭和二十五年以降のものは存在しない。従つて、これ以降は検閲事例を紹介することが出来ないのは残念だが、宮内庁（宮内府は昭和二十四年六月以降、総理府の外局たる宮内庁に移行）長官田島道治の同年二月六日付の日記には、「四国行幸進駐軍異存ナキ為官房長官ト打合ス」とある由である（加藤恭子『昭和天皇と田島道治と吉田茂』）。

四国ご巡幸は昭和二十五年三月十三日、香川県から始まつた。三月十五日、陛下は高松市から小《しょう》豆島《どしま》へ向はれる途中の大島にある、国立療養所大島青松園《せいしょうえん》にお立ち寄りになつた。

ここには皮膚病の一種、ハンセン病（癩病《らいびょう》）患者を収容する隔離病棟がある。癩病患者に対する社会的偏見は、昔から根深いものがあり、患者は謂《いわ》れなき差別に苦しんできたが、ひとり皇室にあつては光明皇后の昔（奈良時代）より、少しも分け隔てなく接してきた伝統がある（光明皇后は病人や孤児のために施薬院《せやくいん》や悲田院《ひでんいん》を設けた外、一般人は気味悪がつて近づくことさへしない癩病患者の膿《うみ》を、口づから吸はれたとされる）。

特に昭和天皇の母君《ははぎみ》の貞明《ていめい》皇后は昭和六年、下賜金《かしきん》を下され、これを基金として癩予防協会（会長渋沢栄一）が発足、貞明皇后のお誕生日である六月二十五日を中心に、癩予防デーを設け、ハンセン病患者を日本から根絶する呼びかけを行ふ等、癩病撲滅のために貞明皇后の果された役割は測り知れない。

自身ハンセン病患者であつた歌人明石海人《かいじん》は、貞明皇后をお慕《した》ひするかういふ歌を詠んでゐる。

そのかみの悲田《ひでん》施薬《せやく》のおん后《きさき》今おはすがにおろがみまつる

みめぐみはいはまくかしこ日の本のライ者と生れてわれ悔ゆるなし

（筧素彦『今上陛下と母宮貞明皇后』）

昭和天皇の大島青松園行幸は、かうした諸々《もろもろ》のことも思ひ合されて、患者たちには感無量であつたに違ひない。病気のことも忘れて日の丸を打ち振る六百四十余名の癩病患者に対し、陛下もまた次のやうな歌を詠まれて、その万感《ばんかん》の思ひにお応《こた》へになつたのであつた。

香川県大島療養所

あなかなし病忘れて旗をふる人のこころのいかにと思へば

船ばたに立ちて島を見つつおもふ病やしなふ人のいかにと

その後、陛下は小豆島をご視察になり、十七日まで同県の各地をご巡幸になつたが、「香川県を回られて特にご感激の深かったことは？」との地元新聞社の質問に対し、侍従を通じて次のやうにお答へになつてゐる。

何より県民皆様の熱誠あふれる歓迎を受けて心からうれしく思ったことである。また種々の戦争の災いを受けた気の毒な人たちや、身体の不自由な人びとがそれぞれの更生のため真剣に努力し、またそれらの人に対する施設が整いつつあることはうれしいことである。

（『天皇御巡幸』）

ついで三月十七日、陛下は愛媛県に入られた。今治市《いまばり》は当時全国のタオル輸出の八十％を占める一大タオル生産地であつたが、楠橋紋織《くすばしもんおり》工場を視察された陛下は、ウーンと唸《うな》りながら「よい物ができますね」と何度も仰せられ、「外貨獲得のためしっかり頑張ってください」と従業員を激励されたといふ。この楠橋工場では、前年度は年間五千万円だつた売り上げがご巡幸後に急速に伸び、二十九年には二億円と、今治市の予算に匹敵する飛躍的な成長を遂げた。

三月十九日には一日休養日を取られ、松山港の沖合に浮ぶ興居島《ごご》に向はれた。陛下はここで、生物学ご研究の一環として、軟体動物の一種である「ゆむし」をご採集になつたのだが、その折のことを次のやうな御製にお詠みになつてゐる。

興居島

静かなる潮の干潟《ひがた》の砂ほりてもとめえしかなおほみどりゆむし

「もとめえしかな」といふところに、やつと採集できたといふ陛下のお喜びのご様子が実感できるお歌である。

高知県に入られたのは、三月二十一日のことである。四国の最南端、室戸岬《むろとみさき》を訪ねられたのは三月二十四日、ここでも以下のやうな御製を詠まれてゐる。いづれも生物学者としての陛下の面目が躍如《やくじょ》としたお歌である。

室戸

室戸なるひと夜《よ》の宿のたましだをうつくしと見つ岩間岩間に

うつぼしだのこるもさびし波風のあらき室戸の磯山のへに

室戸岬うみべのをかに青桐のはやしの枯木たちならびたる

三月二十五日、陛下は四国最後のご訪問地である徳島県に入られた。しかし、連日の旅のお疲れからか、三月二十八日、急性大腸カタルでご発熱、一日休養を取られたが、予定を一日ずらしてそれでも行幸は続けられた。

三月三十日、大荒れの海の中、船で淡路島に向はれ、ここで一泊された。これはその折の御製である。

淡路島

あさぼらけ鳴門《なると》の宿ゆ見わたせば淡路島山かすみたなびく

翌昭和二十六年元旦の歌会始でも、陛下は次のやうな御製を詠んでをられるが、これも四国ご巡幸の最後に立ち寄られた、淡路の宿での御感慨を詠まれたものであらう。

歌会始　朝空

淡路なるうみべの宿ゆ朝雲のたなびく空をとほく見さけつ

かくして、十九日間に及んだ四国ご巡幸も、無事終了したのであつた。

5　占領政策の転換と朝鮮戦争勃発

四国ご巡幸から三か月後の昭和二十五年（一九五〇）六月二十五日、朝鮮戦争が勃発《ぼっぱつ》した。大東亜戦争後、朝鮮半島は南北に二分され、ソ連の意を受けた北朝鮮と、米国の意を受けた韓国が北緯三十八度線を境に対峙《たいじ》してゐたが、この日、北朝鮮が突如として南下を開始したことにより、その均衡は瞬時にして破れ去つた。

侍従長の三谷隆信は、その日の陛下のご様子を次のやうに回想してゐる。

それは二、三日前に米軍の一部が朝鮮を引揚げると発表された矢先の、寝耳に水の突発事件であった。（中略）…十五分とたたぬ間に皇居から当直侍従の電話があり、陛下の御軫念《ごしんねん》を知った。（中略）御前に出て陛下の御心痛は更に深く、切実であることを感じた。…陛下は火は既に門前に迫っていると感じておられると拝した。（中略）

北朝鮮が三十八度線を超えて南進したのは、米国からダレス特使が平和条約準備のため来日したのと時をあわせている。（中略）朝鮮戦争と対日平和条約とが無関係でないという見方は、その日時が符合するばかりでなく、十分に根拠のある判断だと信ずる。

（三谷隆信『回顧録』）

朝鮮戦争の勃発は、対日平和条約締結へと向けた米国の動きを一気に加速させたが、日本側でその方向に向けて最初に舵《かじ》を切つたのは、吉田茂でもマッカーサーでもなく、昭和天皇だつた。

といふのは、既に米国では米ソの冷戦構造の進展に伴ひ、一九四八年（昭和二十三）十月、日本を反共の基地として再武装させる新たな占領政策（ＮＳＣ13／2）を策定し、占領政策を転換させる方向に舵を切つてゐたが、日本国憲法が是とする非武装政策に固執して、これに執拗に抵抗してゐたのが、マッカーサー並びに吉田茂だつたからである。

昭和天皇は朝鮮戦争の勃発を天機と捉へ、翌六月二十六日、間髪《かんぱつ》を入れずにダレスに対して、パージ（公職追放）の緩和と、米軍の基地使用継続が望ましいことを、メッセージの形でお伝へになつた。これが日本を西側陣営との早期講和に導いていく、最初の導火線となつたのである。

一九五一年一月末、ダレスは再び来日し、寛大な平和条約案と引き換へに、三十数万の地上軍創設を迫つた。この時も、相変らず吉田首相とマッカーサーは頑強に抵抗してゐるが、昭和天皇はダレスに対して全面的な賛意を表明され、「わが国と米国が手をとりあって仲よく進みたいと願っていることを、ぜひトルーマン大統領にお伝え下さい」といふメッセージを、ダレスに託されてゐる（秦郁彦『裕仁天皇五つの決断』）。

6　貞明皇后の崩御と、そのお人柄

昭和天皇の母君であつた貞明皇后は、昭和二十六年五月十七日、狭心症の発作のため、俄《にわ》かに崩《ほう》御《ぎょ》あらせられた。

貞明皇后については、前《さき》にも少しばかり救癩事業のことを紹介したが、その他にも昭和天皇との関はりで言つておかねばならないことがある。

原武史は、戦時中の貞明皇后のお姿を、悪意を以て次のやうに書いてゐるからだ。「『かちいくさ』を祈る皇太后（貞明皇后）は、戦況の悪化に反比例するかのように、神がかりの傾向を強めつつあった。（中略）太平洋戦争期の天皇は、宮中祭祀を継続しながら、祭祀権を事実上皇太后に奪われる格好になっていた」と（原武史『昭和天皇』）。

「神がかり」といふ語でその非合理ぶりを難じつつ、原は昭和天皇についても、「国民に対してよりも『神』に対して強い責任を自覚しながら、その『御加護』を祈ったのである」（同右）と難じてゐるが、天皇の神に対する祈りは、そのまま国民に対する祈りでもあつたといふことが、全く解つてゐないやうだ。

大東亜戦争末期の昭和十九年、貞明皇后はこんなお歌をお詠みになつてゐる。

　　折にふれての祈り言
民こぞり守りつづけて皇国《すめくに》のつちはふますな一はしをだに

皇国はいふにおよばず大あじあ国のことごとすくはしめませ

（『貞明皇后御歌集』）

原は、昭和天皇の「国民に対する責任意識は希薄であったように思われる。ましてや、侵略された地域の住民に対する意識があったかどうかは、はなはだ疑わしい」と、臆面もなく同書で語つてゐるが、大東亜戦争はそもそも西欧列強に「侵略された地域の住民」を救はんとして起つた戦争である。「大あじあ国のことごと救はしめませ」と詠はれた貞明皇后の祈りは、そのまま昭和天皇の祈りでもあつた。国民や大東亜の民を置きざりにしたといふ原の言ひ分は、牽強付会《けんきょうふかい》以外の何物でもない（同書には、他にも難ずべき点が多々あるが、『祖国と青年』誌平成二十年七月号の小堀桂一郎「原武史『昭和天皇』の妄《もう》を弁ず」も併せ参照されたい）。

もう一つ、原は貞明皇后と昭和天皇の「確執《かくしつ》」を殊更強調するが、お二人の間にあつた次のやうな麗《うるわ》しい御関係については、口を閉ざして語らない。昭和二十年秋、軽井沢にをられた貞明皇后は、御心労の多い陛下をお慰め申し上げようと、女官たちと軽井沢の野でたくさんの植物を根のついたまま採集され、陛下の下に送られたのだつた。

その折に詠まれた、陛下のお歌。

　母宮より信濃路の野なる草をたまはりければ

わが庭に草木をうゑてはるかなる信濃路にすむ母をしのばむ

夕ぐれのさびしき庭に草をうゑてうれしとぞおもふ母のめぐみを

敗戦直後のご心痛の中にあつて、かうしたお心遣ひは陛下の心に沁みるものであつた。前にも書いたやうに、生物学者でもあられた陛下は、一般国民には縁遠いやうな植物の名を、しばしば御製にも詠み込んでをられる。陛下に何をお送りすれば、一番喜んでいただけるかを熟知した上での、母君のお心遣ひであつた。

この話には後日譚《たん》があつて、同年暮れから沼津御用邸の貞明皇后のお側にお仕へ申し上げてゐた筧素彦は、次のやうに回想してゐる。

陛下は、「今日〔昭和二十一年五月九日〕は丁度よい機会だから、去年の秋、おたた様〔貞明皇后〕が軽井沢から送って下さった植物を吹上に植えて育てていたが、よい具合いに活着《かっちゃく》して育っているのを、これから、私が案内するから、沼津へ戻ったら、ぜひこの状況をおたたさまに申し上げて貰いたい」と仰せになった。（中略）そこで、…先ず御文庫のお庭先からはじめて、あの広い、しかも武蔵野の原のように草草の生い茂った中を、陛下おん自ら先頭にお立ちになって、実に四十分間あまりに亘ってご案内をいただいたのである。

（中略）私は忘れては一大事と…鉛筆をなめなめ書き付けた。…もりあざみ、ひめじょおん、はるののげし、ぼたんづる、こごめうつぎ、るりそう、どくぜり、みずばしょう、たまあじさい、しもつけそう、こくさぎ、かめばひきおこし、とちはにんじん等々…（中略）世の常の息子達であったら、定めし、こんなものをわざわざ位に思うかもしれないが、陛下は御母宮さまのおやさしいお心を十二分にありがたくお汲みとりになって、こんなにまで注意深く管理をなさり、その悉《ことごと》くを枯らすことなくお育てになったばかりか、その一つ一つの場所まで掌《たなごころ》を指すが如くに御記憶になっていたのである。
（前掲『今上陛下と母宮貞明皇后』）

その貞明皇后が、突如としておかくれ遊ばした。陛下のお悲しみは、如何ばかりであつたことか。

　　貞明皇后崩御

かなしけれどはふ〔葬〕りの庭にふしをがむ人の多きをうれしとぞおもふ

いでましし浅間の山のふもとより母のたまひしこの草木はも

池のべのかたしろ草を見るごとに母のこころの思ひいでらる

その後も陛下は折につけ、母上を偲《しの》ばれる御製を飽かず詠まれてゐる。

　　折にふれて（昭和二十八年）

冬すぎて菊桜さく春になれど母のすがたの見えぬかなしさ

　　伊豆西海岸堂ヶ島（昭和二十九年）

たらちねの母の好みしつはぶきはこの海の辺に花咲きにほふ

　　リデルライト記念養老院（昭和三十二年）

母宮のふかきめぐみをおもひつつ老人たちの幸いのるかな

　　歌会始　母（昭和五十二年）

母宮のひろひたまへるまてばしひ焼きていただけり秋のみそのに

貞明皇后と昭和天皇には、国母《こくぼ》陛下と天皇陛下といふお立場からくる制約がある。そのため、一般家庭のやうに母子の情愛をストレートに交すといふわけにはいかなかつただらうが、左翼史家などには到底窺ひ知れぬ、細《こま》やかな中にも深い愛情が、終始通ひ合つてゐたのである。

第八章

講和条約と「おことば」をめぐつて

奈良県巡幸最終日。講和条約批准を祝つて、提灯行列が陛下の御宿泊所まで押し寄せた。奈良市、県知事公舎にて。(昭和 26 年 11 月 19 日／毎日新聞社)

1　マッカーサー解任と講和条約の調印

一九五〇年（昭和二十五）六月に勃発《ぼっぱつ》した朝鮮戦争は、マッカーサー率《ひき》ゐる国連軍が九月に仁川《じんせん》に上陸、北朝鮮軍を三十八度線以北に押し返した。形勢はこれで逆転するかに見えたが、十月になると人海戦術を採る中共軍の介入により、再び三十八度線を突破され、その後も戦況は一進一退を繰り返した。

この間の昭和天皇のご苦悩は、一方ならぬものがあつた。開戦二か月後の昭和二十五年八月のことだといふが、葉山御用邸で生物御採集のため、小舟で海に出られたことがある。お供の鈴木一侍従次長が、「今日はまことによいお天気で」とご挨拶を申し上げたところ、御返事がない。「富士も姿を現して実にすばらしいお天気でございます」と、もう一度申し上げても御返事がない。しばらくして、ようやく「今日の戦線はどこまで来たろう」と一言仰《おお》せられたさうである（『天皇御巡幸』）。侍従長の三谷《みたに》も、「葉山御用邸に御滞在中の陛下は毎日戦況についてお尋ねになった」と回想してゐる（三谷隆信『回顧録』）。

マッカーサーは、戦争に勝利するには北鮮の背後にある満州を爆撃し、原爆投下も已《や》むなしとの判断に傾いた。しかしこれは、第三次大戦に飛び火する恐れがあり、朝鮮戦争を朝鮮国境内に限定せんとしてゐたトルーマン大統領との間に、のつぴきならない対立を生んだ。その結果、マッカーサーは一九五一年（昭和二十六）四月十一日、突如として連合国軍最高司令官を解任される。

後任にはリッジウェイ中将が任命されたが、結果的には朝鮮戦争が連合国と日本の早期講和を促進する形となり、同年九月、サンフランシスコ講和会議が開かれ、日本は共産圏を除く四十九か国との間でサンフランシスコ平和条約に調印した。また、これと同時に日本はアメリカとの間に日米安全保障条約を締結し、講和後も自由主義陣営の一員として留まることになつた。

2　占領下最後の近畿地方ご巡幸（昭和二十六年十一月）

話を少し戻すが、前章で紹介した昭和二十五年三月の四国ご巡幸の後は、北海道ご巡幸の予定が組まれてゐたらしい。

だが、朝鮮戦争の勃発によつて、北海道ご巡幸の計画は頓挫《とんざ》してしまつた。北海道の下見検分の担当だつた入江侍従は、同年の日記の「年末所感」に、「北海道の御巡幸があると思つてはり切つてゐたが朝鮮の動乱が起つたりして結局御取止《おとりやめ》になつて了《しま》つた」と書いてゐる（『入江相政日記』第四巻）。

対日平和条約調印後のことだが、田島道治宮内庁長官はＧＨＱのシーボルト外交局長に、北海道のご巡幸が流れた原因を、次のやうに報告してゐる。

陛下は講和条約調印の前に全部御巡幸をお済ましになりたい御念願でしたが、それがお出来になりませんでした。大体津軽海峡に水雷が浮流するとか、又海南島と北海道の間には潜水艦が活躍して居るとか、又樺太、千島にはソ連の落下傘部隊が待期《ママ》しているとかの噂が心配でなりません。（加藤恭子『昭和天皇と田島道治と吉田茂』）

結局、北海道の代りにまだ陛下がお成りになつてゐなかつた近畿地方の一府三県（京都・滋賀・奈良・三重）を昭和二十六年六月にご巡幸になる予定が組まれたが、これも貞明《ていめい》皇后の崩御（同年五月十七日）により延期され、実際にご巡幸が開始されたのは、平和条約調印後の十一月のことであつた。

ところがこのご巡幸は、最初から波乱含みとなつた。十一月十二日、京都大学にお着きになるや、学生約千人がプラカードを押し立て、労働歌を高唱しつつ、スクラムを組んで大学玄関を占拠してしまつたのである。慌てた大学側は警察官の出動を要請、警官二百名と学生が小競《こぜ》り合ひとなり、陛下は警官に守られながら、やつとのことで京大を後にされた。世に言ふ「京大天皇事件」だが、その背後には共産党の戦術転換があつた。

共産党は一九五〇年一月、コミンフォルム（戦前のコミンテルンを引き継いだ機関）から、合法的な「平和革命」路線を批判され、「暴力革命」路線に方針転換し、それが計画的・集団的なご巡幸反対行動となつて現れたのであつた。

それはともかく、翌十三日、陛下は舞鶴を経て天橋立《あまのはしだて》を御視察になつた。ここで詠《よ》まれたのが、次の二首である。

京都府天の橋立

めづらしく晴れわたりたる朝なぎの浦曲《うらわ》にうかぶ天の橋立
文殊《もんじゅ》なる宿の窓より美《うるは》しとしばし見わたす天の橋立

十一月十五日からは、滋賀県をご巡幸になつた。戦争孤児・浮浪児・生活困窮児・精神薄弱児が共同生活する、日本で唯一の統合学園・近江学園を御視察の後、信楽町《しがらき》に入られた。ここは、信楽焼のメッカである。信楽焼といへば、狸《たぬき》の置物が有名だが、これは実は昭和天皇のこの時の行幸によつて有名になつたものである。

この日陛下をお迎へしたのは、手に手に日の丸を持つた大小様々な信楽焼の狸であつた。この狸に、陛下は非常にご興味をお示しになり、「一番大きな狸は何尺位あるか」「一番大きいのは十二尺(三・六m)位あります」などといふ会話が、この時に交《かわ》された由《よし》である。よほどお気に召したものと見え、信楽焼の狸は御製にまで詠み込まれた。

をさなどきあつめしからになつかしも信楽焼の狸を見れば

「をさなどき」(幼時)は、後年の昭和天皇御製集『おほうなばら』では「をさなき日」となつてゐるが、「集めし柄」は「集め信楽」と掛けたものか。いづれにせよ幼い頃の陛下には、狸の置物を集めてをられた時期があるのだらう。この御製によつて、信楽焼の狸は一躍有名になり、信楽焼といへば狸を連想させるやうになつたのである。どことなくユーモラスなエピソードだが、御製に詠まれることにより、全国民の注視が集まる。これもまた、日本ならではの国柄といふものであらう。

十一月十八日には奈良県に入られた。

奈良にて

大き寺ちまたに立ちていにしへの奈良の都のにほひふかしも

東大寺をはじめとする寺々の立ち並ぶ様子に、いにしへの都を偲ばれた陛下であつたが、次の歌は「古《いにしへ》」と「新しき世」を意図的に対比させてゐる。

古の奈良の都のをとめごも新しき世にはた織りはげむ

これは十一月十九日、日紡高田工場や戸口繊維（メリヤス製造）を御訪問された折のお歌であらう。

十一月二十日、陛下は三重県に入られた。伊勢の地は神宮があるため、既に何度も行幸されてゐるが、志摩地方への行幸は飛鳥時代の持統天皇以来で、実に一二六四年ぶりのことであつたといふ。英虞《あご》湾は真珠の養殖で有名だが、十一月二十四日、陛下は養殖真珠に世界で初めて成功した御木《みき》本幸吉《もとこうきち》の経営する、御木本真珠養殖会社を御視察になつた。

美しきあごの浦わのあまをみなとりし真《ま》たまは世にぞかがやく

かくして近畿地方行幸も無事終り、占領下ではこれが最後のご巡幸となつた。

3　講和条約の発効と「おことば」をめぐつて

陛下が近畿地方ご巡幸に向はれる車中でのことだが、田島宮内庁長官は天皇ご退位の問題につき、次のやうなご意向があつたことをメモに残してゐる。

十一月九日拝謁（退位論につき、留意《ママ》の弁）

十一月十一日　汽車中御召し　終戦時の御決心、道義的責任、御留意《ママ》、天職を尽す

（加藤恭子『田島道治』）

右文中、「留意」「御留意」は「留位」の書き誤りだらう。即ち天皇は田島に対し、「終戦時の御決心」並びに自らの「道義的責任」からも、「留位」して「天職を尽す」といふ御決心を、再び披瀝《ひれき》されたのである。

この点に関連して、昭和四十三年四月二十四日に稲田周一侍従長が昭和天皇からお伺《うかが》ひした話を、徳川義寛侍従が記録したメモには、かうある。

平和条約発効前に退位問題がうわさされた時、吉田［茂］首相が反対して田島らの退位論を斥《しりぞ》けた。

三谷も田島も基督《キリスト》教信者である。しかし三谷は基督教の立場から、困苦に堪《た》える意味において退位しない方がよいと言つた。

平和条約発効の記念日二十七年五月三日には詔書を発表したが、小泉・安倍・田島の進言によったのである。

（「退位問題について」、『徳川義寛終戦日記』所収）

以前、田島が中心になつて天皇の「謝罪詔勅」を出さうとして立ち消えになつた経緯を紹介したが（第六章5「天皇『謝罪詔勅』の顛末」を参照）、どうやらこの時期になつても田島は、まだ諦め切れずにあれこれと画策《かくさく》してゐたらしい。

といふのは、田島長官の日記には、昭和二十六年初頭段階から、天皇退位（abdication）の話が頻々《ひんぴん》として現れるのだが、それが「ツグナイ」の一環と見なされてゐた節がある。まづ二月二十二日、元文相で友人の安倍能成《よししげ》と「Abdi ノ話ス　Premier〔首相〕ト相談セヨ」とあり、二月二十六日には、これも元文相で友人の前田多門と「abdi の話少シフレル　y〔吉田首相〕ニ話スコト」とある。三月二十七日には、「松平〔康昌、式部官長〕来室ニ付 Abdi ノコト一寸話ス　巡幸もや、ツグナイの意あり　多少治安不安を敢えて御出掛よしとの意をきゝ同感す」とある（前掲『田島道治』）。

宮内庁長官が、ご巡幸を陛下の「ツグナイ」（謝罪旅行？）と認識してゐたとは驚きだが、「巡幸も」とあることから、天皇御退位（Abdi）についても、田島は同様の感覚で捉へてゐたのであらう。但し、田島はもうこの時期には、表立つて退位を主張することはなくなつてゐた。八月二十五日に共同通信の田中記者が、「此際《この》abdi のこと如何《いかん》」と質問したのに対しても、「ナシト返事」してゐる（同右）。

しかし田島は、かつての「謝罪詔勅」に代るものとして、講和条約の発効時に天皇の「謝罪」の「おことば」を出すことを考へてゐた。そしてその「おことば」案の起草に、異常なほどの情熱を傾けてゐたことが、日記の端々からは窺《うかが》へるのである。

かうして田島の手になつた「おことば案」の一つ（昭和二十七年年頭起草）は、次のやうになつてゐた。（傍線引用者、以下同様）

昨年九月サンフランシスコに於て調印せられた平和条約は今其《その》効力を生ずるに至つた。（中略）抑《そもそも》文化を治平に求め、内、国民の康福《ママ》を増し、外、国際の親睦を厚くするは、固《も》と我が国是《こくぜ》であり、又即位以（年）来の宿願であるにも拘らず、事志《ことこころざし》と違《たが》ひ、時流の激する所、遂に鋒《ほこ》を列強と交へ、今此の悲痛なる敗戦に終り、生命身体財産に及ぼせる戦争の惨禍は甚大を極め、思想の混乱、経済の動揺等による一般の不安疾苦《しっく》又名状《めいじょう》すべからず、一念之《これ》に及ぶときまことに憂心《ゆうしん》灼《や》くの思ひがある。菲徳《ひとく》未然に之を止どめ得ず、深く之を祖宗と萬姓に愧《は》ぢる。（後略）

（前掲『昭和天皇と田島道治と吉田茂』所収）

この後に〝退位せず〟との決意が述べられるが、「深く之を祖宗と萬姓〔国民〕に愧ぢる」は、以前の「謝罪詔勅」中の「朕ノ不徳ナル、深ク天下ニ愧ヅ。（中略）以テ祖宗及萬姓ニ謝セントス」の表現を言ひ換へたものに過ぎない。

「おことば」のこの部分については、「今さら陛下の謝罪はおかしい」との反対があり（藤樫準二『天皇とともに五十年』）、その後だんだん表現が弱まつていくが、他方では近代日本の歩みを全否定する、次のやうな文言《もんごん》が新たに加はることになる。

三月四日付草稿

…日夜之を思ふて、悲痛限りなく寝食安からぬものがある。（中略）ここに…更《あら》めて無数の戦争犠牲者に対し、深厚なる哀悼と同情の意を表すると同時に、過去の推移を三省し、誓つて過《あやま》ちを再びせざるよう戒慎《かいしん》せねばならない（と思ひます）。（後略）　（同右）

右傍線部が新たに加はつた文言で、田島の日記の三月一日付に「夜中ニ目覚メテ作文ノ思付《おもいつ》キ書付ケル」はこれを指したものか。大東亜戦争を「過ち」とした反省の弁であり、洵《まこと》に重大な改変と言はねばならない。

三月二十三日付「おことば案」

…悔恨悲痛、寝食為めに安からぬものがあります。（中略）なお此際、敗績《マ マ》の由《よ》つて来《きた》つたところを深く戒慎し、過ちを貳《ふたた》びせざることを、心に誓ふべきであると思ひます。（後略）（同右）

四月十八日付「おことば案」

…「（事志と違ふに至つたことは）まことに遺憾であり、」特に此際、その由つて来つたところを、深く省み、相共に戒慎し、過ちを再びせざることを、堅く心に銘すべきであると思ひます。（後略）（同右）

五月三日、実際の「平和条約ならびに憲法施行記念式典」では、次のやうな「おことば」が述べられた。

…米国を始め連合国の好意と国民不屈の努力とによって、ついにこの喜びの日を迎うることを得ました。ここに、内外の協力と誠意とに対し、衷心《ちゅうしん》感謝すると共に、戦争による無数の犠牲者に対しては、あらためて深甚《しんじん》なる哀悼と同情の意を表します。又特にこの際、既往《きおう》の推移を深く省み、相共に戒慎し、過ちをふたたびせざることを堅く心に銘すべきであると信じます。（後略）（同右）

傍線部に関する限り、三月四日付の草稿から殆ど変つてゐない。これは何故だらうか。陛下御自身は、前記した如《ごと》くこの「おことば」について、「小泉・安倍・田島の進言によったのである」と語られた由であるが、その仰り方は何やらご不満げのやうでもある。本当にこれは陛下の御意思を体したものなのか、それとも田島が「夜中ニ目覚メテ…思付キ」作文したに過ぎないものなのか、慎重に吟味する必要はあるが、筆者自身は後者だと思ふ。

「既往の推移を深く省み…過ちをふたたびせざること」、このやうな文言を読まされると、筆者などは直ぐに広島の原爆慰霊碑を連想してしまふ。

　安らかに眠つて下さい　過ちは繰り返しませぬから

周知の通り、この慰霊碑文に激昂《げっこう》したのは、東京裁判で被告全員無罪の反対意見書（パール判決書）を提出した、インド判事ラダ・ビノード・パールであつた。パールは憤りを露《あらわ》にしてかう述べてゐる。

「この〝過ちは繰り返さぬ〟といふ過ちは誰の行為を指しているのか。むろん日本人をさしていることは明らかだ。それがどんな過ちであるのか、わたくしは疑う。」「この過ちが、もし太平洋戦争を意味してゐるというなら、これまた日本の責任ではない。その戦争の種は、西欧諸国が東洋侵略のために蒔《ま》いたものであることも明白だ。」「国民がその良心にゆがめられた罪悪感をになって卑屈になっているあいだは、進歩も発展もない。…この碑文が示すような不明瞭な表現のなかには、民族の再起もなければまた犠牲者の霊もなぐさめられない。」

（田中正明編著『パール博士「平和の宣言」』）

このパールの批判は、そつくりそのまま右の「おことば」にも当てはまる。果して昭和天皇は、そんな謝罪史観の持主だつたのだらうか。それともそれは、かつて「謝罪詔勅」の発出《ほっしゅつ》を画策して失敗した田島が、今度は密《ひそ》かに「おことば」に紛《まぎ》れ込ませた〝反省の弁〟だつたのだらうか。答は自《おの》ずと明らかなやうに、筆者には思へるのである。

4 昭和天皇にとつての占領と講和――「冬」の御製・「春」の御製

昭和二十七年四月二十八日、サンフランシスコ講和条約が発効した。日本は六年八か月にも及んだ占領のくびきを脱し、再び主権を回復したのである。

筆者はこれまで、昭和天皇が占領下で詠まれた様々な御製を紹介してきたが、御製の中には占領下に特有の、或《あ》る共通した〝調べ〟が感じられるものが多いやうに見受けられた。さうした一連の御製を、ここでもう一度年代順に整理してみたい（丸数字は便宜上付した）。

歌会始　松上雪

①ふりつもるみ雪にたへていろかへぬ松ぞををしき人もかくあれ（昭和二十一年）

②冬枯《ふゆがれ》のさびしき庭の松ひと木色かへぬをぞかがみとはせむ（昭和二十二年）

歌会始　春山

③うらうらとかすむ春べになりぬれど山には雪ののこりて寒し（昭和二十三年）

④春たてど山には雪ののこるなり国のすがたもいまはかくこそ（同右）

⑤風さむき霜夜《しもよ》の月を見てぞ思ふかへらぬ人のいかにあるかと（同右）
　歌会始　朝雪
⑥庭のおもにつもる雪みてさむからむ人をいとどもおもふけさかな（昭和二十四年）
　歌会始　若草
⑦もえいづる春の若草よろこびのいろをたたへて子らのつむみゆ（昭和二十五年）
　名古屋にて
⑧日の丸をかかげて歌ふ若人《わこうど》のこゑたのもしくひびきわたれる（昭和二十五年）

右のやうな御製の延長線上に、この日、昭和二十七年四月二十八日の御製も位置づけ得るやうに思ふのである。

　平和条約発効の日を迎へて
⑨風さゆるみ冬は過ぎてまちにまちし八重桜咲く春となりけり（昭和二十七年）
⑩国の春と今こそはなれ霜こほる冬にたへこし民のちからに（同右）

ここに掲げた御製はいづれも、国の運命を季節の風物に仮託《かたく》して詠《うた》つてゐる点で共通してゐる。占領前期に目立つのは、「冬」の御製である（①〜⑥）。直接「冬」を詠み込んだ御製もあるが（②の「冬枯のさびしき庭」）、その多くは季語によつて厳しい冬の季節を連想させるものになつてゐる（①の「ふりつもるみ雪」、③④の山に残つた「雪」、⑤の「風さむき霜夜」、⑥の「庭のおもにつもる雪」）。

そしてこれらの御製を受けた表現として、⑨の「風さゆるみ冬」、⑩の「霜こほる冬」はある（因《ちな》みに、

「さゆる」は「さ揺る」で、風に揺れるの意）。これらは全て、国の主権を奪はれ、占領軍の過酷な占領政策に翻弄《ほんろう》される国の姿を、厳しい冬の季節に仮託して表現したものである。

また、「冬」の御製の①と②に共通するのは、さういふ冬の時代にもじつと耐へ忍ぶ象徴として、常緑樹の松を取り上げ（「いろかへぬ松」「松ひと木色かへぬ」）、我々もそのやうに雄々しくありたいものだと国民にも呼びかけ（「人もかくあれ」）、またご自身も「鑑」（お手本）とされてゐることである（「かがみとはせむ」）。

そして同じくこれを受ける形で、「まちにまちし」⑨「冬にたへこし民のちからに」⑩といふ表現がある。「まちにまちし」で何故さう言へるかといふと、①②の「松」は「待つ」と掛詞《かけことば》になつてをり、冬の時代にも色変へぬ松のやうに、ひたすら春を「待つ」といふ意が、自《おのず》から含意《がんい》されてゐるからである。

一方、占領後期になると、今度は「春」の御製が目立つやうになる（⑦〜⑩）。昭和二十三年の③④も、「春山」といふ御題で詠まれてをり、一見「春」の御製のやうだが、春になつても「山には雪ののこりて寒し」③、「山には雪ののこるなり」④と、比重はまだ残雪の方にかかつてをり、やはりこれは未だ、「冬」の御製に属する。

ところが、昭和二十五年になると一転して「もえいづる春の若草」⑦と、御製の〝調べ〟にも明瞭な変化が生ずる。この年の一月、マッカーサーは日の丸掲揚の許可に踏み切つたが、⑧の御製にもそれが反映し、希望に満ちた、明るいものになつてゐるのである。

そして、これを受ける形で「八重桜咲く春となりけり」⑨、「国の春と今こそはなれ」⑩と、講和独立の歓《よろこ》びが高らかに歌ひ上げられるのである。

このやうに見てくると、陛下にとつて占領が意味したもの、講和独立の意味したものは明らかであらう。「冬」の時代があつて、初めて「春」の時代がある。「国の春」は「まちにまちし」もの、「冬にたへこし民の力」がもたらしたものなのである。御製はその意味で、日本民族が一様に経験した「占領下」といふ苦難の時代を、〝君民一体〟となつて克服した、その証《あかし》でもあつた。

5　昭和二十九年の北海道ご巡幸（昭和二十九年八月）

占領下のご巡幸は、昭和二十六年十一月の近畿地方行幸で終つたが、日本全国を隈《くま》なく回りたいといふ陛下のご意向で始まつたご巡幸自体は、それで終つたわけではない。以下、講和後のことになるが、それ以降のご巡幸のことについても触れておきたい。

昭和二十五年（一九五〇）の朝鮮戦争勃発のため、先延ばしにされてゐた北海道ご巡幸は、休戦協定締結（一九五三年七月）後の昭和二十九年夏に、ようやく実現した。

八月七日、函館《はこだて》にお着きになつた陛下は、十七日間の日程で北海道の各地を回られた。洞爺湖《とうやこ》から苫小牧《とまこまい》、旭川を経て八月十三日には網走《あばしり》の道立原生花園《げんせいかえん》をご散策になつた。

網走道立公園

浜の辺にひとりおくれてくれなゐに咲くがうつくしはまなすの花

この原生花園は、六月から八月にかけて色とりどりの花を咲かせる。時期遅れとはいへ、浜辺にぽつねんと咲いてゐた薄紅《うすくれない》のハマナスの花の美しさに、陛下は目を瞠《みは》られた。

翌八月十四日からは阿寒湖畔で二泊され、雄大な湖の景観を堪能《たんのう》されてゐる。次の二首は何《いず》れも生物学者たる昭和天皇の面目躍如《めんもくやくじょ》たるものがあるが、二首目は十五日、湖上の遊覧船から水中眼鏡で毬藻《まりも》を覗《のぞ》かれた際のお歌である。

阿寒国立公園

えぞ松の高き梢《こずえ》にまつはれるうすもいろのみやままたたび
水底《みなそこ》をのぞきて見ればひまもなし敷物《しきもの》なせるみどりの毬藻

その後、釧路《くしろ》、帯広《おびひろ》、小樽《おたる》を経て、八月二十一日には札幌にお着きになり、翌二十二日、市内の円山《まるやま》競技場で行はれた第九回国民体育大会の開会式に臨まれた。

札幌国民体育大会

うれしくも晴れわたりたる円山の広場にきそふ若人のむれ

八月二十三日、北海道ご巡幸を無事終へられた陛下は、次のやうな感想を残して、北海道の地を後にされた。

…顧《かえり》みれば、昭和二十一年以来全国各地を回り、直接地方の人たちに会い生活の実情に触れ、相ともに励ましあって国家再建のため尽くしたいと念願してきたが、今回の北海道旅行によって一応その目的を達成出来て満足に思っている。

精神的にも経済的にも非常な混乱状態で困難を極めたはじめのころに比べ、今日においては明るい、しかも力強い国民の姿に接することが出来るようになったのは感慨特に深いものがあり、この間困苦に耐えこれを克服し、着々国家再建の基礎を築いてきた国民諸君の努力を深く多とするとともに心から敬意を表する。

（『天皇御巡幸』）

また、道民に対して次のやうな御製をお詠みになつた。

道民に
なりはひにはげむ人人ををしかり暑さ寒さに堪へしのびつつ

ここに、昭和二十一年二月以来、足かけ九年間・総日数百六十五日・総行程三万三千キロに及んだご巡幸は、漸《ようや》く終りを告げたのであつた。

6　昭和天皇と沖縄をめぐつて

かうして、本土のご巡幸は恙《つつが》なく終へられた陛下であつたが、ただ一つ例外が残された。それは、その時点では未だ本土復帰してゐなかつた沖縄の地への行幸である。

沖縄は、大東亜戦争末期の激戦地である。「本土決戦」を呼号《こごう》してゐた当時の日本にあつて、沖縄は正に「本土決戦」の魁《さきがけ》でもあつた。米軍は昭和二十年三月末に沖縄諸島に上陸を開始、以来組織的戦闘が終結する六月二十三日まで、住民を巻き込んだ三か月に及ぶ死闘が展開される。

さうした中で、住民の集団自決をはじめとする様々な悲劇も生れたが、住民は最後まで日本軍と一緒になつて戦つた。集団自決は、米軍に追ひ詰められた結果として起つた悲劇であり、日本軍の「命令」によるものではない（拙著『沖縄戦集団自決―虚構の「軍命令」』を参照されたい）。

戦闘に勝利した米軍は、沖縄を直接統治下に置き、その施政は二十七年間に及んだが、米軍による沖縄の長期占領は、ソ連や中国の脅威から日本を守るため、実は昭和天皇ご自身が望まれたことでもあつた。

宮内庁御用掛《がかり》として皇室と司令部の橋渡し役をしてゐた寺崎英成《ひでなり》は、昭和二十二年九月十九日、昭和天皇に拝謁《はいえつ》した後、「沖縄の将来に関する天皇の考え」を総司令部外交局長シーボルトに伝へた（『昭和天皇独白録　寺崎英成・御用掛日記』）。シーボルトがマッカーサーに宛てた一九四七年九月二十日付の覚書（昭和天皇の所謂《いわゆる》「沖縄メッセージ」）は、次のやうに述べてゐる。

寺崎氏は、天皇は米国が沖縄、その他の琉球諸島に対する軍事占領を継続するよう希望している、と述べた。天皇の考えでは、そのような占領は米国の利益になり、また、日本を防衛することにもなろう、というのである。このような措置《そち》は、日本国民の間で広範な賛成を得るであろう。（中略）

さらにまた、天皇は、沖縄…にたいする米国の軍事占領は、主権を日本に置いたままでの長期——二五年ないし五〇年またはそれ以上の——租借《そしゃく》方式という擬制《ぎせい》にもとづいて行なわれるべきであると考えている。天皇によれば、このような占領方式は、米国は琉球諸島に対していかなる恒久的野心ももっていないと日本国民に確信させ、ひいてはこれにより、他の諸国、とりわけソ連と中国が同様の権利を要求するのを封ずるであろう。

（『資料日本占領1　天皇制』所収）

この史料は、昭和天皇が沖縄を犠牲にして本土だけを守らうとしたものだ、と往々《おうおう》にして誤つて解釈されてゐるが、それは違ふ。何故なら、右の史料が発見され、大きく報道された昭和五十四年に、昭和天皇ご自身が当時のことを回顧《かいこ》して、次のように述べてをられるからである。

「アメリカが占領して守つてくれなければ、沖縄のみならず日本全土もどうなつたかもしれぬ」

（四月十九日付）

「アメリカに占領してもらふのが沖縄の安全を保つ上から一番よからうと〔言ったと〕思ふ」

（五月七日付、『入江相政日記』第五巻所収）

地政学的には沖縄は、今も昔も大陸に対する戦略的要衝《ようしょう》の位置にある。米軍が撤退すれば、共産主義のソ連と中国は日本を放つてはおくまい。軍備を否定され、丸裸同様にされた日本は、ひとたまりもなく共産化されるだらう。それを防ぐためには、米軍に沖縄占領を継続してもらひ、大陸に対して睨《にら》みを利《き》かせる外はない。さういふ冷徹な戦略的判断から、昭和天皇はこのやうな申し出をされたものと思ふ。

無論、そのことは沖縄県民には大きな犠牲を強ひることになるが、大局的見地から考へれば、それ以外に沖縄と本土を共産主義の脅威から守る術《すべ》はない。昭和天皇にとつては苦渋の選択であつたに違ひないが、この陛下のお申し出に則《のっと》つた形で、サンフランシスコ講和条約では沖縄に対する日本の「潜在的主権」を認めつつ、米軍による軍政が継続されることになつたのである。

序《ついで》に付言するなら、この時、沖縄に対する日本の潜在的主権を米国に認めさせてゐたからこそ、四半世紀後（昭和四十七年）の沖縄「返還」も可能になつたのである。換言すれば、沖縄の共産化を防ぎ、「祖国復帰」を可能にした原動力は、昭和天皇にこそあったと言つても過言ではない。

昭和天皇の沖縄県民に対するお気持は、講和後に詠まれた御製を見れば、一目瞭然である。

　四国地方視察　松山国民体育大会

沖縄の人もまじりていさましく広場をすすむすがたうれしき（昭和二十八年）

先に紹介した「沖縄メッセージ」については、「昭和天皇が沖縄をアメリカに売つたのだ」と悪《あく》態《たい》をつく人もゐるが、とんでもないことである。もし仮に、昭和天皇が沖縄を「アメリカに売つた」り、沖縄を本土の「犠牲」にしたのだとすれば、沖縄に対する後《うし》ろめたい感情が必ずおありになつた筈で、講和後に詠まれた御製の中で、沖縄に言及される筈《はず》がないではないか。

若人が一堂に会する「国民体育大会」の場で、「沖縄の人もまじりて」行進する姿をご覧になつた昭和天皇は、それが「うれしき」、嬉しかつたと詠つてをられるのだ。心ならずも、米軍の沖縄駐留は継続せざるを得なかつたが、昭和天皇にとつて、沖縄の人々もまた、かけがへのない日本国民であることには変りがなかつた。そのことを、この歌は証して余りある。日本国民たるもの、この点を努々《ゆめゆめ》誤解してはならぬと思ふ。

沖縄が本土に復帰したのは、昭和四十七年五月十五日、本土の講和独立から実に二十年を閲《けみ》した後のことであつた。陛下のご感慨は如何《いか》ばかりであつただらうか。

すぐにでも沖縄を訪問し、その労をねぎらひたいと思はれたに違ひないが、治安上の問題から、本土復帰後も沖縄行幸はなかなか実現しなかつた。ようやく実現の目処《めど》がついたのは、昭和六十二年十月開催予定の沖縄国体の開会式に、陛下のご出席が決つてからである。先の北海道行幸から数へても、既に三十年以上が経過してゐた。

同年四月二十一日、沖縄訪問への御思《み》ひを、陛下は次のやうに語つてをられる。

念願の沖縄訪問が実現することになりましたならば、戦没者の霊を慰め、長年県民が味わってきた苦労をねぎらいたいと思っています。また、できるだけ県内の実情を見てまわりたいと思います。そうして、これからも県民が力を合わせ困難を乗り越えて、県の発展と県民の幸福のために努めてくれるよう励ましたいと思っています。（高橋紘『昭和天皇発言録』）

しかし、陛下のご希望が叶《かな》ふことはなかつた。この八日後、天皇陛下は体調を崩され、同年九月には手術を受けられたため、沖縄行幸は中止を余儀なくされたからである。

思はざる病となりぬ沖縄をたづねて果《はた》さむつとめありしを（昭和六十二年）

「たづねて果さむつとめ」とあるところに、陛下の御思ひの、深くして重いものを感ずる。手術を担当した医師団が記録した次のエピソードなどを読むと、いよいよその感を深くするのである。

陛下は（術後）一日目、二日目はご自身では余り体動をされず、おことばもなく静かでした。夜半「もうだめか」と一言漏らされた時、私達はギョッとしました。（中略）看護婦さん達に質《ただ》してもらうと実は予定されていた沖縄訪問が駄目になったと言う意味だったそうで一安心しました。

（産経新聞、平成五年九月六日付）

結局、沖縄国体へは陛下のご名代《みょうだい》として皇太子殿下（今上天皇）がお出ましになることになり、殿下は同年十月二十四日、沖縄平和祈念堂で次のやうなお言葉を代読された。

さきの大戦で戦場となった沖縄が、島々の姿をも変える甚大《じんだい》な被害を蒙《こうむ》り、一般住民を含む数多《あまた》の尊い犠牲者を出したことに加え、戦後も永らく多大の苦労を余儀なくされてきたことを思うとき、深い悲しみと痛みを覚えます。

ここに、改めて、戦陣に散り、戦禍にたおれた数多くの人々やその遺族に対し、哀悼の意を表するとともに、戦後の復興に尽力した人々の労苦を心からねぎらいたいと思います。

終戦以来すでに四十二年の歳月を数え、今日この地で親しく沖縄の現状と県民の姿に接することを念願していましたが、思わぬ病のため今回沖縄訪問を断念しなければならなくなったことは、誠に残念でなりません。健康が回復したら、できるだけ早い機会に訪問したいと思います。

陛下の健康状態は、一度は回復の兆しを見せるが、沖縄行幸のご悲願が叶ふことは、終《つい》になかつた。

昭和天皇の果せなかつた「沖縄をたづねて果さむつとめ」は、今上天皇が立派に果してをられるが、翻《ひるがえ》つて我々国民の側はどうだらうか。今上のやうに、六月二十三日を「沖縄慰霊の日」として記憶してゐる日本人は、どれほどゐるのだらうか。また、昭和天皇のやうに、四月二十八日の主権回復・講和独立を寿《ことほ》ぎ迎へてゐる国民は、どれほどゐるのだらうか。甚《はなは》だ寒心《かんしん》に堪へないのである。

第九章 昭和天皇と今上天皇

昭和天皇と若き日の今上天皇（昭和 27 年／共同通信社）

1　昭和天皇と明仁親王殿下

今上天皇は昭和八年（一九三三）十二月二十三日、昭和天皇と香淳皇后《こうじゅんこうごう》の第一皇子（第五子）としてお生れになつた（ご幼名は継宮明仁親王《つぐのみやあきひとしんのう》）。

昭和天皇は、御自分のご幼少期の経験から、家族で一緒に暮すことを強く望まれたやうだが、時勢はそれを許さなかつた。昭和天皇には、父君の大正天皇を詠《うた》はれた御製が一首も見当らないが、後年（昭和二十年十一月十一日）侍従次長に次のやうな述懐《じゅっかい》をされてゐるところを見ると、それも当然かといふ気がしてきた。

本日拝謁のときに、（中略）

御幼少の頃、〔大正天皇〕両陛下との御交り、即ちお膝許《ひざもと》の御生活はなかりし。御親しみも従って薄し…とのお話あり。（木下道雄『側近日誌』）

従つて、ご自分のお子様方にはさういふ寂しい気持はさせたくない、お手許《てもと》で育てたいといふお気持が、昭和天皇には殊《こと》の外《ほか》強くおありだつた。しかしそのことは、周囲には甚《はなは》だ好ましくないこと、と映つてゐたやうである。

例へば、昭和天皇の第一皇女である照宮《てるのみや》（大正十四年生れ）は、皇子女を幼い頃から他家に預ける宮中の慣例を破り、学齢期になるまで両陛下の許で育てられた。皇后は御自分で授乳したり、おしめを取り替へることまでされた。

しかし、そのせゐで我儘《わがまま》に育つたといふ批判を周囲から受け、昭和五年には別居を余儀《よぎ》なくされてゐる。叔父に当る高松宮は、明仁親王が生れて間もない昭和九年一月七日付の日記に、かう書いてをられる。

新宮《にいみや》が御誕生にて皆大よろこびだ。併《しか》し…御教育方法が心配になる。（中略）両陛下は共に極めて御やさしい。おそらくほんとに御叱りになることはあるまい。（中略）その上に育て方が弱々しくされることによつては男さんについてはたしてどうであらうか。（中略）陛下の御子は、ことに男子については、私情を以て御誤りになつた愛育をおさせすることは出来ぬと思ふ。

（『高松宮日記』第二巻）

〝天皇に「私」なし〟こそが、この国の伝統的な天皇観であつてみれば、たとへ我が子とはいへ、「私情」を以て未来の天皇を溺愛《できあい》するのは「御誤りになつた愛育」だといふのである。この指摘は、兄君の御教育方針を婉曲《えんきょく》に批判したものに他ならなかつた。

結局明仁親王は、両陛下が甘やかし過ぎるからといふ理由で、御祖母の貞明皇后と最後の元老西《さい》園寺公望《おんじきんもち》の判断により、三歳三か月にして東宮仮御所に移された。それでも、生後七十日にして大正天皇の許から引き裂かれた昭和天皇に比べれば、まだしもであつたといふべきか。

明仁親王は、奥日光・湯元の疎開先で終戦を迎へられた（御年十一歳）。八月十五日付で「新日本の建設」と題した、親王の次のやうなご作文が残つてゐる。

…〔敗戦の〕原因は日本の国力がおとつてゐたためと、科学の力が及ばなかつたためです。

それに日本人が大正から昭和の初めにかけて国の為よりも私事を思つて、自分勝手をしたために今度のやうな国家総力戦に勝つことが出来なかつたのです。（中略）これからは苦しい事つらい事がどの位あるかわかりません。どんなに苦しくなつてもこのどん底からはい上がらなければなりません。それには日本人が国体護持の精神を堅く守つて一致して働かなければなりません。（中略）

それも皆私の双肩《そうけん》にか丶つてゐるのです。…もつともつとしつかりして明治天皇のやうに皆から仰がれるやうになつて、日本を導いて行かなければならないと思ひます。

（木下道雄『側近日誌』所収）

右の作文を御覧になつた上でのものかどうか判然としないが、昭和天皇からは九月九日、次のやうな返礼の手紙が親王の許に届いてゐる。

手紙をありがたう（中略）

今度のやうな決心をしなければならない事情を早く話せばよかつたけれど　先生とあまりにちがつたことをいふことになるので　ひかへて居つたことをゆるしてくれ　敗因について一言いはしてくれ

我が国人が　あまりに皇国を信じ過ぎて　英米をあなどつたことである

我が軍人は　精神に重きをおきすぎて　科学を忘れたことである

明治天皇の時には山縣《やまがた》　大山　山本等の如き陸海軍の名将があつたが　今度の時は　あたか

も第一次世界大戦の独国《ドイツ》の如く　軍人がバッコして大局を考へず　進むを知つて　退《ひ》くことを知らなかつたからです
　戦争をつづければ　三種神器を守ることも出来ず　国民をも殺さなければならなくなつたので　涙をのんで　国民の種をのこすべくつとめたのである
（読売新聞、昭和六十一年四月十五日付）

大東亜戦争の敗因について、「科学の力が及ばなかつたため」「精神に重きをおきすぎて科学を忘れたこと」を指摘する点で、両者は共通してゐるが、前者は「日本人が大正から昭和の初めにかけて国の為よりも私事を思つて、自分勝手をしたため」とし、後者は「軍人がバッコして大局を考へず　進むを知つて　退くことを知らなかつたから」とする点でも、不思議に一致する。

また、親王が「国体護持の精神を堅く守つて」「新日本建設に進まなければなりません」とそのご決意を披瀝《ひれき》すれば、昭和天皇も又、「三種の神器を守る」ために「涙をのんで」戦争を止められた所以《ゆえん》を語つてをられる。お二人は、離れ離れに暮してをられたが、父君の苦悩は親王にはよく通じてゐた、といふべきであらう。

同年十一月七日、親王は義宮《よしのみや》（後の常陸宮《ひたちのみや》）と共に帰京され、八日から十一日まで、一年数か月ぶりに親子水入らずの生活をされた。しかし、その後はまた別居され、東宮《とうぐう》仮御所が戦災で焼失したため、親王は赤坂離宮に移られ、昭和二十一年五月からは小金井の東宮御所に移られた。

「私」なき天皇をお育てする上では、親子の同居は好ましくないとする意見は、戦後になつても尚根強いものがあつた。明仁親王のお世話をする東宮職は、東宮（皇太子）の御参内《さんだい》を二週間置きに制限したい意向であつた。これは昭和天皇の御反対により、「譲歩」して毎日曜日といふことになつたが、昭和二十一年十一月二十七日付の寺崎英成《ひでなり》（宮内省御用掛）の日記には、次のやうな記述が見える。

拝謁、皇太子御別居ハ不自然ナリ　何故然《なにゆえしか》りやと米人より質問を受けたる事ありと言上《ごんじょう》す

陛下曰く大体二つの理由あり

一、女官があまやかす怖《おそれ》ある事（日本婦人ハ米英婦人とハ異る）

二、皇太子ハ他日天皇となる　天皇ハ皇太子を私有すべからずとの思想

事柄のいゝ悪いハ別なれ共右二理由に依るとの御話あり

（『昭和天皇独白録　寺崎英成・御用掛日記』）

しかしその一年後、片山首相の「東宮職廃止意見」に対しては、次のやうにお述べになつてゐるところから見ると、昭和天皇も色々考へた末の別居であつたことが解る。

片山は皇太子が予《よ》の膝許で教育されないことを人間味の欠如として心配しておるが、これも予の信条から来ていることである。

予の親としての真情から云えば手許に置きたい。（中略）しかしこれを実現する為には家も建てねばならぬし、又目白の学習院に中等科の校舎を建てねばならぬ。（中略）国民が目下住居の欠乏に苦労しておる際に、かかる私情の為に資材、経費を用うることは慎みたい。

か様に考へると東宮職は現状のまま置くより外はないと思う。

往時皇太子教育の為に東宮職を置いた一つの理由として、予の膝許に置くと予等の側近者、殊に女官達の皇太子に対する追従《ついしょう》や迎合が教育上好ましからず、ということがあったが、今はその虞《おそ》れはないけれども、予等の面前で皇太子を叱りつけることの出来る人物は中々得難いであろう。

（「昭和二十二年九月二、三両日にわたり那須御用邸に伺候の節、御召により拝謁、其の際承る御言葉の要旨」、前掲『側近日誌』所収）

2　家庭教師ヴァイニング夫人招聘をめぐつて

昭和二十年十二月三十日付の『側近日誌』に、かういふ記述がある。

皇太子の米国御留学。これはDykeの考えて居る所だそうだ。

Dykeとは GHQで教育を担当してゐた民間情報教育局（CIE）局長のダイクを指す。ダイクは、マッカーサーとサシで話の出来る数少ないGHQ高官の一人だつた。このダイクの考へがマッカーサーに影響したのだらう、昭和二十一年当初の段階では、マッカーサー自身も「皇太子の米国御留学」を本気で考へてゐたらしい。

当時、東宮職では昭和天皇の時と同じやうに、御学問所を設けて東宮（皇太子）の御教育に当らうとしてゐたが、マッカーサーから「超国家主義か何か、日本一流の思想を皇太子様の若い頭に注射する」ものだとして強硬に反対され、「会議の席上、マッカーサー元帥はアメリカで御教育するとも述べた」といふ（『学習院百年史』第三編）。

結局、日本を占領する米国に皇太子が留学するのでは〝人質〟のやうな感じがするので、その代りに米国人の家庭教師を雇ふ、といふ案が浮上した。それも、米国側が言ひ出したのでは拙《まず》い。天皇陛下の発意といふことにしたいといふことで、皇室に入れ知恵をしたのは、当時皇室とGHQの間を取り持つてゐた英国人ブライスであつた。

ブライスは昭和二十一年二月十四日、初めて昭和天皇に謁見《えっけん》してゐるが、その様子を木下は次のやうに書いてゐる。

2時～3時15分、Blyth に賜茶《しちゃ》。（中略）大臣、次官、侍従長と共に陪聴《ばいちょう》す。Blyth は誠によき人なり。主として MacArthur の Dyke との話を御紹介す。教育詔書のこと、成人教育のこと等、陛下の為大いに御参考になりたるものと思う。（前掲『側近日誌』）

「教育詔書」とは当時模索されてゐた「新教育勅語」を指すが、周知の通り、これは結局出さずじまひに終つた。「MacArthur の Dyke との話」の中に、皇太子の米国人家庭教師の話も含まれてゐたかどうかは判然しないが、ブライスと学習院で同僚だつた新木正之介はかう証言してゐる。

この拝謁直後にブライスは大金宮内次官に、「自分は四月から個人教授の形で皇太子殿下に英語をお教えすることになっているが、別に殿下に英語をお教えする夫人の先生をアメリカから招聘《しょうへい》するとよいと思う」と進言している。（中略）「三月中にアメリカの教育視察団の来日が予定されており、…その節、陛下の御発意の形で、陛下から直接団長に、然《しか》るべきアメリカ婦人の先生推薦を依頼されるとよいと思う。これは自分がＧＨＱ内の状勢を察して、そう考えているのである。」とブライスは言ったらしい。

以上のことを筆者は推量の形で書いたが、中心になる事実はブライスが直接、筆者に語ったものである。（新木正之介「ブライスのこと」、『回想のブライス』所収）

右文中「ＧＨＱ内の状勢を察して」云々《うんぬん》は、それがマッカーサーとダイクの意向であることを婉曲に表現したものだらう。ブライス（R.H.Blyth）は、戦前は金沢（四高）で外国人教師をしてゐたが、戦時中は敵性外国人として抑留され、戦後学習院に奉職、「新日本建設の詔書」（所謂《いわゆる》「人間宣言」）にも大きな役割を果したことは、よく知られてゐる。

同年三月二十七日付の『側近日誌』には、「米国より派遣されたる教育使節団24名に賜謁《しえつ》。…（ストッダード）団長に陛下より、皇太子、今度学習院中等科に入学につき、米国人教師雇入れたくこれが推薦方《ほう》御依頼あり」とあり、通説では米国人家庭教師の件は昭和天皇の御発意によることになつてゐるが、その背後には、「超国家主義か何か、日本一流の思想を皇太子様の若い頭に注射する」代りに、「米国一流の思想」たる民主主義を、次代の天皇に「注入」せんと画策《かくさく》したＧＨＱ側の思惑があつたことは、以上によつて明らかだらう。

昭和天皇は、このブライスの案を受け入れられたが、しかし陛下は陛下で深く期するところもあられたに相違ない。といふのは、一月十八日付の『側近日誌』にはかうあるからである。

夜、黒木〔従達、東宮侍従〕邸にて…馳走になる。席上…陛下が日本のDemocracyとは日本皇室古来の伝統を徹底せしむるにありと云われしことを〔黒木に〕話したるに、涙を流して喜べり。

また、結局公表されることはなかつたが、同時期にアメリカの雑誌『Life』誌から依頼のあつた、皇太子の御教育方針に関する質問に対する陛下のお答は、次の通りであつた。

四、皇太子をデモクラシーに御教育するに如何なる方法がとられつつあるや

「日本皇室伝統の精神を体得せしむべく教育しつつあり」（同右）

このお答は、「ふりつもるみ雪にたへていろかへぬ松ぞををしき人もあくかれ」といふ、昭和二十一年歌会始の御製を筆者に想起させるが、陛下にかかる確信のある以上、アメリカからどんな人物が家庭教師として選ばれてこようが、「日本皇室古来の伝統」は毫《ごう》も揺《ゆる》がない筈《はず》である。

実際に皇太子の家庭教師に選ばれたのは、ヴァイニング夫人といふクリスチャンの未亡人だつた。彼女は昭和二十一年十月から二十五年十二月までの四年間、皇太子はじめ皇族の英語教師を務めてゐる。今上は皇太子時代の記者会見で、ヴァイニング夫人の思ひ出について度々《たびたび》質問を受けてゐるが、答は判で押したやうにいつも同じである。

「バイニング夫人はアメリカ人の良心をもって日本を愛した方ではなかったかという気がします。」（昭和五十七年十二月十七日）

「〔ヴァイニング夫人の〕その時その時の言葉は覚えていませんが、いま振り返ると、アメリ

カ人の良心を非常に感じますね。」（昭和五十八年十二月二十日）

「良きアメリカ人ということを〔ヴァイニング夫人から〕学んだように思います。（中略）アメリカの建国の精神を具現している人という意味で…」（昭和六十二年九月二十八日）

（薗部英一編『新天皇家の自画像』）

一方、ヴァイニング夫人のゐた占領下で、ＧＨＱは皇室祭祀令を廃止し、その結果、「日本の建国の精神」をお祝ひする紀元節祭は禁じられた。にも拘《かかわ》らず、昭和天皇は戦前の紀元節祭を廃されることなく、二月十一日には「臨時御拝《ぎょはい》」のお祭りを欠かされなかつたといふ。また、今上陛下もそれを受け継がれ、二月十一日には今でもそのお祭りを厳修されてゐるといふ（鎌田純一「皇室祭祀と建国の心」、『日本の息吹』平成八年二月号）。

今上陛下は、かう仰りたいのではあるまいか。ヴァイニング夫人からは「アメリカ人の良心」「アメリカの建国の精神」を教へていただいた。それには素直に感謝したいが、日本人には「日本人の良心」がある、私は「日本の建国の精神」を体してお祭りを厳修していきたい。さういふ陛下の内なるお声が、聞こえてくるやうである。

それは又、「日本の Democracy とは日本皇室古来の伝統を徹底せしむるにあり」といふ昭和天皇の御教へを、陛下が受け継がれた結果に他ならない、と思ふのである。

3　占領下の皇室祭祀と神道指令

敗戦直後の昭和二十年十一月十二〜十五日、昭和天皇は終戦のご奉告《ほうこく》のため、伊勢方面に行幸になつた。それに先立つ十月三十一日、天照大御神の御前で奏上される御告文《おつげぶみ》の内容を如何《いかが》致しませうかとの木下侍従次長のお伺《うかが》ひに対し、次のやうにお答へになつてゐる。

九月三日の御告文〔宮中三殿での終戦奉告〕と同様の趣旨にてよし。神の御力によりて国家の再建と世界平和確立に尽くさんとす。　（木下道雄『側近日誌』）

また、翌十一月一日には、「伊勢行幸にて畝傍《うねび》〔神武天皇陵〕、桃山〔明治天皇陵〕、又還幸後多摩陵〔大正天皇陵〕には御自拝あるも、他の山陵に侍従をして御代拝せしむる事如何《いかん》」との御下問《ごかもん》があつたが、結局歴代山陵の御代拝は侍従でなく、皇族が手分けして行ふことになつたことは、第三章（8「皇族と終戦」）で紹介した通りである。

「神の御力によりて国家の再建…に尽くさん」との陛下の御《み》思ひには、余程強いものがあつたやうで、十一月二十三日、陛下は風邪を押して宮中の新嘗祭《にいなめさい》にも出御《しゅつぎょ》されてゐるが、木下の前日の日記には、次のやうにある。

明日は新嘗祭なり。両三日前より聖上《せいじょう》御風邪の気味なるにつき、八田侍医頭《じいがしら》明日の御親祭につき躊躇《ちゅうちょ》せるが、聖上には、神に対し大宮様〔貞明皇后〕に対し、又国民に対し、是非明日は祭に出る、たとえ少々病気になりても差支えなしとの事。　（木下、前掲書）

また、十一月三十日には、歴代山陵の御代拝に出発される各宮様に対し、「御思召《おぼしめし》を伝えらるるを可とする旨」木下が申し上げたところ、陛下は以下の二点を伝へるご意向を木下に対して示されてゐる。

イ　敗戦は朕の不徳の致す所なり。御詫《おわ》び申上ぐこと。

ロ　新日本建設の為神助《しんじょ》あらんこと。

（同右）

敗戦の責任を一身に受け止め、「神助」を切に祈られる昭和天皇の気迫と真剣さには、誰しも心打たれずにはゐられないが、占領軍は天皇陛下の祭祀に対するかうしたご姿勢を、如何なる思ひで見てゐたのだらうか。

占領軍が皇室（宮中）祭祀について触れた、恐らく最初の文書は、一九四五年十月二十日に連合国翻訳通訳部（ＡＴＩＳ）から送られてきた神道研究のレポートで、ここには次のやうに書かれてゐる由《よし》である。

世界の平和への脅威となることなく、天皇が国民の祭祀王（Priest-King）の地位を維持することはできる。

（大原康男『神道指令の研究』より再引）

後に神道指令を書くことになるＣＩＥ（民間情報教育局）宗教課のバンスは、右の箇所に次のやうにコメントした。

同意する。しかしながら、国民の中にある「祭祀王」への信仰は、彼らの自由な選択に全面的に基礎づけられなければならないし、国家の圧力・宣伝、または国家の神道への支援・関係

によって強制され、生み出され、助長されてはならない。　（同右）

また、バンスは十月三十日付でダイクCIE局長に宛てて、次のやうに書いてゐる。

天皇が危険であるという理由は、天皇が精神的・政治的双方の権力であるということにある。…我々は都合のよい時に天皇を政治的権力から分離させ、強制的でなく、それを好む人々が従う国家神道の精神的首長として残ることを容認すべきである。　（同右）

ここには、天皇の「祭祀王」「国家神道の精神的首長」としての地位は、天皇から「政治的権力」を取り去れば「容認」してよい、との考へが示されてゐる。即ち、占領軍は皇室祭祀自体を脅威とは見てゐなかつたのであり、従つて同年十二月十五日に出された神道指令の中にも、皇室祭祀に直接触れた文言《もんごん》は見当らない。

当時宮内省総務局長であつた加藤進は、この点に関して次のやうに証言してゐる。

日本の法律には二つの柱がありました。一つは憲法があつて、その下に法律があるのですが、一方には皇室令があって、皇室だけは法律的に全然政府の法律や勅令に拘束されない区域があった。皇室祭祀令もそこにあったのです。

実は何故か、進駐軍は少しも皇室祭祀に触れなかった。神道指令がある為、世間では混同していますが、…皇室令は神道指令の影響は受けなかったのです。

（加藤進「戦後日本の出発」、『祖国と青年』昭和五十九年八月号）

「皇室令」といふのは、大日本帝国憲法を根拠とする「国務法」に対し、旧皇室典範を根拠とする「宮務法」として制定されたもので、皇室祭祀令もその一つ（明治四十一年制定）であつた。
皇室祭祀令の規定する皇室祭祀には、天皇が皇族・官僚を率《ひき》ゐ、御親《おんみずか》ら祭典を行はれる大祭《たいさい》と、天皇が皇族・官僚を率ゐて拝礼、掌典長《しょうてんちょう》が祭典を行ふ小祭《しょうさい》の二種がある。大祭と小祭の主なものは次の通りである（当時）。

大祭　元始祭《げんしさい》（一月三日）
紀元節祭（二月十一日）
春季皇霊祭・春季神殿祭（春分の日）
神武天皇祭（四月三日）
秋季皇霊祭・秋季神殿祭（秋分の日）
神嘗祭《かんなめさい》（十月十七日）
新嘗祭（十一月二十三日）
大正天皇例祭（十二月二十五日）

小祭　歳旦祭《さいたんさい》（元旦）
祈年祭（二月十七日）
天長節祭（四月二十九日、天皇誕生日）
明治節祭（十一月三日）
賢所御神楽《かしこどころおかぐら》（十二月中旬）

神道指令から一週間後の昭和二十年十二月二十二日、宮内省は皇室祭祀令を改正したが、天皇が「皇族及官僚ヲ率キテ」の部分や、「国家ノ大事」を宮中三殿・神宮・山陵に報告する規定の削除など、神道指令に違背《いはい》する恐れのあつた、国家との関係を断つことを主眼とする部分改正に止まつた。このことについては、当時宮内次官であつた大金《おおがね》益次郎が次のやうに述べてゐる。

…天皇のおまつりというものが、天皇個人としての私的信仰なりやいなやという点につきましては、深い疑問を持つておつたのでございますけれども、…神道指令を調べてみましたところ、幸いにして個人の信仰は自由に保障されておるという条項がございますので、それを頼りと申しますか基本といたしまして、皇室祭祀令を改正したわけでございます。（中略）

…宮中三殿のお祭りにつきましては、要するに天皇が大祭なり小祭なりを行わせられるときには、文武百官をひきいてお祭りをされる。あるいは文武百官に参列せしめるという条項…を改めまして、皇族および宮内官が参列をしてお祭りが行われるという程度に、改めましたわけでございます。

（「憲法調査会第三委員会第十四回議事録」）

その後、昭和二十二年五月三日に新憲法・新皇室典範が施行されるに及び、この皇室祭祀令も廃止されたが、それ以降も祭祀は従前通りに斎行《さいこう》された。といふのは、その前日、宮内府長官官房文書課長の依命通牒《いめいつうちょう》により、「従前の規定が廃止となり、新しい規定ができていないものは、従前の例に準じて、事務を処理すること」とされたからである。

4　紀元節の廃止と紀元節祭

皇室祭祀と密接に関係してゐるものに、祝祭日《しゅくさいじつ》がある。祝祭日と一口にいふが、祝日と祭日は元々異なつた概念である。祝日とは建国や独立など、国家の重要な節目の日を祝ふ目的で設けられたもので、当時は次の五日であつた。

四方拝《しほうはい》（新年節、元旦）
新年宴会（一月五日）
紀元節（二月十一日）
天長節（四月二十九日）
明治節（十一月三日）

この内、新年宴会を除く四日を「四大節」と呼んでゐた。

一方、祭日は皇室祭祀の大祭に基づく七日（既述、但し紀元節祭は右祝日の紀元節と重複）で、「大祭日《たいさいじつ》」と称してゐた。祝祭日は「祝日大祭日」を略したものである。

占領軍は、皇室祭祀を許容した如く、当初は祝祭日についても許容してゐた。といふのは、神道指令の草案には次のやうな文言が見えるからである（祝祭日については別途処理することになつたため、結局指令からは除かれたが）。

…以下の国民の祝祭日は許される。但し、それらの祝日に関連する式典に参加することを強制してはならない。――四方拝、元始祭、新年宴会、紀元節、春季皇霊祭、神武天皇祭、天長節、秋季皇霊祭、神嘗祭、明治節、新嘗祭、大正天皇祭

（高橋史朗「紀元節及び学校儀式の廃止過程に関する一考察」、『占領教育史研究』第二号）

事実、昭和二十一年初頭の段階では、占領軍のトップの一人であつたダイクCIE局長さへ、後に廃止される紀元節の存在意義を認めてゐた。これは当時の文部大臣安倍能成《よししげ》との二月二日の会見の様子である。

安倍大臣　…神話と歴史は混同されてはならないが、神話もまた存在理由がある。どの国でも古代は神話につつまれているのが常であり、日本の国もまた、たとえ二六〇〇年でないまでも、非常に古い国であることはたしかであろう、また皇室を常にその中心として来たことも、たしかである。ゆえに、その意味で紀元節を記念し、さらに新しい日本の建設という意味で、この日を祝うべきである…。（中略）

ダイク　日本の過去には、たしかに恥ずべきことよりも、誇るべきことが多いと思う。日本の過去のよいものを保存する必要はある。

安倍大臣　合理主義をつきつめる危険は、フランス革命の恐怖政治がよくあらわしている。

ダイク　然《しか》り、合理主義のみよしとすれば、宗教も存在しえなくなる。（中略）

安倍大臣　（中略）紀元節の第三節および第四節にいけない箇所があるというが――

ダイク　あれは最初いけないと言ったが今年はいいことにした。

（神谷美恵子「文部省日記」、『遍歴』所収）

「紀元節の第三節および第四節」とは、唱歌「紀元節」の歌詞の三「天つひつぎの高みくら／千代よろづ世に動きなき／もとゐ定めしそのかみを／仰ぐ今日こそたのしけれ」と、四「空にかがやく日の本の／萬《よろづ》の國にたぐひなき／國のみはしらたてし世を／仰ぐけふこそ楽しけれ」を指してゐる。万世一系の皇位を寿《ことほ》いだ歌詞であり、ＣＩＥ局長が前言を翻《ひるがえ》して「今年はいいことにした」と安倍に答へたのは、やや意外の感がある。

しかし、占領軍は昭和二十三年になつても、依然《いぜん》として戦前の祝祭日を否定してゐなかつたことは、次の総司令部発表を見ても明らかである。

総司令部発表＝総司令部は四日日本政府に対し一ヶ年を通じ左の十二日の祝祭日に国旗を揚げてよいと通告した、一月一日四方拝、一月三日元始祭、一月五日新年宴会、二月十一日紀元節、三月廿一日春季皇霊祭、四月三日神武天皇祭、四月廿九日天長節、九月廿一日秋季皇霊祭、十月十七日神嘗祭、十一月三日明治節、十一月廿三日新嘗祭、十二月廿五日大正天皇祭

（朝日新聞、昭和二十三年三月五日付）

だが、この時既に紀元節に対しては、占領軍の一部から横やりが入つてゐた（昭和二十二年末）。当時の片山内閣は、「宗教課によって示された既存の祝祭日のうちいくつかは廃止すべきだとの示唆を受け入れる姿勢を示した」（ウッダード『天皇と神道』）が、これには世論が強い抵抗を示した。翌二十三年一月の世論調査の結果、建国記念日・紀元節（二月十一日）を祝日として残すことを希

望した者は八一・三％で、新年（九九・九％）、天皇誕生日・天長節（八六・七％）に次ぐ高い支持率を示し、また総理府には二万通を超える紀元節存続の投書が殺到したといふ（同右）。

だが、バンス宗教課長は、「二月十一日は日本人の心に自動的に伝説的な神武天皇を連想させるので、たとえ国会で採択されたとしても絶対に認めない」と通告、国会では紀元節を「国始《こくし》の日」と言ひ換へて残さうとしたが、占領軍の強硬な反対のため、国会での議論は二か月間も空転した。バンスは紀元節を廃止させる指令案まで用意したが、最終的には占領軍は指令は回避し、民政局（GS）が総理府に口頭で勧告してこれを動かし、同年七月五日、紀元節抜きの「国民の祝日に関する法律」案を通過させることで、所期の目的を達したのであつた（ウッダード、前掲書）。

この時定められた「国民の祝日」は、次の九日である。

元日（一月一日）【四方拝】
成人の日（一月十五日）
春分の日【春季皇霊祭・春季神殿祭】
天皇誕生日（四月二十九日）【天長節】
憲法記念日（五月三日）
こどもの日（五月五日）
秋分の日【秋季皇霊祭・秋季神殿祭】
文化の日（十一月三日）【明治節】

勤労感謝の日（十一月二十三日）【新嘗祭】

戦前の祝祭日（【 】）と比較して一番大きな変化は、皇室祭祀の大祭に由来する多くの祭日が消え【元始祭、紀元節祭、神武天皇祭、神嘗祭、大正天皇祭】、消えずに残つた祭日【春秋の皇霊祭・神殿祭、新嘗祭】も、祭祀との関連を断たれた単なる「祝日」に変更された点だらう（春分の日、秋分の日、勤労感謝の日）。これは「祭日」の語を削除して「国民の祝日」とした点に、最も典型的に表れてゐる。

この法律案に対する衆議院文化委員長の趣旨説明は、次のやうに苦渋に満ちたものにならざるを得なかつた。

> 従来は、皇室の祭典の行われる日がいわゆる祭日で、国及び国民一般の恒例としての祝い日がいわゆる祝日であるとせられていたのに反し、今後は、祝日の一本立てとし、…「国民の祝日」とした。（中略）
>
> そもそも紀元節ないし建国の日の存置は、世論調査その他でも示された通りに、国民大衆の最も熱望していたところであって、われわれはその心持も十分に斟酌《しんしゃく》して、国の誕生日を祝うという意味でいわゆる「国始の日」を設けようとしたのであるが、これを置くべき日付に関して確定案を得ず、遂に保留するのやむなきに至ったことは、実《まこと》に遺憾の極みであり、同胞諸君に対してもまことに申し訳ない。　（受田新吉『国民の祝日と余暇』）

かうして、宮中における皇室祭祀は存続しても、祝祭日の方は換骨奪胎《かんこつだったい》された「国民の祝日」となり、祭祀を要《かなめ》とする天皇と国民の絆《きずな》は断たれたのである。

また、紀元節の廃止は、宮中の紀元節祭にも直ちに影響した。紀元節祭は午前中に大祭が執行され、午後六時より御神楽が夜半まで奏される慣はしであつたが、昭和二十四年からはこれが廃止された。但し、昭和天皇は御熟慮の結果、左の如く仰せられたさうである。

一　二月十一日紀元節祭は行はなくても当日は特別に拝礼をする。

一　紀元節祭の後に奏上申し上げてゐた御神楽は、四月三日神武天皇祭（大祭）に奏上せよ。

（鈴木正男『昭和天皇のおほみうた』）

このことは前項でも言及したが、かくして紀元節祭は形の上では消滅したものの、それに代る「臨時御拝《ぎょはい》」が昭和天皇と今上陛下の思召により、今日でも欠けることなく続いてゐるのである。

その後、紀元節は昭和四十一年には「建国記念の日」として復活を見たが、国民が挙《こぞ》つてこれをお祝ひするといふ雰囲気には、残念ながらほど遠いのが現状である。

この国の中心には、今も昔も天皇陛下がをられ、人知れず〝国安かれ、民安かれ〟のお祭りを続けられてゐる。

だが、「祝日」はあつても「祭日」を持たぬ今の日本人には、そのことを偲ぶ縁《よすが》がない。皇室の祭祀とは全く無縁のところで、祝日は意味不明の休日と成り果ててゐるのが現状である。

果して、これでいいのだらうかと思ふのである。

第十章 光格天皇の祈りと今上天皇の祈り

光格天皇像（東京大学史料編纂所蔵）

1　二百年ぶりの譲位が意味するもの

平成三十一年四月末をもつて平成の御代《みよ》は終り、五月一日から新たな御代を迎へることになつた。この御代替りはしかし、少なくとも近代以降の御代替りとは異なつてゐる。明治・大正・昭和・平成のやうに先帝崩御による御代替りではなく、天皇の御位《みくらい》を皇太子に譲りたいといふ、今上天皇の明確なご意思によつて発動された、「譲位」による御代替りだからである。

大日本帝国憲法下においても日本国憲法下においても、皇位継承は天皇崩御《ほうぎょ》に伴ふものだつた。天皇は「終身在位」が前提とされたのであり、明治期にこのシステムを構築したのは伊藤博文（初代内閣総理大臣）だが、何度も内閣を組織しては投げ出したその伊藤に対して、明治天皇がかう仰つたことは有名である。

「卿等《けいら》は辞表を出せば済むも、朕は辞表は出されず」（明治三十四年五月）

天皇には位を投げ出す、もしくは譲位する自由はない。これが近代日本における、皇位継承の在り方の根本であつた。しかし、その終身在位制にピリオドが打たれる時が来た。今上天皇が譲位のご意思を表明され、「今上一代限り」とされたとはいへ、曲りなりにもそのご意思によつて、譲位が実現する運びとなつたからである。

譲位か、退位か？

世間では、何故かこれを譲位とは言はず、「退位」と言つてゐるやうだが、そこには実に姑息《こそく》な理由がある。天皇陛下が譲位を言ひ出されて、それによつて歴史が動いたのでは今の憲法上都合が悪いから、といふのである。

現行日本国憲法には、「天皇は、この憲法の定める国事に関する行為のみを行ひ、国政に関する権能を有しない」（第四条）といふ規定があり、「国政に関する権能」を天皇には認めてゐない。だから、天皇の発言によつて政治が動いたといふことになると、憲法違反の疑ひを免れず、憲法上認められないのだ。

よつて、今回の御代替りは天皇が次の天皇に位を譲るといふ意味での、天皇が主体の「譲位」ではなく、憲法第一条に「天皇の地位は…日本国民の総意に基く」とあることに鑑み、これはあくまで「日本国民の総意」に基づいた「退位」であるといふ趣旨の特別の法律（「天皇の退位等に関する皇室典範特例法」、平成二十九年六月九日公布）まで作つて、合法的な体裁《ていさい》を整へた。実に姑息である。

何故なら、天皇のご意思はあくまで譲位にあり、「退位」ではなかつたからだ。

平成二十八年七月、ＮＨＫが「天皇陛下、生前退位のご意向」とスクープして以降、マスコミには「（生前）退位」といふ言葉が洪水のやうに溢《あふ》れたが、そのことに一番驚かれたのは、今上天皇ご自身であつたと思はれる。何故なら、陛下はその六年前の平成二十二年七月の参与会議の席で初めてこの問題を切り出された際、かう仰つたからだ。

私は譲位すべきだと思っている（「皇后は退位に反対した」、『文藝春秋』二〇一六年十月）

退位ではなく、譲位が今上天皇のご意思であつたことは明白だ。その証拠に、「生前退位」といふこの奇妙な言葉に関しては、皇后陛下が次のやうに仰つてゐる。

新聞の一面に「生前退位」という大きな活字を見た時の衝撃は大きなものでした。それまで私は、歴史の書物の中でもこうした表現に接したことが一度もなかったので、一瞬驚きと共に痛みを覚えたのかもしれません。（平成二十八年、皇后陛下お誕生日に際して、宮内庁ホームページ）

皇后陛下がここまで仰るといふことは、これは陛下のご意向をも踏へた、マスコミに対する婉曲《えんきょく》な抗議と受け止めるしかない。「生前退位」もしくは「退位」ではなく、陛下のお気持は飽くまでも、日本の歴史に則《のっと》つた譲位なのである。

皇后陛下がここで仰る通り、歴史的には譲位が正式の用語であり、「退位」は極めて特殊な場合にしか用ゐられない。このことについては、例へば次のやうな指摘がある。

歴史的事実として古来、専《もっぱ》ら使はれてゐた語は「譲位」（または「禅位《ぜんい》」「遜位《そんい》」など）であり、反面「退位」の用例が殆ど見られないことは明晰《めいせき》である。…少なくとも史実としては往古《おうこ》以来、天皇は「譲位」されてきた。（植戸万典「譲位の儀式について―古代の事例を主に―《補篇》」、『神社新報』平成二十九年九月十八日）

また、事実としても今回の事例は、「日本国民の総意」に発したものではない。あくまでも今上の明確なご意思に発したものであり、ただそれに「日本国民の総意」（各種世論調査の結果）が同調したので、憲法上の整合性を図る必要から、さういふ法律的体裁を整へたといふに過ぎない。

よつて今回の御代替りは、たとへ法律がどうあらうとも、歴史的事実としては天皇陛下がその御位を皇太子に譲られるといふ意味での譲位であつて、退位ではありやう筈《はず》がない。

光格天皇以来、二百年ぶりの譲位

今回の譲位は、江戸時代後期の光格《こうかく》天皇以来、実に二百年ぶり（正確には二百二年ぶり）のことである。このことには、どういふ歴史的意味があるのだらうか。光格天皇の御代を振り返る中から、そのことについて考へてみたい。

ここで光格天皇を取り上げる理由は、光格天皇の譲位の先例を、今上が非常に意識してをられるからである。例へば今上は平成二十二年七月、譲位のご意向を皇后陛下や側近に初めて示された際、光格天皇の譲位について調べるやうにといふことを、宮内庁幹部に御下命になつてゐる（産経新聞、平成二十九年一月二十四日付）。この時既に、最も近い譲位の先例である光格天皇のことを調査して、将来の譲位に備へたい、といふお気持だつたと拝察する。

また、今上はこの国の譲位の歴史への理解が「広く深まってほしい」と周囲に述べられ、光格天皇の名も挙げて、「どのような譲位だったか多くの人に知ってもらいたい」といふ趣旨の話を複数の人にされてゐる由《よし》である（朝日新聞、平成二十九年四月十三日付）。

従つて今回の譲位は、その直近の歴史である光格天皇の譲位を抜きにしては考へられない。如上《じょじょう》のご発言からも解る通り、今上天皇の譲位は、それに倣《なら》はれた形跡が多分にあるやうに見受けられるからである。

2 光格天皇といふお方

光格天皇は第百十九代天皇（幕末の孝明天皇の二代前）で、明和八年（一七七一）のご生誕、崩御は天保十一年（一八四〇）である。御在位は安永八年（一七八〇）からの三十八年間で、平成の御代（三十一年間）を上回る長さである。仁孝《にんこう》天皇に譲位されたのは、明治維新の丁度五十年前に当る文化十四年（一八一七）のことだつた。

皇統譜（皇室の系図、次々頁を参照）を見ると、光格天皇は今の天皇家の直系（直接の祖先）に当るが、光格天皇ご自身は閑院宮《かんいんのみや》家のご出身であり、それまでの天皇から見れば傍系《ぼうけい》に当る。これは、その一代前の第百十八代後桃園《ごももぞの》天皇が早逝《そうせい》されたために、女のお子さんしかをられなかつたといふ事情による。

かういふ場合には女帝を立てることをせず、皇統は男系でつないでいく（万一女帝を立てる場合も、男系女子を中継ぎとして立てる）といふのが、我が国の皇室の不動の伝統である。

光格天皇の場合は、後桃園天皇（第百十八代）→桃園天皇（第百十六代）→桜町天皇（第百十五代）

↓中御門天皇（第百十四代）↓東山天皇（第百十三代）と皇統を五代も遡《さかのぼ》り、東山天皇から別れた傍系である閑院宮家の末裔《まつえい》に当つてゐた祐宮《さちのみや》（兼仁《ともひと》）が、僅《わず》か九歳で践祚《せんそ》する。

光格天皇は傍系の出自《しゅつじ》であつたことから、当時これを軽んずる向きもあつたが、傍系から天皇に立たれたが故に、逆に皇統を強く意識されてゐた。例へば寛政十三年（一八〇一）、三十一歳の折の御製には、かうある。

　すべらぎの世々の例《ためし》をうけつぎて神につかふる春ぞかしこき

天皇として傍系から立つた自分は、歴代天皇の規範を受け継ぐことで神にお仕へするのだといふ強烈な皇統の意識が、ここからは感じられる。また、ご自身の署名には「神武百二十代兼仁」「百二十統兼仁」などといふ例が多く見え、神武天皇から百二十代目（皇統譜では百十九代）であるといふことを強く意識してをられたことが窺《うかが》へる。更にそれまでの天皇が、天皇ではなく「院」としか呼ばれてゐなかつたのに対して、「大日本国天皇兼仁」といふ署名も見え、ご自分こそがこの国の統治者たる「天皇」であるといふことを、強く意識してをられた。「天皇」号は、平安中期以降、九百年近くも中絶してをり、天皇が「院」号でなく、再び「天皇」号で呼ばれるやうになるのは、実は光格天皇以降のことなのである（光孝天皇以来、九五三年ぶりの再興）。

精神史的には、この光格天皇の御自覚が天皇権威を再浮上させ、五十年後の明治維新（「神武創業之始《はじめ》ニ原《もとづ》キ」とした「王政復古の大号令」）への橋渡しの役割を果した、とされる（藤田覚『幕末の天皇』、同『光格天皇』等を参照）。

皇統譜

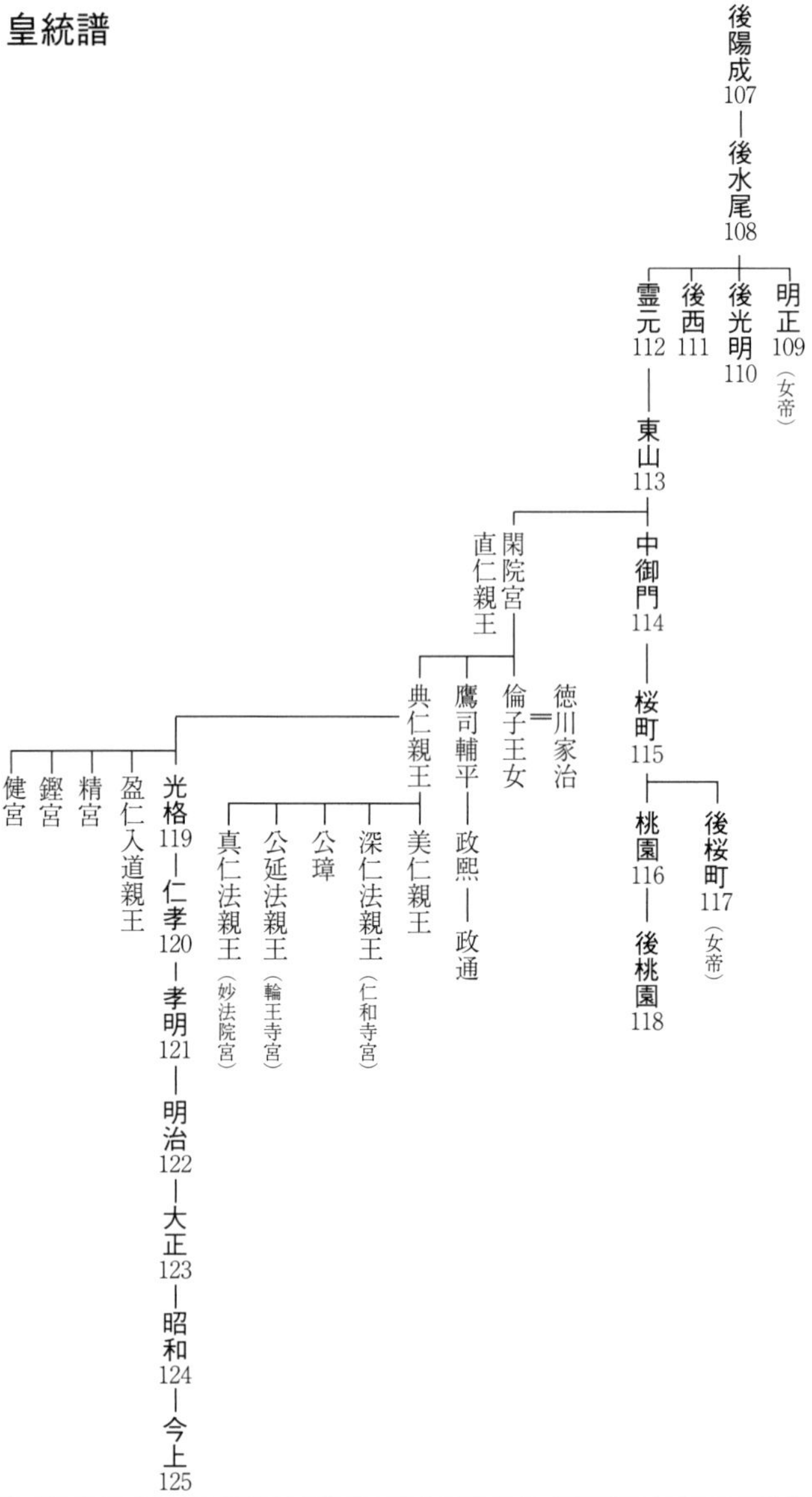

後陽成 107
後水尾 108
明正 109（女帝）
後光明 110
後西 111
霊元 112
東山 113
中御門 114
桜町 115
後桜町 117（女帝）
桃園 116
後桃園 118
閑院宮直仁親王
徳川家治
倫子王女
鷹司輔平
政熙
政通
典仁親王
美仁親王
深仁法親王（仁和寺宮）
公璋
公延法親王（輪王寺宮）
真仁法親王（妙法院宮）
光格 119
仁孝 120
孝明 121
明治 122
大正 123
昭和 124
今上 125
盈仁入道親王
精宮
鏗宮
健宮

3　光格天皇と今上天皇

「御所千度参り」と光格天皇

現代の我々が光格天皇について調べてゐて、驚かされることの一つは、自然災害に対する天皇のご行動である。

この時代に起つた最大の自然災害は、「天明の大飢饉《ききん》」（一七八二〜八八）である。浅間山の噴火を原因とする異常気象のために、お米が全く取れなくなり、全国で数万人が餓死し、百万人近い人が疫病《えきびょう》で亡くなつた、と言はれてゐる。江戸や大坂では米価が暴騰《ぼうとう》し、「打ちこわし」が頻発《ひんぱつ》したことでも知られる。

この未曾有《みぞう》の飢饉の最中（天明七年・一七八七）に、京都では奇妙な出来事が起つてゐる。どこからともなく人々が集まつて来て、天皇のお住ひである御所《ごしょ》の築地《ついじ》の周りを、ぐるぐると回り始めたのである。最初は数十人だつたその数は、みるみるうちにその数を増し、数日すると五万人といふ大変な数に膨《ふく》れ上つてゐた。

群衆は何をしたかといふと、御所の周りをぐるぐる回つては、南門の前で立ち止まり、天皇のゐらつしやる紫宸殿《ししんでん》に向つて拝礼し、何事かを念じながらお賽銭《さいせん》を投げいれた、といふ記録が残つてゐる。これは、今日我々が皇居に一般参賀に行くのと、神社に初詣《はつもうで》に行くのとを一緒にしたやうな感覚なのであらう。この自然発生的な民衆の行動を、歴史学の方では「御所千度参り」と呼んでゐる。

似たやうな民衆の行動に、伊勢の「おかげ参り」があるが、こちらは二十年に一度の伊勢の式年《しきねん》遷宮《せんぐう》を目がけて、何十万人といふ老若男女《ろうにゃくなんにょ》がうち揃《そろ》つて、憑《つ》かれたやうにお伊勢参りに出かけたといふ記録だが、御所千度参りはそれとも少し異なり、直接天皇のお膝元《ひざもと》である御所に、民衆がつめかけたのである。

これは理由ははつきりしてをり、天明の大飢饉によつて米の値段が高騰し、食へなくなつた民衆が生活苦からの救済を求めて、御所に押し寄せたのである。最初、民衆は京都町奉行に嘆願するのだが、幕府は何もしてくれず、埒《らち》が明かないので御所に参詣《さんけい》し、天皇に願掛《がんか》けし、お賽銭を投じてゐたのである。

当時の朝廷は、経済的には甚《はなは》だ不如意《ふにょい》であり、群衆を救ふだけの経済力は天皇にもなかつたが、光格天皇はここで意外なご行動に出る。幕府が救済米を放出し、窮民《きゅうみん》を助けられないかといふことで、直接幕府との交渉に乗り出されたのである。

江戸時代には、天皇の行動は禁中並公家諸法度《きんちゅうならびにくげしょはっと》により、厳しく制約されてゐた。政治向きのことには、天皇は一切口出し出来ない立場に置かれてゐた（今の天皇のお立場とよく似てゐる）のだが、その禁を破つてまで、天皇はさういふことをされたのである。

そのお気持を詠まれた御製が残つてゐる。天明七年、御所千度参りがピークに達した頃のお歌である。

民草《たみくさ》に露《つゆ》の情けをかけよかし代々《よよ》の守りの国の司《つかさ》は

「かけよかし」は、かけてやってほしいの意。「代々の守りの国の司」とは、徳川将軍（当時は家斉《いえなり》）を指す。そしてご自分はといふと、かういふ御製を詠《よ》まれてゐる。

みのかひは何いのるべき朝な夕な民安かれと祈るばかりを

「みのかひ」とは、自分の身の上といふ意味である。「何いのるべき」と反語表現になつてゐるから、私は自分の身の上のことなんて祈らない、朝な夕な「民安かれ」と祈るばかりだ、といふお歌である。

幕府は、光格天皇のご行動を無視できなかつた。結果的に幕府は、朝廷の願ひに応ずる形で、京都町奉行に命じて米五百石を、ついで翌月には米千石を飢饉対策のために放出した。民衆の願ひは聞き届けられたのである。これは、天皇が幕府の政治に直接口を出し、幕府がそれを受け入れた、近世・近代を通じて最初の事例になつた。

この光格天皇のご行動は、多くの点で今上天皇と重なる点がある。

光格天皇と今上天皇の共通点

平成二十八年八月八日の天皇陛下の「おことば」の一部を引用したい（傍線引用者）。

私はこれまで天皇の務めとして、何よりもまず国民の安寧《あんねい》と幸せを祈ることを大切に考えて来ましたが、同時に事にあたっては、時として人々の傍《かたわ》らに立ち、その声に耳を傾け、思いに寄り添うことも大切なことと考えて来ました。

光格天皇と共通してゐるのは、第一に「国民の安寧と幸せを祈ること」、「民安かれ」といふ祈りである。勿論《もちろん》、「国安かれ、民安かれ」の祈りは、歴代天皇の全てに共通するものだが、光格天皇と今上天皇の場合は、ただ皇居の中で祈るだけには止《とど》まつてゐない点に、共通点が認められる。その祈りは、天皇の行動にまで転化するのである。「事にあたつては、時として人々の傍らに立ち、その声に耳を傾け、思いに寄り添う」といふのは、さういふ意味である。

光格天皇は、天明の飢饉といふ近世最大の自然災害に遭遇《そうぐう》し、飢ゑ《う》に苦しむ人々を見て、居ても立つてもゐられず、幕府に対して米を放出するやう要求された。今上天皇もまた、千年に一度と言はれたあの東日本大震災に当つては、終戦の詔書以来と言はれる異例の「おことば」を発表され、被災した人々を勇気づけるために皇后陛下とご一緒に、何度も何度も被災地に足を運ばれ、膝をついて、被災者と同じ目線でお見舞をされたことは、私たち全国民がよく知つてゐることである。それを目の当《ま》りにした被災者は、どんなに勇気づけられたことか。

光格天皇と今上天皇の第二の共通性。それは、天皇のご行動が、直接国政を動かしたといふ事実である。光格天皇の当時も、今の天皇陛下の場合も、天皇は政治に介入してはならないと、制度上は定められてゐた。当時は徳川幕府の定めた禁中並公家諸法度によつて。今は、占領軍の定めた日本国憲法によつて。

しかし、天皇といふお方は、さういふ時の権力者が定めたかりそめの、一時的な法律によつて縛《しば》られるものではない。国民の安寧を、神々から直接お預かりしてゐるのが、天皇といふご存在の本質なのである。従つて天皇は、国民にとつてそれが本当に必要なことであるなら、時の法令を無視し、或いは超越して行動されることもある。それが天明の飢饉の際の光格天皇のご行動の意味であり、またこの度の「おことば」にもなつた、と筆者は考へてゐる（今上天皇の「おことば」の意味については、最終章で再考する）。

4　光格天皇の譲位は、何を意図したか

さて、それでは光格天皇は、どういふことを意図されて、仁孝天皇に譲位されたのだらうか。

筆者が調査した限りで言へば、光格天皇から仁孝天皇への譲位は、後桜町上皇《じょうこう》の影響が大きいやうに思ふ。後桜町上皇は第百十七代天皇（女帝）として九年間在位した後、明和七年（一七七〇）に甥《おい》の後桃園天皇（光格天皇の一代前）に譲位した。譲位の時点で三十一歳だつたが、文化十年（一八一三）、七十四歳で崩御されるまでの四十四年間、後桃園天皇・光格天皇の二代にわたり、上皇（太上《だじょう》天皇）として院政を敷かれてゐた（前掲の皇統譜を参照）。

後桜町上皇は、九歳で即位した光格天皇にとつては、決定的に大きな存在だつた（当時、四十一歳）。周囲には、傍系から即位したこの幼帝を軽んずる向きもあつた中で、後桜町上皇は天皇に学問を勧《すす》め、天皇はその勧めに応じて学問に邁進《まいしん》した。また、上皇もこの孫のやうな天皇を助け、よく導い

たのである。その間の消息《しょうそく》は、寛政十一年（一七九九）に天皇から上皇宛に書かれた宸翰《しんかん》（天皇直《じき》筆《ひつ》の書）に次のやうに書かれてゐるのを見れば明らかだらう。（傍線引用者）

仰《おお》せの通り身の欲なく、天下万民をのみ慈悲仁恵《じんけい》に存じ候《そうろう》事、人君《じんくん》なる物の第一のおしえ、論語をはじめ、あらゆる書物に皆々この道理を書きのべ候事、（中略）仰せの通り、何分自身を後にし、天下万民を先とし、仁恵・誠仁の心、朝夕昼夜に忘却せざる時は、神も仏も御加護を垂《た》れ給う事、誠に鏡に掛けて影を見るが如《ごと》くに候

（『宸翰栄華』）

この宸翰には、何度も「仰せの通り」とあることから、青年・光格天皇（当時二十九歳）が「自身を後にし、天下万民を先とし」といふ後桜町院の御教へに、忠実に従はうとされてゐたことが解る。先に紹介した、天明の飢饉の際の天皇の御製、

みのかひは何いのるべき朝な夕な民安かれと祈るばかりを

も、このやうな後桜町院の教へと無縁ではないであらう。上皇は「古今伝授《こきん》」（後水尾《ごみずのお》上皇以来の御所伝授）の資格を持つ和歌の名手でもあられたが、この方面でも親しく光格天皇を指導されてゐたことは、次のやうな記事から窺ふことが出来る。

寛政九年（一七九七）九月十五日
後桜町上皇、禁裏《きんり》に御幸《みゆき》あらせられ、古今和歌集の御伝授あらせらる。
同年十二月二十二日
後桜町上皇より和歌一事の御伝授を受けさせられる。

（『光格天皇実録』）

この後桜町院が崩御されたのは文化十年（一八一三）のことだが、かかる精神的な系譜に鑑《かんが》みると、ご自身も九歳で践祚し、何事につけ後桜町院の指導を仰いでこられた光格天皇が、当時十三歳の恵仁《あやひと》親王（後の仁孝天皇）への譲位をお考へになつたのは、むしろ自然なことだらう。

後桜町院崩御の翌年、光格天皇は次のやうに言ひ出されたとある。

文化十一年（一八一四）八月十七日

東宮《とうぐう》恵仁親王追々御成長に依り、来年丑《うし》年、御譲位御受禅《じゆぜん》御治定《ちてい》の旨《むね》、仰せ出さる。（同右）

「受禅」とは皇位を譲り受けることをいふが、恐らく光格天皇は恵仁親王との間にも、後桜町上皇とご自分のやうな関係を構築したい、と思はれたものに相違あるまい。実際の譲位は文化十四年（一八一七）になつたが、その年の和歌御会始（現在の宮中歌会始）で、ご自分の三十九年間（数《かぞ》へ）に及んだ御治世《ちせい》を、次のやうに振り返つてをられる。

ゆたかなる世の春しめて三十年《みそとせ》余り九重《ここのえ》のはなをあかずみし哉《かな》（正月二十四日御会始）

平成の三十年余りの御代を、皇太子徳仁《なるひと》親王に譲らんとされてゐる今上のお心は、正にこの御製とオーバーラップするものがある。

また、仁孝天皇の御代始めに当つては、光格上皇は次のやうなお歌を詠んで、これを寿《ことほ》いでをられる。（傍線引用者）

さかえなほ御代あらたまのひかり添ふ君が千年《ちとせ》は松の言の葉（四月二十四日今上御代始）

これにお応《こた》へする形で、仁孝天皇が御代始めに当つて詠まれた御製が、次のお歌である。

言の葉の世世のさかえに松が枝《え》もなほいろまされ九重のには（五月二十四日御代始御会）

前天皇のお心に、見事に唱和してをられることが判る。

光格上皇は、その後も崩御されるまでの二十四年間、若い仁孝天皇を支へ続けられた。『光格天皇実録』『仁孝天皇実録』を見ると、譲位後も毎月のやうに足繁《しげ》く、上皇が「禁裏に御幸」されてゐた様が窺へる。しかしそれは、後桜町上皇がさうであつたやうに、あくまでこの国の中心に在《おわ》します天皇を盛り立てるためのもので、それ以上のものではなかつたと言へる。文政八年（一八二五）に詠まれた上皇の御歌と御製を見れば、そのことがよく判るのである。

此《こ》の君とあふぐにつけて春ごとのめぐみの色も千尋《ちひろ》そへてよ（上皇）

天照すかみのめぐみに幾代代《いくよよ》も我があしはらの国はうごかじ（天皇）

ここでも天皇が上皇に唱和する表現（「めぐみ」）が認められるが、上皇の御歌にある「此の君とあふ（仰）ぐ」といふご姿勢は、たとへ我が子であらうとも、天皇は天皇として仰ぐといふ、上皇の断乎《だんこ》たる決意を示すものだらう。

今上が、直近の事例である光格天皇の名を挙げて、「どのような譲位だったか多くの人に知ってもらいたい」と周囲に洩《も》らされてゐるといふのは、光格天皇のこのやうなご事績を念頭に置かれてのことに違ひない。だとすれば、今上と皇太子殿下（上皇と新天皇）の関係も、恐らくは二百年前のこの光格上皇と仁孝天皇の関係に倣《なら》つたものになるであらう。

往古《おうこ》の院政の負の歴史から、上皇と天皇が並び立つことを「二重権威」になると懸念《けねん》する向きもあるやうだが、筆者はさうは考へない。光格天皇から仁孝天皇への譲位は、かつてない天皇権威の高まりを生み出し、やがては孝明天皇や明治天皇が担ふことになる明治維新の精神の、紛《まが》ふことなき源流となつたからである。

最終章　今上天皇の「おことば」の意味を考へる

「おことば」を発表される今上天皇（平成 28 年 8 月）

今上天皇は平成二十八年八月八日、譲位のご意向を強くにじませた「おことば」（象徴としてのお務めについての天皇陛下のおことば）を公表された。

前章でも言及したが、陛下のご発言は、天皇の国政関与を禁じた現行日本国憲法第四条（「天皇は、この憲法の定める国事に関する行為のみを行ひ、国政に関する権能を有しない」）に抵触するのではないかと、危惧を表明する向きも一部にはあつたが、国民は「おことば」を圧倒的に支持した。各種世論調査を見ても、「おことば」には八割から九割の国民が賛成してゐた。この国民世論に押される形で、政府は同年九月、「有識者会議」（天皇の公務の負担軽減等に関する有識者会議）を設置し、その提言（平成二十九年四月）を受け、衆参両院は今上一代に限つての譲位（「退位」）をお認めする趣旨の法改正を行つた（平成二十九年六月九日、「天皇の退位等に関する皇室典範特例法」）。

これによつて、江戸時代の光格天皇以来、約二百年ぶりの譲位が実現する運びとなつた。

しかし、陛下は何故今回、異例とも言へる譲位のご希望を、国民に直接表明されたのか。その背景には何があつたのか、肝心のこの点が今ひとつよく解らない。特に「おことば」の中で、「天皇の高齢化に伴う対処の仕方」として、「天皇の行為を代行する摂政を置くこと」を強く否定されたが、その否定のお気持は何処《どこ》から来ているのか。その辺《あた》りのことが、筆者にはよく理解できなかつた。

そこで、最終章である本章では、「おことば」の背後にあると思はれる皇室（宮中）祭祀の問題点について明らかにするとともに、「おことば」の意味について改めて考へてみたい。

1　大御心を無視して強行された「昭和の時代の先例」

「私は譲位すべきだと思っている」と今上が初めて切り出されたのは、平成二十二年七月のことだが（第十章1「二百年ぶりの譲位の意味するもの」を参照）、その一年半前に当る平成二十一年一月二十九日、宮内庁は「今後の御公務及び宮中祭祀の進め方について」といふ文書を公表し、その中で皇室（宮中）祭祀について次のやうに述べてゐる。（傍線引用者、以下同様）

宮中祭祀については、昭和の時代にも、昭和天皇が六十九歳になられた頃から、御代拝により祭祀を執《と》り行われる等の調整がなされたところですが、宮中祭祀は、御公務と並ぶ、大変に重要なお務《つと》めであるという両陛下のお気持ちを十分に踏まえつつ、昭和の時代の先例などを参考にしながら検討を行い、例えば、新嘗祭《にいなめさい》については、当面、天皇陛下は、「夕《よい》の儀」には、従来どおり出御《しゅつぎょ》になることとし、「暁《あかつき》の儀」は、時間を限ってお出ましいただくこと、毎月一日に行われる旬祭《しゅんさい》については、五月一日及び十月一日以外の旬祭は、御代拝により行うことなど、所要の調整・見直しを行うことと致します。

同様に、宮内庁は平成二十六年には「暁の儀」へのお出ましを今年から取りやめられる、と発表した（同年十一月二十一日発表）。

宮内庁は、祭祀を重視される「両陛下のお気持ちを十分に踏まえつつ、昭和の時代の先例などを参考に」して「所要の調整・見直しを行う」としてゐるが、「昭和の時代の先例」は果して「参考」

に値するのか。「昭和の時代の先例」は、実際には両陛下のご意向を無視して強行されたものである。そのことを宮内庁当局は、どこまで知つてゐるのか。

占領下の皇室祭祀については、既に本書でも言及した（第九章3「占領下の皇室祭祀と神道指令」を参照）。皇室祭祀令の廃止後、祭祀の明白な根拠規定を欠く中、天皇「個人の信仰」といふ形で祭祀は辛《かろ》うじて守られてきたが、昭和四十年代以降、国民の目には触れないところで次第に簡略化されていつた。例へば、昭和四十四年から侍従次長（六十年からは侍従長）だつた徳川義寛《よしひろ》は、次のやうに回顧してゐる。

お祭りのご負担もそれは大変なものでした。（中略）

新嘗祭も、夕の儀はずっとなさっていましたが、暁の儀は昭和四十年代から御代拝になりました。お供《そな》えの時にずっと正座されるのは大変なのよ。歳《とし》をとると、足が硬くなるから。だから、お祭りが近付くと、まえもって盛んに正座の練習もされていた。（中略）お供えは二時間もかかるのを一時間に短縮した。…自《みずか》らお供えになるのは米とお酒だけにして、あとは采女《うねめ》にやらせることにしたんです。

控《ひか》えている侍従長も大変なんです。（中略）

お祭りも、いまの陛下は全部ご自分でなさっていますけれども、高齢になられた時にどうするか、考えておかなくてはね。昭和陛下も、晩年は親祭《しんさい》は四つしかなさらなかった。だんだん減らして。でも神主《かんぬし》さんたちが大変なんです、うるさくて。

（徳川義寛『侍従長の遺言』）

新嘗祭は言ふまでもなく、その年の新穀《しんこく》を天照大御神はじめ天神地祇《てんしんちぎ》にお供へし、また自らもお召し上りになる、皇室第一の重儀である。「夕の儀」と「暁の儀」からなり、夕の儀は十一月二十三日の午後六時から八時、暁の儀は午後十一時から翌二十四日の午前一時にかけて行はれる。ところが、「お供えの時にずっと正座されるのは大変なのよ」といふ理由で、この暁の儀が昭和四十年代には御代拝となり、夕の儀のお供への時間も半分に短縮された。この「先例」に倣《なら》つて、今上陛下の新嘗祭についても改変が加へられつつあることは、冒頭に見た通りである。

確かに、十一月下旬ともなれば深夜はしんしんと冷へ込んでくる。暖房設備一つない神嘉殿《しんかでん》で、正座してお祭りをすることのお辛《つら》さは如何《いか》ばかりか。それに今上天皇は、平成二十一年の時点で、既に御歳《おんとし》七十五歳であられた。お身体のことを第一にといふ宮内庁の意向は、国民の一人として勿論よく解る。

だが、皇室祭祀こそはこの国の存立の要《かなめ》であることを想《おも》へば、御親祭の回数を減らしたり、祭儀を簡略化したりといふことに対しては、よほど慎重でなければならぬ筈《はず》だ。

明治天皇には、かういふ御製がある。

わがくには神のすゑなり神まつる昔のてぶりわするなよゆめ（明治四十三年）

とこしへに国まもります天地《あめつち》の神のまつりをおろそかにすな（同右）

同様の御製は昭和天皇にもあるし、勿論今上にもある。

新米《にひよね》を神にささぐる今日の日に深くもおもふ田子《たご》のいたつき（昭和二十九年）

豊年《とよとし》のにひなめまつりの夜はふけてしづけき庭に楽の音きこゆ（昭和四十八年）
父君のにひなめまつりしのびつつ我がおほにへのまつり行なふ（平成二年）

かうした、飽《あ》くまでも祭祀を第一義に考へる敬虔《けいけん》な姿勢が、今の宮内庁には欠けてゐるのではないか。筆者の杞憂《きゆう》であれば幸ひだが、「神主さんたちが大変なんです、〔御親祭を減らすことに対して〕うるさくて」といふ元侍従次長の言葉が、はしなくもそれを裏書きしてゐるやうに、思へてならないのである。

「新嘗お取り止めの工作」と昭和天皇のご抵抗

昭和四十四年から昭和六十年まで侍従長を務めた入江相政《すけまさ》などはもつと露骨で、「新嘗お取り止《や》めの工作」まで企ててゐた。以下、引用が長くなるが、昭和四十五年の年末に入江が書いた、驚くべき文章を紹介しておきたい（文中の「旬祭《しゅんさい》」は、毎月一、十一、二十一日に行はれるお祭りだが、月始めの旬祭だけが御親祭とされてゐた）。

新嘗をお止めに願ふこと。四方拝《しほうはい》は御洋服でそれにつゞく歳旦祭《さいたんさい》は御代拝。この三つだけ整へればまだ当分はおさし〔つ〕かへなしと考へられたが新嘗お取り止めの工作は、この二年来先《ま》づ皇后さまにばかりあたつた為《ため》にいつも失敗に終つてゐた。今年は皇后さまは抜きにしてお上《かみ》とお祭りの今後について篤《とく》と懇談申上げようと考へてゐた。

さうしたら五月三十日…皇后さまがお召しで何故六月一日の旬祭は御代拝かとおつしやる。

二年ほど前にお上のお許《ゆるし》を得て年二回陽気のいゝ五月と十月の二回だけ御親拝、あとは御代拝といふことになつてゐると申上げたら、もつとお祭を大事に度数をふやした方がいゝとおつしやる。何故さういふことをおつしやるのか。だれがさういふことを申上げるかとうかゞふ。もし魔女の名が出たら忽《たちま》ち爆撃しようとかまへる。たゞ私が考へるだけとの事。それなら皇后さまがお考へをおかへになりさへすればいゝ、お上はお大事なお方、お祭りも大事だが、お祭りの為にお身体におさはりになつたら大変と申上げる。さうしたら驚いたことにそれでは私がやらうかとおつしやる。無茶苦茶とはこの事。かうまで魔女にやられていらつしやるとは。そこで貞明《ていめい》皇后のことをくはしく申上げる。（中略）還暦過ぎたら粗相《そそう》があつてはおそれ入るから賢《かしこ》所《どころ》なども御遠慮すべきものとおつしやつたこと。今の日本ではお上がどうかおなりになつたら救ふべからざる事態になることなどいろ〳〵申上げる。一時間ほどかゝつたらうか。

たうとうそれでは仕方がないとおつしやつた。そこで今年は新嘗は夕だけ。明年からは両方お止め。四方拝は吹上《ふきあげ》〔両陛下のお住まい〕のテラスで御洋服で。歳旦祭は御代拝といふことに願ふつもり。（中略）魔女の奥の手の貞明皇后のことまで全部申上げたのでつまりはとゞめを刺したことになつた。ことに今もし貞明さま御在世《ございせい》ならば必ずもうこれ以上〔お祭りを〕遊ばすことはないと仰せになるにちがひないといふのはきいたと思ふ。

（『入江相政日記』第八巻）

「魔女」とは、祭祀に熱心だつた或る女官のことを指してゐるやうだが（斉藤吉久『天皇の祈りはなぜ簡略化されたか』）、「かうまで魔女にやられていらつしやるとは」といつた思はせぶりな口の利《き》き方といひ、皇后陛下に「とゞめを刺した」といふ不遜《ふそん》な物言ひといひ、およそ侍従長たる者の口にすべき言葉ではないと思ふのは、筆者だけではないだらう。

入江が祭祀を如何《いか》に軽んじてゐたかといふことは、旬祭の御代拝をめぐつて皇后陛下と応酬《おうしゅう》のあつた、五月三十日の日記を見ると一目瞭然である。

十時過ぎに吹上で皇后さまお召しとの事。何事かと思つて出たら旬祭はいつから年二度になつたか、やはり毎月の御拝《ぎょはい》が願はしい。何故かといふと日本の国がいろ〳〵をかしいのでそれにはやはりお祭りをしつかり遊ばさないといけないとの事。貞明さまから御外遊まで動員して洗ひざらひ申上げる。それでは仕方がないといふことになる。くだらない。（同右）

入江は「くだらない」と一刀両断に斬《き》り捨てるが、祭祀をもつと重視すべきだといふ皇后様のご意見は、至極《しごく》当然のことではあるまいか。しかるに入江は、貞明皇后のことまで持ち出して、強引にそれをねじ伏せたのである。

それでは、昭和天皇はこの「新嘗お取り止めの工作」に如何に対処されたのであらうか。入江は、先の昭和四十五年末の文章に続けて、かう書いてゐる。

新嘗の丁度一週間前の月曜にお上に申上げる。すぐには御承知にならなかつたがやつと御承知になる。新嘗の翌日の二十四日にお祭を夕だけでおやめになつたことについて何か批評はなかつたかと仰せになつたが東宮《とうぐう》さまもすつかり御安心でようこそやめて上げたと仰有《おっしゃっ》たことを申上げたらすつかり御安心だつた。（同）

この日記を見ると、陛下も「御承知」になつたばかりか、皇太子殿下（今上天皇）も「ようこそやめて〔さし〕上げた」と仰つた由《よし》、果して本当のことだらうか。

実際の入江の日記を見ると、次のやうにある。

十一月十六日（中略）十時一寸過《ちょっと》ぎから十一時前までお祭のことにつき申上げる。結局、新嘗今年は夕だけ、来年からは両方無し、四方拝は吹上、歳旦祭は御代拝といふ原案通りお許しを得る。

十一月十八日（中略）宮殿で拝謁。…お祭りを怠つて〔ご自分の〕研究をして何とかいふ者はないかと仰せられるからそんなことは絶対になくお祭（お寒い時の）をおやめになることによつて御長命になり、国の為、世界の為に末長く御活躍いたゞくといふわけで今度のことは決して消極的なことでないと申上げる。よくお分りいたゞき御満足だつた。（同）

このやうに昭和天皇は、「お祭りを怠つて研究して何とかいふ者はないか」と、天皇がお祭りを怠ることに対する批判を気にしてをられたやうだが、これに対して入江はそれを全面的に否定して、「お祭（お寒い時の）をおやめになる」ことこそ逆に「国の為、世界の為」なのだ、と大見得《おおみえ》を切つたのであつた。

新嘗祭当日の日記は、次のやうになつてゐる。

十一月二十三日（中略）夕の儀。脚は大して痛くなかつた。やはり夕の儀だけ。明年はなにもなしに願つてつくぐよかつた。（同）

「つくぐよかつた」と入江は言ふが、「国の為、世界の為」どころか、お祭りがなくなつて自分の足も痛まなくなり、一番喜んだのは、入江自身ではないのか。

とまれ、かうして暁の儀のお出ましは取り止め（御代拝）となり、翌昭和四十六年の新嘗祭では、これに加へて夕の儀についても「さはりだけ」といふことになつたらしい。

その前後の入江日記には、次のやうにある。

十一月九日（中略）…お上に申上げておかうといふことになり早速申上、御同意を得る。侍従次長に皇后さまに申上げてもらふ。「もう少し長く願へないか」などとおつしやつた由。どうも新嘗となると魔女の影響がまだお残りになつてゐる。

十一月十一日（中略）今年から新嘗はさはりだけに願つたので出勤も遅くてよく、…い丶気持である。（中略）〔午後〕七時に吹上発御《はつぎょ》、吹上への還御《かんぎょ》は八時十分。お帰りのお車の中で「これなら何ともないから急にも行くまいが暁もやつてもい丶」との仰せ。御満足でよかつた。（同）

入江は一人で悦に入つてゐるが、陛下は本当に「御満足」だつたのか。「これなら何ともないから…暁〔の儀〕もやつてもい丶」と仰せられたのは、祭祀の改変に対する陛下なりの〝御抵抗〟だつたのではないか。といふのは、陛下は「一旦は御納得になったけれども、あとから巻き返しがあって新嘗祭はだめだ。最後までやる」と仰り、結局昭和六十一年まで御親祭を貫かれた事実があるからである（卜部亮吾元侍従の証言、『昭和を語る』所収）。

四方拝・毎朝御代拝の改変

皇室祭祀の改変は、新嘗祭だけに止《とど》まらなかつた。昭和四十四年の年末には、既に次のやうな記述が見えてゐる。

十二月二十六日（中略）お上に歳末年始のお行事のことにつき申し上げる。四方拝はテラス、御洋服。祭旦祭、元始《げんし》祭は御代拝。他は室内につきすべて例年通りということでお許しを得、皇后さまにも申し上げる。（『入江相政日記』第七巻）

四方拝は周知の通り、元旦の朝未だ暗い内からご起床、御潔斎《けっさい》の後、黄櫨染御袍《こうろぜんのごほう》（天皇が重要な儀式の際に着用する束帯装束《そくたい》）にお召し替へになり、神嘉殿（宮中三殿の西側にある）の前庭で伊勢神宮の方角と四方を両段《りょうだん》再拝（起拝《きはい》二度・平伏《へいふく》・起拝二度といふ、最も丁重な神拝作法）される儀式だが、これを神嘉殿ではなく、お住ひになつてゐる吹上御所の「テラス」で、しかもお召物も伝統に則つた黄櫨染御袍ではなく「御洋服」で、といふのである。

歳旦祭は四方拝に引き続いて行はれる小祭で、陛下は宮中三殿に御拝礼なさるが、侍従による「御代拝」に変更された。元始祭は一月三日に行はれる大祭で、皇位の「元始」（天照大御神が瓊瓊《にに》杵尊《ぎのみこと》に授けられた天壌無窮《てんじょうむきゅう》の神勅）を寿ぐ重要なお祭りとされてゐるが、これも侍従による「御代拝」に変更される。昭和四十九年の入江の日記には、次のやうにある。

一月二日（中略）この機会に明日の元始祭御代拝の件申上げる。あまり御機嫌がよくなかつたがとにかくお許しを得る。

翌昭和五十年歌会始の御題は「祭」であつたが、昭和天皇はかういふお歌を詠《よ》まれてゐる。

わが庭の宮居に祭る神々に世の平らぎをいのる朝々

（『入江相政日記』第九巻）

皇室祭祀には、年間三十数回にも及ぶ大祭・小祭・旬祭での御親拝があるが、その他にも「毎朝《まいちょう》御代拝」といつて、毎朝、陛下に代つて純白の浄衣《じょうい》に身を清めた侍従が宮中三殿に拝礼する儀式がある。その間、陛下も身を慎んでをられるが、このお歌はそのことを詠まれたものである。

ところが、この毎朝御代拝にも重大な改変が加へられるに至る。同年九月以降は殿上ではなく庭上から、浄衣ではなくモーニングで、といふことに変更されたのである。侍従は国家公務員だから、祭祀といふ「宗教」に関与すべきではないといふのがその理由で、このことは、祭祀の改変に危機感を抱いた永田忠興掌典補が、昭和五十七年十二月、神道宗教学会で「宮中祭祀の一考察」と題して問題提起したことにより、初めて公にされた。

入江は、「返すぐも永田といふ思慮なき人の為に（陛下が）大変な御迷惑をお受けになること、腹が立つて仕方なし」（昭和五十八年二月十二日、『入江相政日記』第十二巻）と日記の中では述べながら、その善後策として富田朝彦宮内庁長官と謀《はか》り、「春季皇霊祭、神殿祭だけ最後に御親拝を願へまいかといふ件（お祭軽視といふ批評を避ける為）につき相談した」（同年二月十七日）りしてゐるが、「お祭軽視といふ批評を避ける為」にそのやうな糊塗《こと》（弥縫《びぼう》策）に走ること自体が、自らの祭祀軽視の姿勢を認めたやうなものだらう。

永田によれば、宮内庁長官の富田は「無神論者」を自認してをり、「祭祀についての理解はきわめて乏しかった」だけでなく、「陛下の側近中の側近でありながら、宮中最大の重儀である新嘗祭をはじめとする大祭に…不参のことが多かった」さうである（永田忠興「左遷された「昭和天皇の忠臣」」、『文藝春秋』二〇一二年二月）。入江侍従長や富田宮内庁長官こそは、両陛下の大御心《おおみこころ》に反して祭祀を軽んじ、そもそも陛下のお祭りによつて成り立つてゐる、この国の国柄の本質を蔑《ないがし》ろにした〝張本人〟なのである。

占領下で皇統の護持のために奔走《ほんそう》し、ために民政局（ＧＳ）によつて目をつけられ、更迭《こうてつ》された加藤進元宮内府次長（第六章1「ご巡幸の中止と昭和天皇のご苦悩」を参照）は、宮中祭祀の改変が水面下で次々に強行されてゐた昭和五十年代の末期に、既に次のやうな危惧《きぐ》を表明してゐた。

〔皇室祭祀の〕規定がない以上、むしろ問題は宮内官がどこまで天皇の祭祀に御奉仕申し上げるかということではないでしょうか。（中略）私が恐しいのは役人の姿勢の変化です。今の憲法を非常に厳格に解釈することに知恵を出すことがすべてよいことだと思い、当時の解釈について無視している者たちがいるのですから。困ったものです。

（加藤進「戦後日本の出発」、『祖国と青年』昭和五十九年八月号）

この、「今の憲法を非常に厳格に解釈することに知恵を出すことがすべてよいことだと思い、当時の解釈について無視している者たちがいる」といふ加藤の指摘は、今回の「おことば」にもそのまま当てはまるのではないか。

「おことば」の中の解りにくい部分は、「今の憲法を非常に厳格的に解釈することに知恵を出すことがすべてよいことだと思い」込んでゐる宮内庁によつて書き換へられ、今上天皇の意思が十分伝はらないものに〝改変〟されてしまつた可能性を、否定できないのである。

2 今上天皇の「おことば」は、皇室祭祀を守るためだつた！

日本国憲法に制約された「おことば」

平成二十八年八月八日の今上天皇の「おことば」は、表現は平易に見えるが、日本国憲法の制約があるために、陛下の本意がストレートには表れてゐない、といふのが筆者の偽らざる感想である。

現憲法が「おことば」を制約してゐることは、「おことば」の中に二箇所もそのことに触れたくだりがあることからも、明白だ。最初に、その箇所を引用する。（傍線引用者、以下同様。「おことば」の全文は、巻末資料を参照されたい。）

本日は、社会の高齢化が進む中、天皇もまた高齢となった場合、どのような在り方が望ましいか、天皇という立場上、現行の皇室制度に具体的に触れることは控えながら、私が個人として、これまでに考えて来たことを話したいと思います。（中略）

始めにも述べましたように、憲法の下、天皇は国政に関する権能を有しません。

一つ目は、「おことば」の最初のところで、「天皇という立場上、…私が個人として、これまでに考えて来たことを話したいと思います」とある。「天皇という立場上」といふ言葉が、現憲法から来る制約（第四条「天皇は、この憲法の定める国事に関する行為のみを行ひ、国政に関する権能を有しない」）を指してゐることは明白だ。

二つ目は、「おことば」の最後の方に出てくる。「始めにも述べましたように、憲法の下、天皇は国政に関する権能を有しません」と仰つてをり、こちらの方がより直截《ちょくせつ》的な表現となつてゐる。

このやうに、「おことば」は現憲法を意識しながら、慎重に慎重を期して書かれてゐる。このことを念頭に置かなければ、「おことば」の真意は見えてこないのである。

この「おことば」を拝して、筆者が最初に「オヤ？」と思ったのは、「私が個人として、これまでに考えて来たことを話したいと思います」といふ箇所である。〝天皇に「私」なし〟がこの国の天皇の本質であることは、これまでにも度々言及してきた。その天皇陛下が、ここでは「個人として…考えて来たこと」を述べてをられる。換言すれば、〝天皇に「私」あり〟と仰つてゐるのだ。

これはおかしいのではないか。勿論、天皇陛下が「個人として」お考へを種々めぐらせることは当然あるだらうし、侍従などにそのお考へをお漏らしになることもあるだらうが、国政に影響を及ぼしかねない事柄について、「個人として」のお考へを公の場で堂々と述べられること自体が、天皇のご本質に鑑《かんが》みてどうなのか。

だが、この「個人として」といふ、天皇にあるまじき言葉は、憲法への過度の配慮からくる宮内庁の加筆だつた可能性もある。といふのは、この「おことば」は憲法に抵触しないやう、「現行の皇室制度に具体的に触れること」は意図的に避けてゐるからである。例へば、「おことば」は譲位のご希望を表明したものであるにも拘らず、「譲位」や「退位」といふ直接的な表現は、「おことば」の中には一度も出てこない。日本国憲法並びに皇室典範に代表される「現行の皇室制度」は、天皇の終身在位を前提としてをり、譲位や退位は認めてゐないからである。

さう考へれば、「個人として」といふ表現も、「公人として」の天皇の立場（憲法上、国政に関する権能を有しない）から「おことば」を切り離すための、宮内庁の〝苦肉の策〟だつたのかもしれない。

「おことば」への疑問

この「おことば」の中には、憲法上のさうした様々な制約を回避するためだらうか、オブラートに包《くる》んだやうな言ひ方になつてゐて、何を仰りたいのか、よく解らない箇所がある。とりわけ、筆者がよく解らないと思つたのは、「おことば」の中の次の部分である。

天皇の高齢化に伴う対処の仕方が、国事行為や、その象徴としての行為を限りなく縮小していくことには、無理があろうと思われます。または、天皇が未成年であったり、重病などによりその機能を果たし得なくなった場合には、天皇の行為を代行する摂政を置くことも考えられます。しかし、この場合も、天皇が十分にその立場に求められる務めを果たせぬまま、生涯の終わりに至るまで天皇であり続けることに変わりはありません。

これは、何を仰りたいのか。「天皇の高齢化に伴う対処の仕方」について仰つてゐることは明らかだが、二つの可能性をここで否定してをられる。一つは、「国事行為や、その象徴としての行為を限りなく縮小していくことには、無理があろう」と仰つてゐる。「無理があろう」と否定してをられるが、何故「無理があろう」と仰るのか、そこが解らない。

普通に考へれば、天皇の高齢化に伴ひ、「国事行為」や天皇の「象徴としての行為」を、代行を立てるなりして徐々に削減していくことは、当然のことだらうと思はれるが、その当然のことを、「無理があろう」と仰る。

それとも、「国事行為や、その象徴としての行為」の中には宮中祭祀も含まれてをり、祭祀を「限りなく縮小していくこと」に対して、「無理があろう」と仰つてゐるのだらうか。それならば理解できるが、「国事行為や、その象徴としての行為」には祭祀も含まれると解釈するのは、それこそ「無理があろう」と思はれる。この辺りは憲法に抵触するとして、宮内庁が「おことば」の元々の表現を改変した可能性もある。

また、摂政を置くことについても、「天皇が十分にその立場に求められる務めを果たせぬまま、生涯の終わりに至るまで天皇であり続けること」は変らないと仰つてゐるのだから、摂政を置くことはこの問題の解決にはならない、と考へてをられることは解る。摂政を置いても、天皇は「その立場に求められる務めを果たせぬまま」、天皇でゐるしかないと仰るのだから、摂政を置くことに対して否定的なお気持であることは解るけれども、「その立場に求められる務め」といふのが、具体的には何を指すのかが解らない。摂政を置いたのでは、何故「その立場に求められる務めを果たせない」のかが、何度この「おことば」を読んでも、結局よく解らないのである。

筆者と同様の疑問を感じた方は、きつと多い筈だ。現に、お言葉のこの部分に対しては、様々な識者から、多くの異論が寄せられた。例へば、次のやうな疑問である。

〔公務を〕減らしたところで、「象徴」としての役割を果たせないなどということはないのではないか。…「摂政」の規定もあることであり、どうしても退位をしなければならぬということではないのではないかと思う…「象徴」とは存在して下さって、時々お姿をお見せ下さることで十分なのではないかと思うからである。

（伊藤隆「二人の天皇がおられる?」、『WiLL』二〇一六年十二月号）

もつと強い調子の異論もあつた。

陛下は天皇のお役目を誤解されていらっしゃるのではないか。（中略）天皇はご存在自体が、尊いのだ。ご高齢になられたら、公務は摂政にお任せになればよいし、宮中祭祀についても必要に応じて慣例を改めて、皇太子殿下が代行されればよい。

（加瀬英明「孤独の人」、同右）

「おことば」を何度読んでも、この辺りがどうもしつくりこない。天皇陛下が考へてをられるらしいことと、私どもの常識がどうしても嚙《か》み合はずに、喰《く》ひ違う部分があるやうなのだ。天皇の本質とは何なのか、天皇の天皇たる所以《ゆえん》は何なのか。天皇陛下の考へてをられることと、私ども国民が考へてゐることとの間に齟齬《そご》があるとすれば、これは大問題である。あの「おことば」の中で、陛下は本当は何を仰らうとしたのだらうか。

「天皇もまた高齢になった場合」とは、具体的に何を指すのか？

「おことば」を何度も拝して、筆者が意外に見過《みすご》されてゐると思つたのは、これは高齢化社会を見据《みす》えた問題提起なのだ、といふ視点である。高齢化社会の中で、天皇が天皇たり得ない事態が今後は起り得る。過去には全く例のなかつた、さういふ現代に特有の問題を、ここでは提起されてゐるのではあるまいか。

例へば、「おことば」にはそのことが、次のやうに何度も繰り返されてゐる。

本日は、社会の高齢化が進む中、天皇もまた高齢となった場合、どのような在り方が望ましいか、…私が個人として、これまでに考えて来たことを話したいと思います。

これは、先ほども引用した「おことば」の冒頭に近い部分だが、のつけから「天皇もまた高齢となった場合」の在り方について、問題提起をされてゐる。天皇陛下は平成三十年現在、御年八十四歳だから、「天皇もまた高齢となった場合」に該当すると思はれるかもしれないが、「天皇もまた高齢となった場合」といふのは、これは単なる高齢の状態を指してゐるのではない。この部分は往々にして見過されてゐるが、飽くまで「社会の高齢化が進む中、天皇もまた高齢となった場合」なのである。単なる高齢を問題にされてゐるわけではない。ここが大事なポイントである。

何年か前のことになりますが、二度の外科手術を受け、加えて高齢による体力の低下を覚えるようになった頃から、これから先、従来のように重い務めを果たすことが困難になった場合、どのように身を処していくことが、国にとり、国民にとり、また、私のあとを歩む皇族にとり良いことであるかにつき、考えるようになりました。既に八十を越え、幸いに健康であるとは申せ、次第に進む身体の衰えを考慮する時、これまでのように、全身全霊をもって象徴の務めを果たしていくことが、難しくなるのではないかと案じています。

ここで、「社会の高齢化が進む中、天皇もまた高齢となった場合」が何を指すのかが、もう少し具体的になった。ここには、「これから先、従来のように重い務めを果たすことが困難になった場合」の、天皇としての「身の処し方」について、「これまでのように、全身全霊をもって象徴の務めを果たしていくことが、難しくなるのではないか」と、将来に対する懸念を正直に表明してをられる部分である。

そして最後にもう一度、次のやうな懸念も表明されてゐる。

天皇が健康を損ない、深刻な状態に立ち至った場合、これまでにも見られたように、社会が停滞し、国民の暮らしにも様々な影響が及ぶことが懸念されます。

もう一度整理すると、天皇陛下がここで深刻な懸念を表明されてゐるのは、

「社会の高齢化が進む中、天皇もまた高齢となった場合」

「これから先、従来のように重い務めを果たすことが困難になった場合」

「天皇が健康を損ない、深刻な状態に立ち至った場合」、この三つである。

筆者が考へるに、この三つは別々のことを指してゐるのではなく、高齢化社会に特有の一つの「深刻な状態」を指してゐる、と思ふ。それは何であるかをはつきり言へば、具体的には認知症である。天皇陛下はご自分が認知症になつた場合、さういふ場合でも天皇は天皇として、「生涯の終わりに至るまで天皇であり続けること」が果して正しいのだらうか、といふ問題提起をされたのだと思ふ。

これは、筆者の勝手な想像で言つてゐるのではない。参与会議の場で、もう何年も前から譲位のご意向を承つてきた出席者の一人が、次のやうに証言してゐるからである。

陛下がいちばん気にされていたのは、加齢によって知的な能力が落ちるのではないかということでした。例として挙げていらっしゃったのは、ご自身の母である香淳《こうじゅん》皇后の晩年のご様子です。（中略）認知症に対する恐怖、不安がおありだったようです。現時点ではそんな症状は全くないけれど、何年か先には、人との会話が成り立たなくなるかもしれない。それでは、天皇としての務めが果たせなくなるのではないか、と。

（「皇后は退位に反対した」、『文藝春秋』二〇一六年十月）

現に、昭和天皇の皇后であつた晩年の香淳皇后が、認知症を発症してさういふ状態になつた、といふのである。陛下は、認知症になつた人間はどうなるかといふことを、母君である香淳皇后を通じて、具《つぶ》さに体験してをられる。天皇と雖《いえど》も、勿論生身の人間だから、高齢化すれば当然、認知症のリスクを伴つてくる。不可抗力的にさうなつた場合、天皇は果して天皇たり得るのか、天皇としてやつていけるのか。高齢化社会に特有のこの全く新しい種類の問ひに、天皇は直面してをられるのである。

天皇の終身在位といふ仕組みは、明治になつてから作られたものだが、当時はもつと日本人の平均寿命も短かつたから、認知症なんていふ病気自体も存在しなかつたし、天皇が認知症になつたらどうするかなんて事態は、そもそも想定されてゐない。けれども、早い話が認知症になれば、天皇にとつて一番大切な務めである宮中祭祀は、実際問題として不可能になるのである。

考へてもみるがよい。認知症患者に「民安かれ」の祈りが出来るだらうか。出来るわけがない。それでもいいのか。それでも、天皇と言へるのか。

あの「おことば」は、さういふ問題提起なのだと、筆者は今では受け止めてゐるのである。

あの「おことば」は、宮中祭祀を守るためだつた！

筆者があの「おことば」の中で、当初一番解らないと思つたのは、摂政を立てることに対して、何故陛下はあのやうに強い拒否感を表明されたのだらうといふことだつた。けれどもその疑問は、天皇が認知症になつた場合に、宮中祭祀はどうなるのだらうといふことを考へれば、氷解《ひょうかい》する。

あの「おことば」を批判して、摂政を立てればいいんだ、譲位は必要ないといふ論を主張した人も多かつた。驚くべきことに、皇后陛下も最初はさういふ意見で、陛下に反対なさつたらしい。「私は譲位すべきだと思っている」と陛下が最初に切り出された際には、皇后陛下も一緒になつて譲位に反対され、「激論」になつたといふ（前掲「皇后は退位に反対した」）。けれども、陛下は「摂政では駄目なんだ」と一貫して主張され、「摂政案は、こちらがどう申し上げても受け入れられなかった」。結局それに説得される形で、皇后陛下も回りの者も全員が、終《つい》には譲位に賛成するやうになつたといふのである。

何故、「摂政では駄目」なのだらうか。その理由は、認知症になつた天皇陛下の代りに摂政を立てても、摂政では宮中祭祀は代行できないからだらう。

これについては、例へば次のやうな指摘がある。

実際は天皇ご自身でなければ出来ないことがある。とくに…「四方拝」は、昔から「（天皇）出御《しゆつぎよ》無きの時、御代拝に及ばず」とされ、事実、御不例の時など行われていない。また、年中祭事として最も重要な…「新嘗祭」では、…「御直会《なおらい》」（神饌の一部を召し上がること）に深い意味がある。しかし、天皇の出御が無い時、「神饌《しんせん》は掌典長これを供進《きょうしん》す」るけれども、「御直会」は代行できない（元侍従長・元掌典らの証言参照）。このように、皇室の伝統として一番大切な宮中祭祀は、天皇みずからなさるべきもので、摂政や臨時代行では満足に為しえないことが少なくない。今上陛下のお立場では、そういう不十分な在り方を続ければ神々に甚だ申し訳ない、という思いを懐《いだ》いておられるものと拝察される。

（久禮旦雄「現行法の定める「摂政」「臨時代行」の役割と限界」）

摂政を立てても、実際には宮中祭祀の核心部分は代行できず、認知症になつた天皇は当然、既に宮中祭祀を行へる状態にはないわけだから、宮中祭祀が出来なくなつてしまふ恐れが多分にある。「摂政では駄目なんだ」と仰つたその真意は、ここにあるのではないだらうか。

現在の終身在位制を維持する限り、天皇は崩御されるその瞬間まで、天皇のままでゐる他はない。けれども、認知症になつた天皇は祭祀を行へない。「おことば」の中にある、「社会の高齢化が進む中、天皇もまた高齢となった場合」、或《ある》いは「これから先、従来のように重い務めを果たすことが困難になった場合」といふのは、具体的にはさういふ状態を想定してゐるのではないか。

またその場合、たとへ摂政を立てても、摂政には祭祀の核心部分は代行出来ない。だとすれば、お元気で正常な御判断が出来る今の内に、皇太子に譲位するしかない。今上天皇は、さう御判断なさつたのではないだらうか。それがあの「おことば」になつたに違ひない。またさう考へて初めて、あの「おことば」をめぐつてこれまでもやもやした、ふつ切れないものがあつたのが、ストンと胸に落ちたやうな気がしたのである。

今上天皇の「祈り」の意味について

今回の「おことば」は、識者の間で大きな〝しこり〟を残したことは否めない。政府の設けた「有識者会議」のヒアリングでも、十六名中七名が「退位」に反対を表明した。

それはどういふ反対であつたかといふと、天皇といふのは存在することと祈ることに意義がある。極論を言へば、天皇は皇居の中で、ただ祈つてをられればいい。「象徴の務め」と仰るけれども、全国各地への行幸や各種行事へのお出ましは、天皇陛下本来の務めではない。高齢になつてそれが出来ないと仰るのであれば、摂政を立てればいいのだ。歴史的に見ても、譲位の制度は権威の二重化といふ弊害を生み、皇位を不安定にしてきた。その歴史的反省の上に立つて、明治の御代に定められた終身在位制は維持しなければならない。ニュアンスの差はあるにせよ、「退位」に反対した大方《おおかた》の識者の言ひ分は、まづそんなところだつたと思ふ。

しかし、今上天皇にとつての「祈り」とは、皇居内で完結するやうなものではないのだ。再び、「おことば」から引用する。

私はこれまで天皇の務めとして、何よりもまず国民の安寧と幸せを祈ることを大切に考えて来ましたが、同時に事にあたっては、時として人々の傍らに立ち、その声に耳を傾け、思いに寄り添うことも大切なことと考えて来ました。（中略）こうした意味において、日本の各地、とりわけ遠隔の地や島々への旅も、私は天皇の象徴的行為として、大切なものと感じて来ました。皇太子の時代も含め、これまで私が皇后と共に行《おこな》って来たほぼ全国に及ぶ旅は、国内のどこにおいても、その地域を愛し、その共同体を地道に支える市井《しせい》の人々のあることを私に認識させ、私がこの認識をもって、天皇として大切な、国民を思い、国民のために祈るという務めを、人々への深い信頼と敬愛をもってなし得たことは、幸せなことでした。

今上天皇の祈りは、「何よりもまづ国民の安寧と幸せを祈ること」が基本にあるが、「同時に事にあたっては、時として人々の傍らに立ち、その声に耳を傾け、思いに寄り添うこと」も、大切な祈りの一部である。

陛下にとつては、慰霊の旅も被災地へのお見舞も、「日本の各地、とりわけ遠隔の地や島々への旅」ですらも、「天皇として大切な、国民を思い、国民のために祈るという務め」の一部であり、祈りの延長なのだ。今回の譲位の先例とされた、二百年前の光格天皇の祈りがさうだつたやうに（第十章3「光格天皇と今上天皇」を参照）、あれは祈りの行動化であつて、祈りとは切り離せないものなのである。

けれども今上のご懸念は、もつと深いところにある。さうした祈りの根幹にある、天皇にとつて最も大切なお祭りが、このままでは出来なくなつてしまふ、といふところにあるのだ。現在の皇室制度（終身在位制）の下では、天皇は認知症になつても天皇として在位する以外になく、さうなれば、たとへ摂政を立てたとしても、お祭りは不可能になつてしまふのである。

「おことば」の中にある、「天皇が十分にその立場に求められる務めを果たせぬまま、生涯の終わりに至るまで天皇であり続けることに変わりはありません」といふのは、認知症になつた天皇が天皇であり続ける結果として必然的に招来《しょうらい》される、皇室祭祀が不可能になる事態を意味してゐたのである。

あとがき

はしがきに書いたやうに、本書は大きく二部立てで構成されてゐる。

本体部分（第一章から第九章まで）は、筆者が平成十八年四月から平成二十一年三月まで、『祖国と青年』誌上に三年間にわたつて連載した「万世一系と日本の国柄」がベースになつてゐる。ご巡幸については、多少順序を入れ替へた箇所もあるが、基本的には初出《しよしゆつ》誌の記載を踏襲《とうしゆう》してゐる。初出時のデータについては、巻末に「初出誌対照一覧表」をまとめておいたので、そちらを参照していただきたい。

第十章及び最終章の2は、平成二十八年八月八日の「おことば」に触発されて、今回新たに執筆した書き下ろしである。

「天皇と国民の絆」は、いつ、如何《いか》なる時代においてもこの国の存立の〝要《かなめ》〟であり続けてきたが、特に占領下といふ苦難の時代にあつてはさうだつた。天皇と国民が如何にしてあの苦難の時代を乗りこえたか。これは、未曾有の敗戦から再び起《た》ち上つた民族の甦《よみがへ》りの歴史として、永遠に語り継いでいかねばならぬ内容である。その後世に語り継ぐべき貴重な歴史的素材を、占領軍の検閲史料から多数見出し、提示することが出来たことは、筆者の深い悦《よろこ》びとするところである。

あれから七十年。昭和から平成へと時代は遷《うつ》り、今また私どもは、平成に代る新たな大御代《おおみよ》を迎へようとしてゐる。「天皇と国民の絆」が、改めて問はれる時が来たやうに思ふのである。

今上《きんじょう》の譲位によつて新たな御代を迎へる日本は、天皇と上皇が並び立つといふ、近世以前の日本には普通に見られたが、近現代以降は誰も経験したことのない、新たな時代に突入することになる。さういふ時にこそ、我々は歴史の叡智《えいち》に学び、新たな天皇の下でも「天皇と国民の絆」が微動だにしないやう、己《おの》が持てる限りの力を傾注しなければならない。

光格天皇の譲位の事情、並びに今上の「おことば」の背景について考察した本書が、「天皇と国民の絆」を深める上で、何ほどかのお役に立てるならば、執筆者としてこれに優る慶びはない。

平成三十年八月吉日、著者記す。

象徴としてのお務めについての天皇陛下のおことば（平成二十八年八月八日）

戦後七十年という大きな節目を過ぎ、二年後には、平成三十年を迎えます。

私も八十を越え、体力の面などから様々な制約を覚えることもあり、ここ数年、天皇としての自らの歩みを振り返るとともに、この先の自分の在り方や務めにつき、思いを致すようになりました。

本日は、社会の高齢化が進む中、天皇もまた高齢となった場合、どのような在り方が望ましいか、天皇という立場上、現行の皇室制度に具体的に触れることは控えながら、私が個人として、これまでに考えて来たことを話したいと思います。

即位以来、私は国事行為を行うと共に、日本国憲法下で象徴と位置づけられた天皇の望ましい在り方を、日々模索しつつ過ごして来ました。伝統の継承者として、これを守り続ける責任に深く思いを致し、更に日々新たになる日本と世界の中にあって、日本の皇室が、いかに伝統を現代に生かし、いきいきとして社会に内在し、人々の期待に応えていくかを考えつつ、今日に至っています。

そのような中、何年か前のことになりますが、二度の外科手術を受け、加えて高齢による体力の低下を覚えるようになった頃から、これから先、従来のように重い務めを果たすことが困難になった場合、どのように身を処していくことが、国にとり、国民にとり、また、私のあとを歩む皇族にとり良いことであるかにつき、考えるようになりました。既に八十を越え、幸いに健康であるとは申せ、次第に進む身体の衰えを考慮する時、これまでのように、全身全霊をもって象徴の務めを果たしていくことが、難しくなるのではないかと案じています。

私が天皇の位についてから、ほぼ二十八年、この間《かん》私は、我が国における多くの喜びの時、また悲しみの時を、人々と共に過ごして来ました。私はこれまで天皇の務めとして、何よりもまず国民の安寧と幸せを祈ることを大切に考えて来ましたが、同時に事にあたっては、時として人々の傍らに立ち、その声に耳を傾け、思いに寄り添うことも大切なことと考えて来ました。天皇が象徴であると共に、国民統合の象徴としての役割を果たすためには、天皇が国民に、天皇という象徴の立場への理解を求めると共に、天皇もまた、自らのありように深く心し、国民に対する理解を深め、常に国民と共にある自覚を自らの内に育てる必要を感じて来ました。こうした意味において、日本の各地、とりわけ遠隔の地や島々への旅も、私は天皇の象徴的行為として、大切なものと感じて来ました。皇太子の時代も含め、これまで私が皇后と共に行《おこな》って来たほぼ全国に及ぶ旅は、国内のどこにおいても、その地域を愛し、その共同体を地道に支える市井《しせい》の人々のあることを私に認識させ、私がこの認識をもって、天皇として大切な、国民を思い、国民のために祈るという務めを、人々への深い信頼と敬愛をもってなし得たことは、幸せなことでした。

天皇の高齢化に伴う対処の仕方が、国事行為や、その象徴としての行為を限りなく縮小していくことには、無理があろうと思われます。また、天皇が未成年であったり、重病などによりその機能を果たし得なくなった場合には、天皇の行為を代行する摂政を置くことも考えられます。しかし、この場合も、天皇が十分にその立場に求められる務めを果たせぬまま、生涯の終わりに至るまで天皇であり続けることに変わりはありません。

天皇が健康を損ない、深刻な状態に立ち至った場合、これまでにも見られたように、社会が停滞し、国民の暮らしにも様々な影響が及ぶことが懸念されます。更にこれまでの皇室のしきたりとして、天皇の終焉に当たっては、重い殯《もがり》の行事が連日ほぼ二ヶ月にわたって続き、その後喪儀《そうぎ》に関連する行事が、一年間続きます。その様々な行事と、新時代に関わる諸行事が同時に進行することから、行事に関わる人々、とりわけ残される家族は、非常に厳しい状況下に置かれざるを得ません。こうした事態を避けることは出来ないものだろうかとの思いが、胸に去来することもあります。

始めにも述べましたように、憲法の下《もと》、天皇は国政に関する権能を有しません。そうした中で、このたび我が国の長い天皇の歴史を改めて振り返りつつ、これからも皇室がどのような時にも国民と共にあり、相たずさえてこの国の未来を築いていけるよう、そして象徴天皇の務めが常に途切れることなく、安定的に続いていくことをひとえに念じ、ここに私の気持ちをお話しいたしました。

国民の理解を得られることを、切に願っています。

（出典は宮内庁ホームページ、横書きを縦書きに改めた。）

『天皇と国民の絆』初出誌対照一覧表

（初出誌は『祖国と青年』誌、初出時の通しタイトルは「万世一系と日本の国柄」である。）

章/項	各項のタイトル	初出	講	初出誌の毎号のタイトル（備考）
一/1	終戦の大詔と国体護持をめぐつて	平 18.4	1	終戦の大詔と国体の帰趨
/2	「国体」の語をめぐる占領軍検閲			
二/1	昭和天皇の「捨身」の御製	18.5	2	天皇と国民の絆
/2	昭和天皇・マッカーサー第一回会見をめぐつて			
/3	神道指令と元旦詔書に籠められた占領軍の狙ひ	18.6	3	“絆”を断ち切らんとした力
/4	元旦詔書に対する国民の反応			
/5	元旦詔書と五箇条の御誓文	18.7	4	“絆”を繋ぎ止めんとした力
/6	宮中歌会始御製の“隠されたメッセージ”			
/7	天皇の戦犯訴追を阻んだ、マッカーサーへの直訴状	18.8	5	“絆”を守らんとしたもう一つの力
三/1	マッカーサーの指示による、憲法改正作業着手	18.9	6	帝国憲法改正草案と天皇条項
/2	憲法改正草案と天皇条項			
/3	皇室典範改正をめぐる、最初の攻防	18.10	7	皇室典範をめぐる攻防と全国ご巡幸開始
/4	臨時法制調査会における女系・女帝論議	18.11	8	皇室典範改正と女系・女帝論議
/5	総司令部の関与と女系・女帝問題			
/6	庶系による皇位継承の禁止	18.12	9	嫡出・庶出の問題と天皇退位の問題
/7	天皇退位の問題			
/8	皇族と終戦	19.2	10	臣籍降下（皇籍離脱）問題の発端
/9	東久邇宮稔彦王の臣籍降下問題			
/10	臣籍降下（皇籍離脱）を余儀なくさせたもの			
/11	皇室典範改正と「三種の神器」の扱ひをめぐつて	19.4	12	「三種の神器」と皇室典範改正
/12	臣籍降下の具体化と皇室典範改正	19.6	13	十一宮家の皇籍離脱が意味したもの
/13	臣籍降下（皇籍離脱）に対する占領軍の関与			
四/1	「天皇制」の登場と、消えた「国体護持」	19.7	14	占領下の国体論争（一）
/2	津田左右吉の「建国の事情と万世一系の思想」			
/3	第九十帝国議会における「主権」論争	19.8	15	占領下の国体論争（二）
/4	第九十帝国議会における国体変革論争			
/5	佐々木惣吉「国体は変更する」と占領軍検閲	19.9	16	占領下の国体論争（三）
/6	国体をめぐる佐々木・和辻論争			
五/1	全国ご巡幸の開始	18.10	7	皇室典範をめぐる攻防と全国ご巡幸開始
/2	愛知県・岐阜県ご巡幸	18.11 18.12	8 9	皇室典範改正と女系・女帝論議 嫡出・庶出の問題と天皇退位の問題

章/項	各項のタイトル	初出	講	初出誌の毎号のタイトル
五/3	水戸ご巡幸の御製	19.3	11	地方ご巡幸と占領軍の諜報活動
/4	地方ご巡幸をめぐる、占領軍の諜報活動			
/5	「天皇さま」と“死者の目”			
/6	近畿地方ご巡幸	19.11	18	昭和二十二年の地方ご巡幸（一）
/7	東北地方ご巡幸			
/8	甲信越・北陸地方ご巡幸	20.1	19	昭和二十二年の地方ご巡幸（二）
/9	中国地方ご巡幸			
/10	占領軍の介入と、民政局の行幸批判	20.2	20	昭和二十二年の地方ご巡幸（三）
六/1	ご巡幸の中止と昭和天皇のご苦悩	20.3	21	ご巡幸の中止と昭和天皇のご苦悩
/2	御退位問題の再燃と昭和天皇のご苦悩	20.4	22	天皇退位問題の再燃と東京裁判の判決
/3	“退位せず”の御決意と、東京裁判の判決			
/4	「かへらぬ人」の御製について	20.5	23	天皇「謝罪詔勅」の顛末
/5	天皇「謝罪詔勅」の顛末			
七/1	ご巡幸の再開と昭和天皇	20.6	24	ご巡幸の再開と昭和天皇
/2	九州地方ご巡幸			
/3	九州地方ご巡幸（続き）	20.7	25	九州ご巡幸と昭和天皇
/4	四国ご巡幸と昭和天皇	20.8	26	四国ご巡幸と貞明皇后崩御
/5	占領政策の転換と朝鮮戦争勃発			
/6	貞明皇后の御製と、そのお人柄			
八/1	マッカーサー解任と講和条約の調印	20.9	27	講和条約と「おことば」をめぐつて
/2	占領下最後の近畿地方ご巡幸			
/3	講和条約の発効と「おことば」をめぐつて			
/4	昭和天皇にとつての占領と講和 ―「冬」の御製・「春」の御製	20.10	28	講和時の御製と沖縄をめぐつて
/5	昭和二十九年の北海道ご巡幸			
/6	昭和天皇と沖縄をめぐつて			
九/1	昭和天皇と明仁親王殿下	21.1	31	明仁親王殿下の御教育問題
/2	家庭教師バイニング夫人招聘をめぐつて			
/3	占領下の皇室祭祀と神道指令	21.2	32	占領下の皇室祭祀と紀元節をめぐつて
/4	紀元節の廃止と紀元節祭			
十/1	二百年ぶりの譲位の意味するもの			（書き下ろし）
/2	光格天皇といふお方			
/3	光格天皇と今上天皇			
/4	光格天皇の譲位は、何を意図したか			
終/1	大御心を無視して強行された「昭和の時代の先例」	21.3	最終講	宮内庁は陛下の大御心に帰一すべし
/2	今上天皇の「おことば」は、皇室祭祀を守るためだつた！			（書き下ろし）

●著者略歴

勝岡 寛次（かつおか かんじ）

昭和32年、広島県生まれ。

早稲田大学第一文学部卒、早稲田大学大学院博士課程修了。

現在、明星大学戦後教育史研究センター勤務、歴史認識問題研究会事務局長。

著書に『抹殺された大東亜戦争』『明治の御代』『昭和天皇の祈りと大東亜戦争』『「慰安婦」政府資料が証明する〈河野談話〉の虚構』（明成社）、監修本に『日本近現代史の真実―50の質問に答える』（展転社）、ほか多数。

天皇《てんのう》と国民《こくみん》の絆《きずな》

占領下《せんりょうか》の苦難《くなん》を越《こ》えて

平成三十年十月二十三日　初版第一刷発行

著　者　勝岡寛次

発行者　西澤和明

発　行　株式会社明成社

〒一五四―〇〇〇一

東京都世田谷区池尻三―二一―二九―三〇二

電　話　〇三（三四一二）二八七一

ＦＡＸ　〇三（五四三一）〇七五九

https://meiseisha.com

印刷所　モリモト印刷株式会社

ISBN978-4-905410-50-8 C0023

明治の御代

御製とお言葉から見えてくるもの

【著】勝岡寛次

百年の時を越えて、今こそ手にしたい日本の羅針盤。現代日本と国民の誇りの原点がここにある。

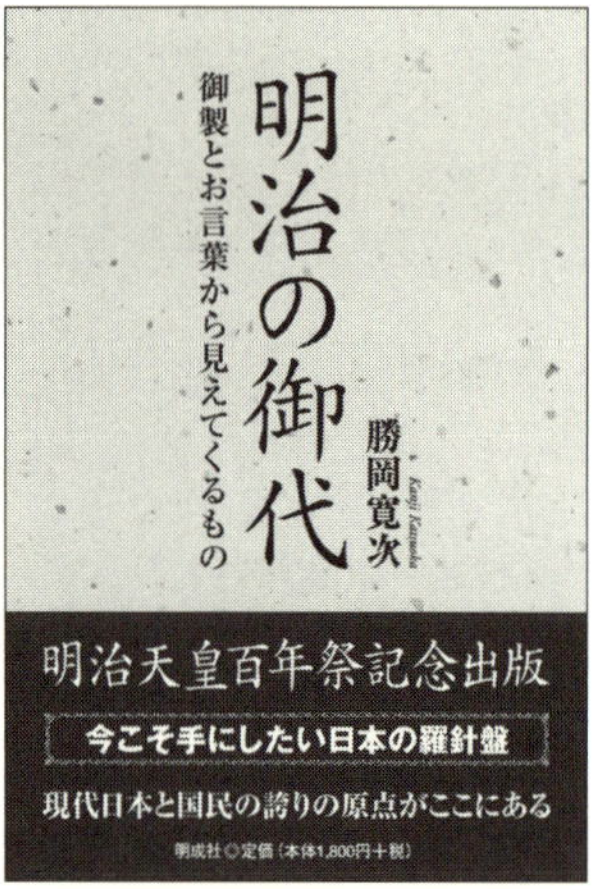

四六判・320 頁＋口絵 8 頁

本体 1800 円＋税

昭和天皇の祈りと大東亜戦争

『昭和天皇実録』を読み解く

【著】勝岡寛次

『昭和天皇実録』で初めて明らかにされた「御告文」「御祭文」。そこには、昭和天皇の深い祈りとご覚悟が示されていた。

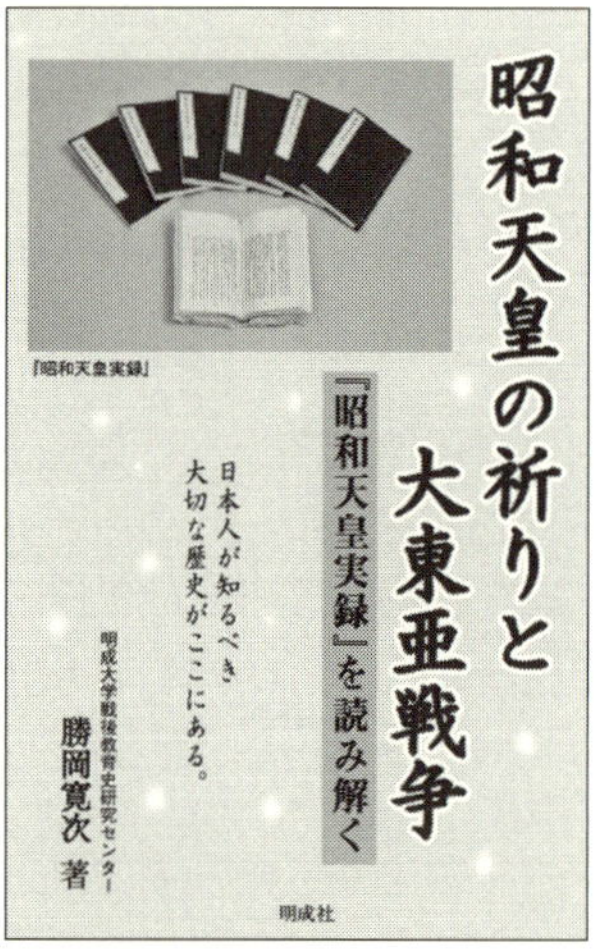

A5 判・56 頁

本体 600 円＋税

明成社オンライン https://meiseisha.thebase.in/